Margarete von Schwarzkopf

Der Traum vom Weltreich

Margarete von Schwarzkopf

Der Traum vom Weltreich

Geschichte und Geschichten
zur Personalunion Hannover – England
1714 bis 1837

zuKlampen!

www.zuklampen.de

Umschlaggestaltung: Stefan Hilden · München
www.hildendesign.de
Illustration: © HildenDesign
Satz: thielen VERLAGSBUERO · Hannover
Druck: CPI – Clausen & Bosse · Leck

ISBN 978-3-86674-233-8

Bibliografische Information der Deutschen Nationalbibliothek
Die Deutsche Nationalbibliothek verzeichnet
diese Publikation in der Deutschen Nationalbibliografie;
detaillierte bibliografische Daten sind im Internet
über ‹http://dnb.d-nb.de› abrufbar.

Für meine Familie

Inhalt

Vorwort

Geschichte ohne die sich dahinter verbergenden menschlichen Schicksale ist undenkbar. Das haben Schriftsteller und Denker wie Stefan Zweig und Ralph Waldo Emerson ebenso betont wie auch der tschechische Philosoph Amos Comenius im 17. Jahrhundert. Mein Interesse am 17. und 18. Jahrhundert wurde durch einen Film geweckt, den ich als Kind sah und in dem der auch in Deutschland bekannte Hollywoodstar Stewart Granger den Grafen Königsmarck verkörperte. »Königsliebe«, basierend auf dem Roman »Saraband for Dead Lovers« von Helen Simpson, handelt von Königsmarcks Affäre mit Sophie Dorothea von Celle, die mit ihrem Vetter Georg Ludwig, dem Kurfürsten von Hannover und späteren König Georg I. von Großbritannien, unglücklich verheiratet war. Die Afffäre endete 1694 mit dem Tod Königmarcks und der Verbannung der Prinzessin nach Ahlden bei Celle. Diese tragische Liebesgeschichte bewegte immer wieder Schriftsteller und Dichter, genauso wie das nicht minder dramatische Geschick von König Karl I. aus dem Hause Stuart, einem Enkel von Maria Stuart. Er wurde nach den verlorenen Bürgerkriegen gegen die »republikanischen« Armeen unter Oliver Cromwell 1649 in England hingerichtet. Diese Geschichte, die Daphne du Maurier zu ihrem Roman »Des Königs General« inspiriert hat, beeindruckte mich sehr. Und dass beide Schicksale zusammenhängen, wurde mir erst später klar, sind sie doch Teil der Vorgeschichte der Personalunion 1714 bis 1837, um die es in diesem Buch geht. Es soll keine akademische Abhandlung über die historisch durchaus bedeutsame Verbindung zwischen Großbritannien und Deutschland sein, die bis heute nachhallt, sondern eher eine persönliche Betrachtung und Wertung bestimmter Ereignisse. Vielleicht ist es für den Leser ein Appetitanreger, sich mit dieser Epoche einmal näher zu beschäftigen – Stoff genug bietet sie allemal.

Prolog

»In meinem Ende liegt mein Anbeginn« – welche prophetischen Worte könnte man sagen, wenn man diesen oft zitierten Satz von Maria Stuart, Königin von Schottland, kurz vor ihrem Tod auf dem Schafott als Ausgangssituation für eine Reihe historischer Ereignisse wertet, die bis ins 19. Jahrhundert hinein direkt oder indirekt weit reichende Folgen hatten. Denn in ihrem »Ende« liegt der »Anbeginn« bestimmter Konstellationen, die 1714 zur Personalunion zwischen Großbritannien und dem Kurfürstentum Hannover führten. Noch zu Lebzeiten der umtriebigen schottischen Königin hätte sich gewiss kaum jemand vorstellen können, dass es einmal die Stuarts sein würden, die das englische Geschick für lange Zeit steuern und damit zu den drastischen dynastischen Veränderungen im 17. Jahrhundert beitragen würden.

»Es gibt vielleicht keine Frau, die in so abweichender Form gezeichnet worden wäre, mal als Mörderin, mal als Märtyrerin, bald als törichte Intrigantin, bald als himmlische Heilige«, schreibt Stefan Zweig über diese Frau, die Schriftsteller und Dichter ebenso faszinierte wie viele ihrer, vor allem männlichen, Zeitgenossen. Maria Stuart, 1542 in Schottland als Tochter von Jakob V. und seiner zweiten Frau Marie de Guise geboren, war über ihre Großmutter Margret Tudor, der älteren Schwester Heinrich VIII., mit dem englischen Königshaus verwandt. Schon zu Lebzeiten forderte sie völlig kontroverse Beurteilungen heraus. Stefan Zweig schreibt:

Maria Stuart gehört zu jenem sehr seltenen und erregenden Typus von Frauen, deren wirkliche Erlebnisfähigkeit auf eine ganz knappe Frist zusammengedrängt ist, die eine kurze, aber heftige Blüte haben, die sich nicht ausleben in einem ganzen Leben, sondern nur in dem engen und glühenden Raum einer einzigen Leidenschaft. Bis zum dreiundzwanzigsten Jahre atmet ihr Gefühl still und flach, und ebenso wogt es vom fünfundzwanzigsten an nicht ein einziges Mal mehr stark empor, dazwischen aber tobt sich in zwei knappen Jahren ein Ausbruch von elementarer Großartigkeit orkanisch aus, und aus mittlerem Schicksal erhebt sich plötzlich eine Tragödie antikischen Maßes, groß und gewaltig gestuft wie die Orestie. Nur in diesen zwei Jahren ist Maria Stuart wahrhaft eine tragödische Gestalt, nur unter diesem Druck reißt sie sich über sich selbst empor, ihr Leben durch dieses Übermaß zerstörend und zugleich dem Ewigen bewahrend. Und nur dank dieser einen Leidenschaft, die sie menschlich vernichtete, lebt ihr Name noch heute in Dichtung und Deutung fort.[1]

Schon wenige Tage nach ihrer Geburt wurde Maria, deren Vater mit dreißig Jahren starb, zur Königin von Schottland ernannt und wenige Monate später gekrönt. Der Plan war ursprünglich, sie mit dem einzigen Sohn Heinrich VIII., Edward VI., geboren 1537 aus Heinrichs Verbindung mit Jane Seymour, zu vermählen. Aber die Schotten weigerten sich, den Vertrag zu ratifizieren, da Heinrich verlangt hatte, Schottland möge auf seine alte Allianz mit Frankreich verzichten. Die englischen Truppen, die daraufhin nach Schottland marschierten, schlugen das schottische Heer 1547 bei Pinkie Cleugh. Marie de Guise gelang mit ihrer Tochter Maria die dramatische Flucht vor den siegreichen englischen Truppen, suchte Hilfe beim Botschafter Frankreichs, dessen Herrscher König Heinrich II. vorschlug, dass die kleine Maria seinen Sohn Franz heiraten solle. Maria war fünf Jahre alt, als sie aus Schottland von den französischen Truppen gerettet und als künftige Braut des Dauphin nach Frankreich gebracht wurde.

Die junge Maria Stuart wird von Chronisten als lebhaft, intelligent und lebensfroh geschildert. Sie sprach mehrere Sprachen fließend, darunter Latein und Spanisch. Französisch war und blieb ihre wichtigste Sprache. Mit sechzehn Jahren heiratete sie ihren Verlobten, der als Franz II. 1559 den französischen Thron bestieg, aber schon ein Jahr später starb. Marias Schwiegermutter Katharina von Medici hatte wenig für die hübsche junge Witwe übrig, zumal ihr Sohn Karl nun den Thron geerbt hatte. Im Jahre 1561 verließ Maria Stuart Frankreich und kehrte nach Schottland zurück. Es war ein religiös gespaltenes Land, in das sie zurückkam. Ihre Mutter Marie de Guise hatte es für ihn als Regentin bis zu ihrem Tod im Jahre 1560 verwaltet. Nun aber stand die streng katholische Maria einer starken protestantischen Opposition gegenüber, deren Anführer ihr illegitimer Halbbruder James Stewart, Earl of Moray, war, der während der Unruhen in Schottland 1570 ermordet wurde. Maria versuchte, sich durch alle Untiefen zu lavieren, enttäuschte aber die Katholiken im Lande, da sie ihren Halbbruder James Stewart zu ihrem Berater wählte, und war andererseits in den Augen der zum Teil fanatischen puritanisch geprägten Protestanten eine ständige Herausforderung. Ihr stärkster Gegner war der 1514 geborene Führer der protestantischen Bewegung in Schottland, John Knox, der nach Jahren des Exils unter anderem als Sträfling in Frankreich, später in England und in der Schweiz, in seine schottische Heimat zurückgekehrt war und nun mit aller Kraft den »Papismus« Marias und ihrer Familie bekämpfte. John Knox war Calvinist und in seinen Ansichten selbst für die zeitgleich in England regierende Königin Elizabeth I. zu radikal, so dass sie ihm 1559 bei seiner Heimreise nach Schottland keine Papiere für eine Durchreise durch England gewährte. Bis zu seinem Tod im Jahre 1572 zählte Knox zu den unerbittlichsten Gegnern der schottischen Königin, obgleich er sogar durch die Ehe mit einer entfernten Cousine Marias seit 1564 weitläufig verwandt mit ihr war.

Die größte Problematik aber für Marias Leben als Königin von Schottland lag zweifelsohne in ihrer komplizierten Beziehung zu ihrer Cousine Elizabeth I. von England, die ihrem früh verstorbenen Halbbruder Edward VI. und ihrer Schwester Maria I., genannt »Bloody Mary«, aus der ersten Ehe Heinrichs VIII., 1558 auf den Thron gefolgt war. Heinrich II. von Frankreich hatte nach dem Tod Marias I. seine Schwiegertochter Maria Stuart zur Königin von England und Schottland proklamieren lassen, war sie doch in direkter Linie mit den Tudors über ihre Großmutter verwandt und galt vor allem bei der noch immer starken katholischen Bevölkerung Englands, die sich Heinrich VIII. und seiner »Church of England« widersetzte, als wahre Königin, die dem »protestantischen Spuk« ein Ende bereiten könne.

Doch die Geschichte, die auch Friedrich Schiller und Antonia Fraser, Stefan Zweig und viele mehr zu Prosawerken und Dramen inspirierte, zeigte einen völlig anderen Verlauf. Das lag vor allem an Marias unglücklichem

Entschluss, ihren drei Jahre jüngeren Vetter Henry Stuart, Lord Darnley, zu heiraten. Das verärgerte sowohl ihre Cousine Königin Elizabeth, deren Untertan Darnley war, als auch die schottischen Protestanten unter James Stewart, Marias Halbbruder. Die hastig geschlossene Ehe Marias mit dem leichtsinnigen und labilen Darnley endete schließlich in einer Katastrophe. Kurz nach der Geburt des gemeinsamen Sohnes Jakob im Jahre 1566 distanzierte sich Maria von ihrem jungen Ehemann, der 1567 unter mysteriösen Umständen ermordet wurde. Allein dieser Komplott hat seit jeher die Phantasie der Öffentlichkeit beflügelt. Wie schuldig war Maria am Tod des ungeliebten Gatten? War sie Mitwisserin oder gar Auftraggeberin? Wahrscheinlich hatte sie von dem geplanten Mord gewusst, ihn aber wohl nicht selbst in Auftrag gegeben. Dieser Fall erinnert an die Ermordung Thomas Becketts, Schatzkanzler und Erzbischof von Canterbury, den einige übereifrige Barone im Dienste Heinrich II. von England im Jahre 1170 in seiner Kathedrale erschlagen hatten – angeblich, weil Becketts einstiger Freund und Förderer Heinrich den »lästigen Priester« loswerden wollte.

Nach dem Tod Darnleys begann Maria Stuarts Ansehen zu schwinden, vor allem, da sie einige Monate später James Hepburn, den vierten Earl of Bothwell, heiratete, der als Hauptdrahtzieher der Ermordung Darnleys galt. Er hatte Maria entführen lassen und bekam dafür anschließend nicht nur Absolution erteilt, sondern wurde nach einer raschen Scheidung von seiner Ehefrau von Maria zum Duke of Orkney ernannt und danach zum Ehemann genommen. Zweig vermutet hinter all diesem einen beispiellosen Skandal. Er schreibt darüber in »Maria Stuart«: »Man kann gar keine andere Erklärung für ihr wildes Hineinrennen in die Heirat mit Bothwell finden – und die Ereignisse werden diese Vermutung bestätigen –, als dass diese unglückliche Frau sich bereits schwanger wusste.« Doch mit dieser überhasteten Heirat mit James Bothwell, dem mutmaßlichen Mörder von Henry Darnley, hatte sie den Bogen überspannt. Es kam zum Aufstand, in dessen Folge Maria zur Abdankung zugunsten ihres Sohnes Jakob gezwungen wurde. Sie floh nach England, um bei Elizabeth Hilfe zu suchen. Vielleicht hätte sich das Blatt noch gewendet, da Elizabeth geneigt schien, ihrer Cousine wieder auf den schottischen Thron zu verhelfen – unter der Bedingung, dass Maria endgültig auf ihre Ansprüche auf die englische Krone verzichtete. Doch es folgten Monate der Auseinandersetzungen, der Intrigen, der politischen Zwistigkeiten und der machtpolitischen Kämpfe, in denen Maria schließlich den Kürzeren zog. Die Debatte um Schuld oder Unschuld der schottischen Königin spiegelt sich im ersten Akt von Schillers Drama »Maria Stuart« aus dem Jahr 1800 wider, wenn Marias alte Hebamme Hannah Kennedy mit dem Ritter Amias Paulet über die inzwischen inhaftierte Maria diskutiert:

Paulet. Sie kam ins Land als eine Mörderin,
Verjagt von ihrem Volk, des Throns entsetzt,
Den sie mit schwerer Greueltat geschändet.
Verschworen kam sie gegen Englands Glück,
Der spanischen Maria blut›ge Zeiten
Zurückzubringen, Engelland katholisch
Zu machen, an den Franzmann zu verraten.
Warum verschmähte sie›s, den Edinburger

Vertrag zu unterschreiben, ihren Anspruch
An England aufzugeben und den Weg
Aus diesem Kerker schnell sich aufzutun
Mit einem Federstrich? Sie wollte lieber
Gefangen bleiben, sich mißhandelt sehen,
Als dieses Titels leerem Prunk entsagen.
Weswegen tat sie das? Weil sie den Ränken
Vertraut, den bösen Künsten der Verschwörung,
Und unheilspinnend diese ganze Insel
Aus ihrem Kerker zu erobern hofft.

Kennedy. Ihr spottet, Sir – Zur Härte fügt Ihr noch
Den bittern Hohn! Sie hegte solche Träume,
Die hier lebendig eingemauert lebt,
Zu der kein Schall des Trostes, keine Stimme
Der Freundschaft aus der lieben Heimat dringt,
Die längst kein Menschenangesicht mehr schaute
Als ihrer Kerkermeister finstre Stirn,
Die erst seit kurzem einen neuen Wächter
Erhielt in eurem rauhen Anverwandten,
Von neuen Stäben sich umgittert sieht –[2]

Als Maria Stuart schließlich des Hochverrats angeklagt und 1587 in Fotheringhay Castle hingerichtet wird, scheint damit von England eine große Gefahr abgewendet. Doch selbst in ihrer Todesstunde, in der sie gesagt haben soll »In meinem Ende liegt mein Anbeginn«, zeigt diese Frau, der Friedrich Schiller in seinem Drama bei aller Kritik ebenso Achtung zollt wie Stefan Zweig, der die letzten Minuten der schottischen Königin als einen großen Auftritt schildert, eine beeindruckende Größe. Im vierundzwanzigsten

Kapitel des erstmals 1935 erschienenen Werkes »Maria Stuart« von Stefan Zweig heißt es:

> *En ma fin est mon commencement, diesen damals noch nicht ganz verständlichen Spruch hatte Maria Stuart vor Jahren in eine brokatene Arbeit eingestickt. Nun wird ihre Ahnung wahr. Erst ihr tragischer Tod ist der wahre Anbeginn ihres Ruhms, nur er wird vor den Augen der Nachwelt ihre jugendliche Schuld tilgen, ihre Fehler verklären. Mit Umsicht und Entschlossenheit bereitet sich die Verurteilte seit Wochen auf diese äußerste Prüfung vor. Zweimal hatte sie selbst als junge Königin zusehen müssen, wie ein Edelmann unter dem Beil stirbt, also früh schon erfahren, daß das Grauen eines solchen unrettbaren unmenschlichen Aktes nur überwunden werden kann durch heroische Haltung. Die ganze Welt und die Nachwelt, Maria Stuart weiß es, werden ihre Haltung prüfen, wenn sie als die erste gesalbte Königin den Nacken über den Block beugt, jedes Zucken, jedes Zaudern, jedes feige Erblassen in dieser entscheidenden Minute wäre Verrat an ihrem königlichen Ruhm. So sammelt sie still in diesen Wochen des Wartens all ihre innere Kraft. Auf nichts im Leben hat sich die sonst impulsive Frau so ruhig und zielbewußt vorbereitet wie auf diese ihre letzte Stunde.*[3]

Ob die Hinrichtung Marias eine moralische oder politisch zwingende Grundlage besaß, ist nach wie vor fraglich. Zweig sieht diesen Vorgang als einen moralisch völlig unentschuldbaren Akt, staatspolitisch jedoch – zumindest von englischer Warte – als rechtmäßig. Denn Frieden und wachsender Wohlstand, den England in den fünfundzwanzig weiteren Jahren unter seiner Königin Elizabeth erleben durfte, wären wohl mit der steten Irritation durch Marias Ringen um die Kronen beider Länder und den damit verbundenen Aufständen, Unruhen und Intrigen undenkbar gewesen. Selbst die spanische Armada, die 1588, ein Jahr nach Maria Stuarts Hinrichtung, vor der Küste Englands auftauchte, konnte den Aufwärtstrend des elisabethanischen Englands nicht mehr verhindern.

Was dann 1603 folgt, ist fast schon als Ironie der Geschichte zu bezeichnen: Elizabeth, die sicher auch eine Mitschuld am Ende ihrer Cousine Maria trug, stirbt kinderlos. Und nun wird ausgerechnet Marias einziger Sohn Jakob, den sie mit ihrem Vetter Darnley hatte und der seit 1567 Jakob VI. König von Schottland war, zu Jakob I. König von England ernannt und vereint in seiner Person somit beide Königreiche. Stefan Zweig schildert diesen Augenblick, da der Sohn von Maria Stuart, der seine Mutter zuletzt als kleines Kind gesehen hatte, die »jungfräuliche« Königin Elizabeth beerbt:

> *James VI. von Schottland ist in dieser Stunde endlich zugleich König von England, endlich James I. geworden. Im Sohne Maria Stuarts sind die beiden Kronen für immer vereint, der unselige Kampf vieler Geschlechter zu Ende. Dunkle und krumme Wege geht oft die Geschichte, aber immer erfüllt sich endlich der historische Sinn, immer erzwingen die Notwendigkeiten schließlich ihr Recht.*[4]

Diese Zusammenführung zweier Königreiche in der Gestalt Jakobs I., der die beiden Häuser Tudor und Stuart miteinander vereinte, war die erste der Personalunionen zwischen 1603 und 1714, gefolgt von einer zweiten zwischen

Holland und England 1689 durch Wilhelm von Oranien und seiner Frau Maria, Tochter von Jakob II., und schließlich zwischen England, Schottland und den Kurlanden Hannover im Jahre 1714 durch Kurfürst Georg Ludwig, dem ersten Georg auf dem englischen Thron.

Dass knapp einhundertelf Jahre nach der Thronbesteigung Jakobs erneut die »historischen Notwendigkeiten« wiederum andere Fakten erzwingen würden, konnte niemand ahnen, als der siebenunddreißigjährige König Jakob 1603 in den Palast von Whitehall einzog, und es schien, als sei damit die Zukunft des englischen Herrscherhauses endlich entschieden und dank der geeinten Reiche und der neuen Dynastie auf einem geraden Weg durch die Jahrhunderte. Doch dem entgegen wirken andere Kräfte, wie es auch der deutsche Historiker Heinrich von Treitschke im 19. Jahrhundert angesichts des steten Wandels der Geschichte und ihrer Protagonisten so treffend formuliert hat:

> *Wäre die Geschichte eine exakte Wissenschaft, so müßten wir imstande sein, die Zukunft der Staaten zu enthüllen. Das können wir aber nicht, denn überall stößt die Geschichtswissenschaft auf das Rätsel der Persönlichkeit. Personen, Männer sind es, welche die Geschichte machen.*[5]

Kapitel eins
Wie es dazu kam

1. Die Welfen

Das 17. Jahrhundert war ein Jahrhundert der Kriege, der religiösen Auseinandersetzungen, des Wetteiferns um die besten Handelsbeziehungen, um territoriale Veränderungen, aber auch der gesellschaftlichen Neuorientierung. Wer sich mit der Personalunion zwischen dem Kurfürstentum Hannover und Großbritannien befasst, muss auch einen Blick auf das 17. Jahrhundert werfen, in dem unter anderem zweiundzwanzig Kriege auf dem europäischen Festland tobten, darunter vor allem der Dreißigjährige Krieg zwischen 1618 und 1648. Insbesondere in Norddeutschland führten die Scharmützel und verheerenden Plünderungen zu drastischen Veränderungen in der Wirtschaft und den gesellschaftlichen Strukturen und auch die heute im modernen Bundesland Niedersachsen verorteten Herzogtümer bekamen das volle Ausmaß dieses unbarmherzigen Krieges zu spüren. Im Jahre 1625 schrieb Herzog Friedrich Ulrich von Wolfenbüttel an den Kaiser:

> *Ämter, Klöster, Städte, adelige Häuser, Flecken und Dörfer sind ganz ausgeplündert, Kisten, Kasten aufgehauen, alle Pforten, Fenster, Stühle, Bänke und anderer Hausrat vernichtet, aus- und entzwei geschmissen … die Kirchen, Kapellen und Armenkasten wurden aufgebrochen, den Kirchenornat an Kelch, Monstranz, Messgewand und heiligem Zierrat, neben allem anderen, so darin befanden, herausgeraubt, die*

Altar- und Taufbecken profaniert … die Messbücher zerrissen …, die Gräber eröffnet und durchsuchet, das Kupfer und Blei von Kirchtüren abgedeckt und weggenommen, und etliche schöne Bibliotheken verbrannt.[6]

Johann Tilly, einer der bedeutendsten Heerführer der katholischen Liga, nahm 1626 das Fürstentum Calenberg mit Ausnahme von Hannover und Braunschweig ein. Erst 1637 gelang es dem auf schwedischer Seite kämpfenden Herzog Georg, der seinem Bruder Herzog August dem Älteren nachfolgte, das Fürstentum, später als »Kernland Hannovers« bezeichnet, zurückzuerobern. Er verlegte seine Residenz nach Hannover. Nach seinem Tod 1641 schloss das Fürstentum Calenberg-Göttingen mit dem Kaiser einen Separatfrieden, der es aber das durch frühere Verträge erworbene Gebiet um Hildesheim kostete. Erst 1815 sollte beim Wiener Kongress über dieses Gebiet neu verhandelt und dem Königtum Hannover zugeschlagen werden.

Nach den älteren Brüdern gelangte schließlich Georgs Sohn Ernst August an die Regierung und führte die erfolgreiche Politik seines Vaters weiter. Belohnt wurden seine Aktivitäten 1692 mit der neunten Kurwürde im Reich. Als Herzog von Braunschweig-Lüneburg vereinigte Ernst August ein stattliches Territorium unter seiner Herrschaft. Der offizielle Name dieses Kurfürstentums, dessen Wahlspruch die stolzen Worte trug »Nec aspera terrent« (auch Widrigkeiten schrecken nicht), lautete »Chur-Braunschweig-Lüneburg«. Damit erreichten die recht komplizierten Erbfolgevorgänge in den Herzogtümern der Welfen ein vorläufiges Ende. Bereits 1682 hatte Ernst August für sein Land das Gesetz der Primogenitur, also das Erbrecht des Erstgeborenen, eingeführt, was bedeutete, dass sein ältester Sohn Georg Ludwig, geboren 1660, als Nachfolger feststand. Die im alten salischen Recht verwurzelte Primogenitur wiederum galt als eine der Voraussetzungen zur Erlangung der Kurwürde. Diese auf inzwischen neun Reichsfürsten beschränkte Sonderstellung ermöglichte es, an der Wahl des deutschen Kaisers teilzunehmen. Ursprünglich waren es nur sieben Kurfürsten gewesen, denen dieses Recht zustand. Doch 1623 war noch Bayern hinzugekommen, von Hannover 1692 gefolgt.

Ernst August war damit ein geschickter Schachzug gelungen. Er hatte Kaiser Leopold I. Waffenhilfe im Pfälzischen Erbfolgekrieg von 1688 bis 1697 gegen Frankreich geleistet, in einem dieser zweiundzwanzig größeren Kriege des 17. Jahrhunderts, die auf Jahrzehnte hin zu immer wieder neuen dramatischen Veränderungen in den machtpolitischen Verhältnissen führen sollten. Die Gründe für die immer wieder gärenden Konflikte, die ab dem 17. Jahrhundert ganz Europa in Flammen setzten, mögen uns heute fast lächerlich erscheinen, geht es doch sehr häufig um Erbansprüche zwischen Verwandten, um familiäre Kontroversen – so auch bei den Welfen und ihren Streitereien um die diversen Herzogtümer im Gebiet des heutigen Niedersachsens. Doch hinter diesen Eskalationen der Gewalt verbergen sich lang schwelende Konflikte um Gebietsansprüche und um das Streben nach einem Gleichgewicht der Mächte in Europa. Das hatte schon im 17. Jahrhundert sogar Auswirkungen bis in die überseeischen Besitzungen der Weltmächte Holland, Frankreich, Spanien und zunehmend England. Und es ging auch immer wieder um religiöse Differenzen, hinter denen sich Machtinteressen verbargen – auch in unserer Zeit sehr vertraute Motive für Aufruhr, Krieg und Revolutionen.

Verstrickt in diesen Krieg um die Erbfolge in der Pfalz, auf die Frankreich unter Ludwig XV. Anspruch erhob, war auch das Herzogtum Braunschweig-Lüneburg. Denn Ernst August war mit Sophie von der Pfalz verheiratet, der Tochter des protestantischen pfälzischen Kurfürsten Friedrich V., des so genannten »Winterkönigs«. Friedrich, Pfalzgraf bei Rhein und Kurfürst, hatte im August 1619 die böhmische Königskrone aus den Händen der protestantischen Stände angenommen und wurde am 4. November 1619 im Prager Veitsdom gekrönt. Das konnte nicht gut enden, denn dieser Griff nach der Krone brachte Friedrich auf Kollisionskurs mit Kaiser und Reich. In der Schlacht am Weißen Berg wurde er am 8. Februar 1620 nach nicht einmal einem Jahr Regierungszeit von den kaiserlichen Truppen unter den Grafen Buquoy und Tilly vernichtend geschlagen:

Sein Reich war nit von dieser Welt
Darumb er bald zu boden felt.
Wo felt er hin? Ins tieffe Möhr /
Verlassen von seim gantzen Heer/ [7]

Den Namen »Winterkönig« erhielt er als Verspottung seiner kurzen Karriere als böhmischer Herrscher. Nach diesem Fiasko ereilten Friedrich weitere Schicksalsschläge. Unter dramatischen Umständen war ihm die Flucht in die Niederlande gelungen, wo er in Den Haag eine Exilregierung ausrief. In Rhenen ließ er sich einen herrschaftlichen Sitz erbauen. Dennoch strebte er danach, wieder in die Pfalz zurückzukehren, um sein Land erneut zu regieren. Im Jahre 1631 standen die Zeichen günstig, da König Gustav Adolf von Schweden Tilly in der Schlacht bei Breitenfeld vernichtend schlug und die Stadt Oppenheim eroberte. Doch in der Nachfolge kam es erneut zu Schwierigkeiten, vor allem, da Gustav Adolf Friedrich die Pfalz nur als Lehen und nicht als eigenständiges Fürstentum anbot. Als England sich 1632 endlich bereiterklärte, Friedrich, den Schwager König Karls I., zu unterstützen, kam dieses Angebot zu spät. Der Schwedenkönig fiel am 16. November 1632 in der Schlacht von Lützen, Friedrich starb dreizehn Tage später an einem Infekt. Er wurde sechsunddreißig Jahre alt. Dass ihn Karl I. nur zögerlich unterstützt hatte, bedeutete für Friedrich, der durch seine Heirat mit den Stuarts verwandt war, eine weitere schwere Niederlage, die in diesem Volksgedicht einen sehr direkten Ausdruck gefunden hatte:

Helff Gott dem armen Friderich
Er kompt doch nimmer uber sich.

Mit Elisabeth Stuart, der einzigen Tochter von Jakob I. von England, Schottland und Irland, hatte »der arme Friedrich« dreizehn Kinder, darunter als zwölftes Kind die Tochter Sophie, die Ernst August von Braunschweig-Lüneburg heiratete. Sophies Nichte Liselotte, Tochter ihres Bruders, des Nachfolgers von Friedrich V., Kurfürsten Karl Ludwig, wurde aus politischem Kalkül mit dem Bruder des französischen Königs vermählt, dem Herzog von Orleans. Liselottes Nachruhm beruht vor allem auf den Briefen, die sie über das Leben am französischen Hof schrieb, die dank ihrer scharfen Beobachtungsgabe und ihres Humors noch heute lesenswerte Schilderungen der Torheiten und Intrigenspiele hinter den Kulissen gesellschaftlichen Treibens sind. Auch ihre eigene Rolle sah Liselotte, die als junges Mädchen gelegentlich ihre Tante Sophie in Hannover besucht hatte, eher kritisch: »Madame sein ist ein ellend Handwerck«, schrieb sie, die sich in ihrer unglücklichen Ehe als Gefangene und am Hof isoliert fühlte. Als Liselottes Bruder Karl II. Ludwig 1685 nach fünf Jahren Regierung kinderlos starb und damit die protestantische Wittelsbacher Linie Pfalz-Simmern in männlicher Linie erlosch, fiel die Pfalz an die katholische Linie Pfalz-Neuburg – und der neue Kurfürst Philipp Wilhelm war kein Freund Frankreichs. Ludwig XIV. erhob im Namen seiner Schwägerin Liselotte Ansprüche auf die Pfalz – und schon brach ein zermürbender jahrelanger Krieg aus, in dessen Folge Heidelberg sowie weite Teile der Pfalz zerstört wurden und die Kriegsschauplätze sich auch in andere Länder wie in die Niederlande, nach Spanien und in die neuen Kolonien jenseits des Atlantiks und auf das Meer verlagerten. Dort kam es unter anderem zur berühmten Seeschlacht bei La Hougue 1692, bei der die französische Flotte entscheidend geschwächt wurde. 1697 setzte der Frieden von Rijswijk diesem Ringen um die Vorherrschaft in Europa und auf den Meeren ein Ende.

Frankreich hatte den Anspruch auf die Pfalz nicht durchsetzen können. Aber schon drei Jahre nach dem Frieden von Rijswijk brach der nächste Erbfolgekrieg aus, bedingt durch den Tod des spanischen Königs und den erneuten Anspruch Ludwigs XIV. auf den spanischen Thron für seinen Enkel. Liselottes Briefe an die Markgräfin Amalia Elisabeth von der Pfalz drücken die Sorge der vereinsamten Schwägerin Ludwig XIV. aus. Im November 1701 schreibt Liselotte:

> *Ich fürchte, zu kunfftig jahr werdet Ihr den krig näher haben, alß in Ittalien. Wer in dießem landt nicht spilt, muß all sein leben die parthey nehmen, nicht hinter dem offen zu sitzen (den es seindt keine offen hir im landt), aber woll camin; dahinter sitzt man, gantz einsam undt allein, undt wer es noch waß, wen man artige rätzelger hören könte.*[8]

In der öffentlichen Wahrnehmung, vor allem aus deutscher Sicht, schadeten die Brandschatzung und vor allem die Zerstörung Heidelbergs dem Ansehen Frankreichs auf sehr lange Zeit. Insbesondere die Truppen unter General Ezéchiel de Mélac (1630–1704) wüteten mit größter Brutalität und hinterließen eine Spur der Verwüstung. Der Begriff »Lackel« für einen ungehobelten, groben Menschen soll sich nach einer Interpretation auf den Namen Mélac zurückführen – zumindest war es in der Pfalz und in Baden bis ins 20. Jahrhundert durchaus üblich, seinen Hund »Mélac« zu rufen.

2. England

Auch für England hatte der Frieden von Rijswijk 1697 durchaus politische Konsequenzen, die auch hier den Schlusspunkt in einer langen Geschichte von Auseinandersetzungen und eines komplexen politischen Schachspiels bildeten. Begonnen hatte das Jahrhundert mit der Thronbesteigung Jakobs I., dessen einzige Tochter Elisabeth den Pfälzer Kurfürsten trotz einiger Widerstände am englischen Hof geheiratet hatte – Jakobs Frau, Anna von Dänemark, erschien zum Beispiel der junge Friedrich nicht standesgemäß für ihre Tochter. Jakob mag kein starker Herrscher wie seine Vorgängerin Elizabeth gewesen sein. Aber er war immerhin ein Freund der schönen Künste, förderte Theater und Musik – es war das Zeitalter Shakespeares – und ließ die Bibel ins Englische übersetzen. Die »King James Bible« erschien erstmals 1611 als Gemeinschaftswerk der Church of England und den stärker calvinistisch puritanisch gesinnten Kreisen, zu denen auch Jakob zählte.

Obgleich er sich durchaus als Teil des protestantisch gesonnenen Englands fühlte, zögerte Jakob dennoch 1618/19, an der Seite der protestantischen Fürsten am Dreißigjährigen Krieg teilzunehmen. Denn sein Traum war letztlich eine Einheit der Religionen, so wie er auch von einem Vereinigten Königreich bestehend aus England, Schottland und Irland träumte. Manche seiner Träume versuchte er gezielt umzusetzen, etwa die Siedlungspolitik in Irland, insbesondere im nördlichen Teil, wo er die traditionell katholischen Grundbesitzer durch Engländer und Schotten aus dem südwestlichen Schottland ersetzte. Was als Taktik zur Befriedung des Landes zunächst Erfolge zeigte, sollte sich in späteren Jahrzehnten als sehr konfliktträchtig erweisen. Der heute noch immer schwelende Nordirlandkonflikt, der vordergründig auf den Religionskonflikt zwischen Katholiken und Protestanten zurückzuführen ist, reicht in diese Zeit um 1620 zurück.

Als Jakob I. starb, folgte ihm sein zweitältester Sohn Karl auf den Thron. Dessen älterer Bruder Heinrich war 1612 mit achtzehn Jahren gestorben. Karl, ein schüchterner junger Mann, der zeitlebens zum Stottern neigte, übernahm das schwere Amt, das vor allem durch die hohen Staatsschulden Jakobs belastet war. Am 27. März 1625 wurde Karl als zweiter König aus dem Haus Stuart gekrönt. Er war fünfundzwanzig Jahre alt, seine Mutter war seit sechs Jahren tot. Jakob war ihm zwar ein guter Vater gewesen, doch Freunde hatte Karl nur wenige, unter ihnen der galante, umschwärmte Favorit seines Vaters, Buckingham. Eigentlich hatte Karl eine spanische Prinzessin heiraten wollen. Doch die wies ihn als »Ketzer« ab. Seine zweite Wahl fiel auf die Schwester von Ludwig XIII. von Frankreich, Henriette Maria, die er nur zwei Monate nach seiner Thronbesteigung heiratete. Trotz dieser Eheschließung und damit verwandtschaftlichen Beziehung zu Frankreich führte Karl Krieg gegen Frankreich und Spanien. Bei dem Streit mit Spanien von 1625 bis 1630 ging es vor allem um das Erbland seines Schwagers Friedrich von der Pfalz und ganz allgemein um die protestantische Sache, wobei ein nach Deutschland entsandtes englisches Heer nichts erreichte. Auch die Auseinandersetzung mit Frankreich um die Erfüllung bestimmter Klauseln im Ehevertrag mit Henriette, denen sich Henriettes Bruder Ludwig widersetzte, endete in einem Fiasko. In Alexandre Dumas' Roman »Die drei Musketiere« decken die vier Helden eine Intrige Kardinal Richelieus gegen die Frau des Königs, Anna von Österreich, und Buckingham rechtzeitig auf. Hinter der Intrige steckt »Mylady«, eine böse Intrigantin, die einst mit Athos verheiratet war. Er durchschaut ihr Spiel:

Hört! Ihr habt die zwei diamantenen Nestelstifte von der Schulter des Herzogs von Buckingham geschnitten; – Ihr habt Madame Bonacieux entführen lassen; – Ihr habt, in den Grafen von Wardes verliebt, und im Glauben diesen zu empfangen, d'Artagnan Eure Thüre geöffnet; – Ihr wolltet Wardes, weil Ihr glaubtet, er habe Euch betrogen, durch seinen Nebenbuhler tödten lassen; – Ihr wolltet, als dieser Nebenbuhler Euer schmachvolles Geheimniß entdeckt hatte, ihn ebenfalls durch Meuchler, die ihr ihm nachschicktet, ermorden lassen; – Ihr habt, als Ihr sahet, daß die Kugeln den Mann verfehlten, vergifteten Wein mit einem falschen Brief geschickt, um Euer Opfer glauben zu machen, er komme von seinen Freunden; – Ihr habt endlich in diesem Zimmer, auf dem Stuhle, wo ich jetzt sitze, vorhin gegen den Kardinal die Verbindlichkeit übernommen, den Herzog von Buckingham ermorden zu lassen und zwar nachdem Ihr ihm das Gegenversprechen abgenommen, d'Artagnan zum Tode zu befördern.[9]

In der Realität erlebte Buckingham etliche politische Fehlschläge, die in einem Misstrauensvotum des Parlaments gipfelten. Dies bewirkte, dass die von Karl geforderten Gelder aus Zoll- und Steuereinnahmen zur weiteren Kriegsführung nur für jeweils ein Jahr bewilligt wurden. Das führte dazu, dass der König nicht nur die Mitgift seiner Frau einkassierte, sondern Einnahmen ohne Zustimmung des Parlaments zu suchen begann. Dass die Lage in England in jener Zeit eskalierte, wundert nicht, zumal der König sich immer stärker vom Protestantismus abwandte und sich dem katholischen Ritus anzunähern begann. Auf dem berühmten Gemälde »Karl I. hoch zu Ross« des flämischen Malers Anthonis van Dyck, der am Hofe des Stuartkönigs eine Reihe von Porträts schuf, wirkt der König wie eine Mischung aus dem Heiligen Georg, dem Schutzheiligen Englands, und einem Kaiser, der stolz in dunkler Rüstung auf einem prächtigen Pferd reitet, dabei aber einen sehr melancholischen Gesichtsausdruck trägt. Im Jahr 1970 verkörperte der große britische Darsteller Sir Alec Guinness König Karl in dem Film »Cromwell«. Der Schauspieler, ein Meister der Verwandlung, sieht in diesem Film dem Porträt van Dycks geradezu unheimlich ähnlich. Der wehmütige Ausdruck in den Augen des Königs ließe sich im Rückblick als Zeichen dafür interpretieren, dass der König, der im ständigen Konflikt mit seinem Parlament lag, bereits ahnte, wie schicksalhaft sein Königsamt auf ihm lasten werde.

In der Tat entließ Karl 1629 das Parlament und regierte mehr als zehn Jahre ohne dieses im englischen System verankerte Regulativ. Allerdings berief er es 1640 notgedrungen wieder ein, als er es zur Unterstützung gegen die Schotten benötigte. Eine schottische Armee marschierte auf England zu, nachdem Karl versucht hatte, dort die etablierte presbyterianische Kirche durch die von ihm favorisierte Church of England zu ersetzen. Als »Kurzes Parlament« ging diese Sitzungsperiode in die Annalen ein, da der König es schon nach wenigen Tagen wieder auflöste. Am 3. November desselben Jahres trat es wieder zusammen, diesmal für insgesamt zwanzig Jahre, was ihm den Namen »Langes Parlament« einbrachte. In dieser Zeitspanne, an deren Anfang Karl noch versucht hatte, seine Krone zu retten, fallen die beiden englischen Bürgerkriege, von denen der erste durch Aufstände in Irland ausgelöst wurde. Die katholische Bevölkerungsmehrheit erhob sich gegen die protestantische – presbyterianische – Minderheit, die einst aufgrund der Siedlungspolitik Jakobs I. nach Irland gekommen war. Das Parlament erklärte sich bereit, Geld für die Erstellung eines Heeres zur Unterwerfung des Aufstandes zu bewilligen. Doch 1641 brach das langgehegte latente Misstrauen gegen den König aus, da man fürchtete, er könne die Armee gegen das Parlament einsetzen.

In einer Protestnote, der Großen Remonstranz, die unter Leitung des Staatsmannes John Pym erstellt worden war, ging es um eine Fülle von Vorhaltungen gegen Karl und seine Regierungsweise. Als diese Remonstranz mit knapper Mehrheit angenommen wurde, versuchte Karl 1642 John Pym im Unterhaus zu verhaften. Damit hatte der schlecht beratene König gegen alle Regeln verstoßen. Er stieß auf erbitterten Widerstand auch in der Bevölkerung und musste fliehen. In Oxford sammelte er seine »Cavaliers« genannten Truppen um sich, deren große federgeschmückte Hüte ihnen ein elegantes Aussehen verliehen. Darin unterschieden sie sich stark von der Aufmachung der »Roundheads«, den Truppen unter Führung von Oliver Cromwell. Dank seiner überlegenen Strategie und seiner für damalige Zeiten modernen Armee, deren leichte Kavallerie, die »Ironsides«, bestehend aus idealistisch gesinnten, tiefgläubigen Puritanern, siegte Cromwell über die königlichen Truppen. Auch alles Taktieren mit den Schotten und sein Versuch, das Parlament wieder für sich zu gewinnen, nützten dem unglücklichen König wenig. Geplante Verhandlungen mit Cromwell und seinen Puritanern scheiterten schon im Vorfeld unter anderem an religiösen Fragen, und als dann im zweiten Bürgerkrieg, bei dem Karl von einer schottischen Armee unterstützt wurde, Cromwells Truppen sich erneut als überlegen erwiesen, war das Schicksal Karls I. besiegelt. Er wurde, ähnlich wie seine Großmutter Maria Stuart zweiundsechzig Jahre zuvor, des »Hochverrats« bezichtigt. Am 30. Januar 1649 fand die Hinrichtung statt. Wie Zeitzeugen berichteten, trat der König seinen letzten Gang mit großer Würde an. Dass die Stuarts mit Größe zu sterben wussten, bestätigte auch Karl einmal mehr. Seine letzten Worte waren: »Ich tausche eine korrupte Krone gegen eine nicht korrupte Krone ein, und gehe dorthin, wo nichts mich mehr stören noch behindern kann.«[10]

Karl I. mag zwar kein großer Staatsmann gewesen sein, da ihm die Einsicht in politische Notwendigkeiten häufig fehlte und er sich als König zumindest für englische Verhältnisse zu sehr im Rahmen des Absolutismus bewegte, der auf dem Kontinent noch selbstverständlich war. Doch andererseits war er ein tief gläubiger Christ, hin- und hergerissen zwischen seiner streng puritanischen Erziehung und seiner Annäherung an den Katholizismus, dessen Sinn für Kunst und dessen Liturgie ihn faszinierten. Allerdings wagte er trotzdem nicht den letzten Schritt zur Konversion. Er förderte Baumeister wie Inigo Jones und Dramatiker wie Ben Jonson, war anscheinend ein liebevoller Ehemann und Vater. Zwei seiner Kinder sollten später nach dem gut zwölf Jahre währenden republikanischen Zwischenspiel unter Oliver Cromwell und seinen Puritanern den Thron besteigen: Karl II., der 1660 aus dem französischen Exil zurückkehrte und bis 1685 regierte, gefolgt von seinem Bruder Jakob II., dem wiederum nach seiner Absetzung 1688 in der »Glorious Revolution« seine beiden Töchter aus erster Ehe, Maria und Anna, auf den Thron folgten.

Kapitel zwei

1. Englands Wandel unter den Stuarts 1660 bis 1688

»Er war ein gerissener Politiker und ein gewitzter Lügner. Zwar ähnelte er in seiner Trägheit seinem Vater Karl und seinem Großvater Jakob, aber dennoch konnte er in Krisen entschlusskräftig und effektiv sein.«[11] So beschreibt die schottische Historikerin Antonia Fraser in ihrem 1975 erschienenen Werk »The Lives of the Kings and Queens of England« König Karl II., den sie gleichzeitig als »sehr menschlich und großzügig« schildert. Um die Figur von Karl II., der mit dreißig Jahren das Erbe seines Vaters antrat, ranken sich viele Anekdoten und Geschichten. Aufgewachsen in familiärer Harmonie, da seine Eltern nach anfänglichen Schwierigkeiten zueinander fanden, hatte Karl bis zu seinem zwölften Lebensjahr ideale Voraussetzungen, um seine Gaben zu entwickeln. Die Gemälde von Anthonis van Dyck, dem flämischen Maler am Hofe von Karl I., zeigen eine in sich ruhende Familie, über die noch nicht der Schatten der nahenden politischen Katastrophe lastet. Der junge Karl war erst zwölf Jahre alt, als der Bürgerkrieg ausbrach und sein Vater ihn mit auf die zunächst erfolgreichen militärischen Kampagnen nahm. Bei der Schlacht von Edgehill im südlichen Warwickshire, bei der Karls Kavaliere siegten, war auch der junge Karl dabei. Auch in Cornwall nahm er am Feldzug teil und wurde mit erst vierzehn Jahren Kommandant.

Als das Kriegsglück sich zu Gunsten Cromwells und seiner »New Model Army« wendete, wurde der junge Karl zum Gejagten, verließ schließlich mit ein paar treuen Ratgebern England und kam über die Scilly Inseln nach Paris, wohin seine Mutter bereits geflohen war. Von Holland aus unternahm Karl einige vergebliche Versuche, mit Hilfe der Schiffe eines Teils der englischen Marine, die gegen das Parlament gemeutert hatte, den Puritanern Paroli zu bieten. Nach dem Tod seines Vaters wurde er 1650 zum König von Schottland erklärt und drang 1651 mit einer schottischen Armee nach England ein. Doch erneut blieb Cromwell in der Schlacht von Worcester unbesiegt, und Karl, der tapfer gekämpft hatte, musste erneut nach Frankreich fliehen. Die Jahre danach waren geprägt von immer wieder vergeblichen Anläufen Karls – unter anderem mit Unterstützung der im Krieg mit England liegenden Holländer – den englischen Thron zurückzugewinnen. Erst nach dem Tod Cromwells im Jahre 1658, dem Versuch von Cromwells glücklosem Sohn, an der Macht zu bleiben, und nach den chaotischen Streitereien um die Nachfolge wurde Karl einhellig vom Parlament nach England zurückgeholt.

Die elf Jahre unter Oliver Cromwell, der 1653 zum »Lord Protector von England, Schottland und Irland« ernannt worden war, werden in der historischen Wertung sehr zwiespältig betrachtet. Vor allem in Irland, das er gewaltsam in das »Commonwealth« zurück führte und wo 1649 bei der Eroberung von Drogheda dreitausendfünfhundert Menschen ermordet wurden, ist der Ruf Cromwells schwer belastet. Noch heute antworten Iren, wenn man sie nach den Ruinen von Kirchen im ländlichen Raum befragt, dass »Cromwells Soldaten« die Kirchen zerstört hätten. Die Erinnerung an die Gräueltaten belastet selbst heutzutage noch die Beziehung zwischen den Ländern, zusätzlich verstärkt durch die Schlacht am Fluss Boyne in Nordirland im Jahre 1690, als Wilhelm III. von England seinen Schwiegervater Jakob II. vernichtend schlug.

Cromwells Navigationsakte über die Regulierung des Küstenhandels, der Fischerei in englischen Gewässern und über die Einfuhr von Waren nach England führte zum ersten Englisch-Niederländischen Seekrieg 1652 bis 1654, da die Niederlande sich in ihrer Handelshoheit bedroht fühlten. Immer stärker entwickelte Cromwell diktatorische Eigenschaften. Das Feiern des Weihnachtsfestes wurde verboten, Tanzen und Singen waren verpönt, Theater und Oper fanden nicht mehr statt. Es wundert nicht, dass man in England nach Cromwells Tod, der wohl von einem Malariainfekt ausgelöst wurde, welchen er sich ironischerweise ausgerechnet in Irland zugezogen hatte, und der völligen Unfähigkeit seines Sohnes Richard, die Armee zu kontrollieren, den jungen Stuart mit Freuden empfing.

In seiner Erklärung von Breda (Holland) 1660 hielt sich Karl II. geschickt mit Formulierungen hinsichtlich der Konstitution zurück, versprach aber »Gewissensfreiheit für alle Christen«. Das größte diplomatische Geschick bewies der junge König darin, dass er nicht auf Rache gegen die Anhänger Cromwells oder das Parlament sann – außer im Falle der Mörder seines Vaters. Eine der prominentesten Personen, die 1661 als Hochverräter hingerichtet wurden, war der schottische Herzog von Argyll, den Karl I. in diesen Stand gehoben hatte, um sich der Unterstützung des ehrgeizigen Adligen gegen Cromwell zu versichern.

Argyll wandte sich von Karl I. ab und diente Cromwell. Nach dem Siegeszug Cromwells in England übernahm Argyll weitgehend die Regierungsgeschäfte in Schottland. Als er nun Karl II. seine Dienste anbot, lehnte dieser angewidert ab, und Argyll wurde der Prozess wegen Verrats an der Krone gemacht.

Eine der wichtigsten Aufgaben sah Karl II. in der Versöhnung zwischen der Church of England und den Presbyterianern. Doch er scheiterte. Die religiösen Differenzen blieben, ein Grund für viele Puritaner das Land zu verlassen und ihr Glück, wie schon die Pilgerväter um 1620, jenseits des Atlantiks in Nordamerika zu suchen. Karl II. selbst heiratete 1662 die portugiesische Prinzessin Katharina von Braganza, Tochter des Königs von Portugal und natürlich Katholikin. Die Ehe sollte kinderlos bleiben. Karl ließ sich aber selbst dann nicht von ihr scheiden, als sie ihm dies mehrfach wegen ihrer Kinderlosigkeit nahelegte. Später kamen sogar Gerüchte auf, dass sie aus politischen und privaten Motiven seine Ermordung plane. Karl wies diese Anschuldigungen entschieden zurück und hielt Katharina trotz allem in Ehren. Nach seinem Tod kehrte sie nach Portugal zurück und lebte bis 1705.

Karl, der bekannt war für seinen Charme und seinen sexuellen »Appetit«, hatte im Laufe seiner fünfundzwanzig Jahre Herrschaft eine stattliche Zahl von Mätressen, darunter die überaus einflussreiche und ehrgeizige Louise de Kéroualle, Herzogin von Portsmouth, die gerne ihren eigenen Sohn von Karl, den späteren Herzog von Richmond, auf dem Thron gesehen hätte. Die beim Volk sehr beliebte Schauspielerin Nell Gwynn, die dem König zwei Söhne gebar, war weitaus weniger ehrgeizig und zeigte sich zufrieden, dass der König ihren älteren Sohn zum Herzog von St. Albans ernannte, und verzichtete selbst auf Ruhm und Titel. Ihrem Einfluss ist es wohl zu verdanken, dass das Theater, unter den Puritanern als Sünde verboten, wiederbelebt wurde und zu Karls Zeiten zu neuer Blüte gelangen konnte. Zum ersten Mal schrieb auch eine Frau einige der damals an den Bühnen so beliebten Komödien, zu deren erfolgreichen Autoren John Dryden und William Congreve zählten.

Aphra Behn, eine schillernde Figur ihrer Zeit, die von 1640 bis 1689 lebte, verfasste nicht nur Theaterstücke, sondern auch Romane und gilt als die führende Feministin einer Epoche, in der Frauen in der Öffentlichkeit wenig zu melden hatten. Ihr 1688 publizierter Roman »Oroonoko« über einen schwarzen Prinzen aus dem heutigen Ghana, der als Sklave verkauft wird und erst Jahre später wieder seine Freiheit erlangt, wurde später zu einem Manifest der Gegner der Sklaverei. Das Werk beeinflusste Romanautoren wie Daniel Defoe, dessen »Robinson Crusoe« hinsichtlich seines Erzählstils und der Charakterisierung von Crusoes Gefährten »Freitag« von Aphra Behn geprägt worden war.

Die Ära Karls II. wird auch als »Restauration« bezeichnet, was sich nicht alleine auf die Wiederherstellung der Monarchie bezieht, sondern insbesondere auf eine Wiederbelebung der Kultur und Traditionen, die unter Cromwells rigider Regierung gelitten hatten. Dem 1633 in London geborenen und 1703 ebenda verstorbenen Samuel Pepys, der lange Jahre im Marineamt arbeitete, Abgeordneter des Unterhauses und Mitglied der 1660 gegründeten Royal Society war, verdanken wir heute eine Fülle von

Einblicken in die Ära von Karl II. Denn Pepys führte über viele Jahre akribisch Tagebuch, in dem er das Alltagsleben in London ebenso schildert wie Geschichten vom Hof. Von 1660 bis 1669 vermerkte Pepys in seinem Tagebuch Details über die ersten Jahre der Regierungszeit Karls II. Seine Anmerkungen über Leben und Treiben in London in jenen Jahren, über private Erfahrungen und politische Ereignisse sind noch heute für Historiker eine reiche Quelle für Hintergrundinformationen über die Gesellschaft jener Epoche. Das Tagebuch wurde erst 1818 wieder aufgefunden. Zuvor war dieser Mann, der sowohl in der Royal Society als auch mit seinen Tätigkeiten für das Marineamt so manchen Lorbeer errungen hatte, kaum mehr einem breiteren Kreis bekannt gewesen. Das änderte sich nach der Entdeckung seiner Aufzeichnungen. Die Schilderung der Pest und des Brandes von London 1665/66 ist eine Meisterleistung der detailreichen Darstellung historisch relevanter Tragödien. Daniel Defoes viele Jahre später erschienenes Werk zum gleichen Thema konnte sich dieser Schilderungen als Vorlage bedienen.

Karl II., dem Antonia Fraser und andere Historiker neben einer gewissen Trägheit vor allem Unentschlossenheit bei ihm unangenehmen Entscheidungen vorwerfen, musste nicht nur gegen religiöse Probleme ankämpfen, sondern sich auch in den immer wieder aufflammenden Konflikt mit den Niederlanden verstricken lassen, bei dem es um die Vorherrschaft auf den Meeren ging. Seine Regentschaft wurde zudem überschattet durch den Ausbruch der schon erwähnten Pest und der verheerenden Feuersbrunst in London in den Jahren 1665 und 1666. Im Zuge dieser vierten großen Pestepidemie, die England seit dem frühen Mittelalter heimgesucht hatte, starben rund siebzigtausend Menschen, ein Fünftel der Bevölkerung in der für damalige Verhältnisse riesigen Stadt London. Nach dem Ende der Seuche brach ein verheerendes Feuer aus, das im September 1666 einen Großteil der Stadt zerstörte und einhunderttausend Bewohner zu Obdachlosen machte. Wie schon Pepys in seinen Tagebüchern, schildert Daniel Defoe diese Ereignisse in seinem 1722 erschienenen Roman »Journal of the Plague Year« (»Die große Pest zu London«) mit einem kritischen Blick auf Korruption und Betrug in dieser Epoche, auf unterlassene Hilfsmaßnahmen bei den Katastrophen, auf die Hilflosigkeit der Politiker, auf jene Menschen, die bei solchen schrecklichen Ereignissen verlieren, und auf jene, die durch eine solche Katastrophe gewinnen. Auch die englische Autorin Rose Tremain lässt in ihrem Roman »Zeit der Sinnlichkeit« ihren Helden Robert Merivel die große Pest und das Feuer durchleben. Der junge Mann, der zunächst die Gunst des Königs gewonnen hatte, als er einen von dessen Hunden (King Charles' Spaniel) rettet, diese Gunst aber wegen seiner Leichtlebigkeit wieder verliert, muss sich als Medicus in diesen harten Zeiten bewähren, um erneut des Königs Zuneigung und Vertrauen zu gewinnen.

Vor diesem dramatischen Hintergrund führte Karl einen sinnlosen Krieg gegen Holland, der 1667 endete, ohne irgendwelche Ergebnisse gebracht zu haben. Immer wieder geriet in den Folgejahren die Politik des Königs durch den Streit zwischen den Religionen in eine Sackgasse. Der noch immer starken katholischen Minderheit im Lande konnte Karl ebenso wenig gerecht werden wie den Protestanten. Man verlangte von ihm, alle Katholiken aus öffentlichen Ämtern zu verbannen und auch in Zukunft davon fernzuhalten. Um finanzielle Unterstützung für seine kriegerischen Auseinandersetzungen mit Holland zu erlangen, ging er auf die Forderung des Unterhauses nach Auflösung der von ihm erlassenen Toleranzerklärung ein. Dennoch mangelte es ihm an den nötigen Mitteln, um Holland weiterhin Paroli zu bieten. Am Ende verheiratete er seine Nichte Mary, Tochter seines jüngeren Bruders Jakob, mit Wilhelm III. von Oranien, um das angespannte Verhältnis zu Holland zu entschärfen. Dass wenige Jahrzehnte später diese beiden als William und Mary den englischen Thron nach dem Sturz von Karls Bruder Jakob II. besteigen würden, hätte sich Karl sicherlich nicht im Traum vorstellen können.

Doch die ersten Anzeichen dieser Entwicklung waren schon spürbar, als es um Jakob, den Herzog von York, immer wieder Kontroversen wegen seiner geplanten Konversion zum Katholizismus gab. Jakobs erste Frau Anne Hyde, mit der Jakob acht Kinder hatte, war 1671 gestorben. In zweiter Ehe heiratete er 1673 Prinzessin Maria Beatrix von Modena, mit der er weitere sieben Kinder zeugte, darunter Jakob Franz Edward, der in späteren Jahren als der »Old Pretender«, der alte Thronanwärter, in die Geschichte des Ringens der Stuarts um die englische Krone einging. Auch die Religionsangehörigkeit von Karls Frau gab zusehends Grund für Gerüchte, Jakob sei längst zum Katholizismus übergetreten. 1678 kam es zu einer angeblichen »Papistischen Verschwörung«. Karl II. beteuerte, dass diese Verschwörung ein Hirngespinst sei. Dennoch wurden mehrere Jesuiten sowie der Sekretär von Jakob, Edward Coleman, verhaftet und hingerichtet.

Dieses Gerangel zwischen der Church of England, den Presbyterianern und den Katholiken zieht sich wie ein roter Faden durch das gesamte 17. Jahrhundert und bestimmt auch in den folgenden Jahrhunderten viele politische Entscheidungen. Die Religionsfragen, die auf dem Kontinent im Dreißigjährigen Krieg eskalierten und durch Friedrich V., Kurfürst bei Rhein und kurze Zeit König von Böhmen, als Schwiegersohn Jakobs I. auch die englische Geschichte streiften, waren letztlich nichts anderes als Aufhänger für machtpolitische Querelen. In England entwickelte sich aus dem Hin und Her vor allem zwischen den Anglikanern und den Katholiken ein Dauerkonflikt, mit dem Karl II., der sich selbst schon längere Zeit zum Katholizismus hingezogen fühlte und kurz vor seinem Tod konvertierte, nicht fertig wurde. Als er am 6. Februar 1685 starb und in der Westminster Abbey beigesetzt wurde, hinterließ dieser bei der Bevölkerung durchaus beliebte Herrscher trotz seiner zahlreichen mit diversen Mätressen gezeugten Söhne keinen legitimen Erben. Der einzige, der vielleicht in Frage gekommen wäre, hätte Karl dessen Mutter wirklich geheiratet, wie einige Gerüchte besagten, war James Scott, Herzog von Monmouth. Er kam während Karls Zeit in Holland zur Welt, seine Mutter war die junge Waliserin Lucy Walter, mit der Karl, damals erst achtzehn Jahre alt, ein Verhältnis hatte. Er schätzte den Jungen, den er als seinen Sohn anerkannte, und war ihm gegenüber immer sehr milde gesonnen, selbst nachdem der junge Mann bei einem Bordellbesuch einen Nachtwächter niedergestochen hatte. Karl erließ dem jungen Monmouth die Strafe. Das Volk liebte den jungen Draufgänger, der sich als ein tapferer Soldat in den Kämpfen mit den Holländern und

1679 bei der Niederschlagung eines schottischen Aufstandes bewährt hatte. Er war, wie der Chronist Samuel Pepys ihn beschrieb, »immer aktiv, tanzte und sprang, der lebhafteste Gentleman, den ich je sah«. Bei einem seiner ausgelassenen Tänze mit seiner Frau Anne verletzte diese sich und hinkte fortan. Das störte den Herzog wenig, hatte er doch, ähnlich wie sein Vater, eine stattliche Zahl von Geliebten, blieb aber dennoch mit Anne verheiratet.

Nicht nur das Volk verehrte den liebenswürdigen Charmeur, der nach dem schottischen Aufstand Gnade hatte walten lassen und nur wenige der Aufrührer hinrichten ließ, die übrigen in die Verbannung schickte. Auch die Puritaner mochten James Scott, denn er war Protestant – anders als sein Onkel Jakob II., der als erster Katholik nach Maria I., der Halbschwester von Königin Elizabeth, den englischen Thron bestieg. Das Gerücht kam auf, dass der Herzog von Monmouth, inzwischen sechsunddreißig Jahre alt, der legitime Erbe Karls sei, da sein Vater heimlich mit Lucy Walter verheiratet gewesen sei. Lucy war 1658 gestorben, also vier Jahre bevor Karl die Tochter des portugiesischen Königs, Katharina von Braganza, geheiratet hatte. Karl selbst hatte diese angebliche Eheschließung immer dementiert.

Monmouth wurde von den Mächtigen im Staat, die gegen die Nachfolge des Katholiken Jakob waren, in seine Rolle als angeblich legitimer Thronfolger geradezu hineingetrieben. Und so landete er mit drei Schiffen in Lyme Regis, versammelte eine Armee von begeisterten, aber militärisch schlecht ausgerüsteten Anhängern um sich und rief sich am 30. Juni 1685 in Taunton in der Grafschaft Somerset zum König aus – als Jakob II., also mit demselben

Namen wie sein Onkel. Wenig später traf er am 6. Juli 1685 bei Sedgemoor auf das wesentlich besser gerüstete Heer seines Onkels. Da ihm nicht, wie er erwartet hatte, seine Freunde aus früheren Militärkampagnen zu Hilfe kamen, verlor er die Schlacht, flüchtete, wurde aber wenig später in Dorset gefangengenommen und am 15. Juli im Tower geköpft. Achtzig seiner Anhänger wurden wenig später in Dorchester hingerichtet.

Mit der Niederschlagung dieser Rebellion schien Jakob II. die erste Krise seiner noch jungen Regierungszeit gemeistert zu haben. Drei Jahre jünger als Karl, hatte Jakob stets im Schatten seines charismatischen Bruders gestanden, obgleich er sich durchaus als tapferer Feldherr und Oberbefehlshaber der Royal Navy einen Namen machte. Er kam 1633 zur Welt und war elf Jahre alt, als ihn sein Vater zum Herzog von York ernannte. Die Stadt New York, die zuvor Nieuw Amsterdam geheißen und fast vierzig Jahre unter holländischer Oberherrschaft gestanden hatte, wurde nach ihrer Eroberung durch englische Truppen 1664 nach dem Herzog von York benannt, der damals Oberbefehlshaber der Königlichen Marine war. Allerdings besaß er weder den Humor noch den Charme seines älteren Bruders, sondern wirkte, wie Antonia Fraser schreibt, »arrogant, ungeduldig und albern. Er zeigte kaum Interesse für Wissenschaft und Kunst und war ein schlechter Menschenkenner«. 1660 heiratete er Anne Hyde, die Tochter des späteren Earl of Clarendon, des Schatzkanzlers und späteren Lordkanzlers, der schon Karls II. Exilregierung geleitet hatte. Von ihren gemeinsamen acht Kindern überlebten nur die Töchter Maria und Anne das Kindesalter. Beide wurden später Königinnen von England. Die

Ehe aber hinderte Jakob nicht daran, schon sehr bald eine Beziehung mit Arabella Churchill einzugehen, Tochter des Historikers und Staatsmannes Sir Winston Churchill, Ahne und Namensvetter des berühmten Premierministers des 20. Jahrhunderts. Ihr älterer Bruder John wurde der erste Herzog von Marlborough, dessen Nachfahren in der englischen Geschichte immer wieder wichtige Rollen als Politiker übernahmen. Arabella bekam von Jakob vier Kinder, darunter 1670 James Fitzjames, Herzog von Berwick-upon-Tweed, der für die Anhänger der katholischen Stuarts kämpfte und in Frankreich und Spanien zu hohen Ehren kam. Begraben ist er im Hochstift Speyer.

Im Jahre 1668 tat Jakob dann jenen Schritt, als dessen Konsequenz es 1714 letztlich zur Personalunion kam: Er konvertierte zum Katholizismus. Zwar besuchte er noch acht weitere Jahre den anglikanischen Gottesdienst, aber längst hatte er sich von der Kirche von England abgewandt. Seine beiden überlebenden Töchter aus der Ehe mit Anne Hyde, die 1671 starb, wurden aber auf Geheiß Karls II. protestantisch erzogen, während seine illegitimen Kinder aus der Beziehung mit Arabella Churchill eine katholische Erziehung erhielten und ihren Vater nach den Ereignissen von 1688, der »Glorious Revolution«, ins Exil nach Frankreich begleiteten.

Als der inzwischen vierzigjährige Jakob am 21. November 1673 die erst fünfzehnjährige Maria Beatrix von Modena heiratete, kam es in England zu heftigen Protesten. Die junge Frau hatte eigentlich auch wenig Lust verspürt, einen so viel älteren Mann zu heiraten und dann auch in einem vorwiegend protestantischen Land zu leben. Nur durch die Vermittlung des Papstes ließ Maria Beatrix sich umstimmen. Umso erstaunlicher, dass diese Ehe glücklich wurde. Allerdings brachte die junge Frau, die 1685 Königin von England, Schottland und Irland wurde, zunächst zehn nicht lebensfähige Kinder zu Welt, ehe sie endlich 1688 den Sohn James Francis und vier Jahre später die Tochter Louisa Maria gebar, die beide das Kindesalter überlebten – James Francis, der »Old Pretender«, wurde siebenundsiebzig Jahre alt, seine Schwester starb mit neunzehn Jahren an den Pocken.

Die erste Zeit nach der Thronbesteigung Jakobs II. verlief recht friedlich, hatte doch der neue König, als er nun öffentlich die katholische Messe besuchte, geschworen, die Mitglieder der Church of England zu schützen, die ihm »so loyal in schweren Zeiten« gedient hatten. Doch der Frieden währte nicht lange. Schon im Herbst 1685 berief Jakob katholische Offiziere in sein Heer. Und das widersprach der 1673 verabschiedeten »Test Act«, die das Parlament König Karl II. als Reaktion auf den Übertritt von Jakob zum Katholizismus dem damals regierenden König Karl II. abgerungen hatte. Diese Testakte sollte genau dies verhindern, nämlich die Präsenz von Katholiken im Parlament und in hohen Ämtern. Erst 1829 wurde die Testakte durch das Parlament aufgehoben, was zu einer allmählichen Emanzipation der Katholiken führte, behielt aber bis ins 20. Jahrhundert hinein für einige Ämter weiterhin Gültigkeit.

Auch in der Folgezeit kam es zu religiös motivierten Unruhen, zumal Jakob II. den anglikanischen Geistlichen untersagte, von der Kanzel gegen die Katholiken zu wettern. 1687 veranlasste der König eine »Declaration of Indulgence« (Ablasserklärung), die unter anderem allen

Religionen die gleichen Rechte zubilligte. Diese Erklärung, die auch den Presbyteriern in Schottland die gleichen Rechte versprach wie den Anglikanern und Katholiken, stieß in Schottland zunächst auf Widerspruch, wurde dann aber weitgehend akzeptiert. Als es jedoch unter den königlichen Beratern in England zu Protesten gegen die Verordnung kam, die Ablasserklärung von allen Kanzeln zu verlesen, entließ der König zwei von ihnen. In England wandten sich der Erzbischof von Canterbury und sechs weitere Bischöfe gegen diese Einmischung des Königs und beriefen sich auf Abmachungen mit dem Parlament unter Karl II., die dem König verboten, Gesetzesverfügungen ohne Zustimmung des Parlaments zu erlassen.

Der erzürnte König Jakob ließ daraufhin die sieben Bischöfe wegen Aufruhr vor Gericht bringen. Die Bischöfe wurden freigesprochen. Mit dieser Aktion war Jakob II. immer mehr in Verdacht geraten, in England eine absolutistische Monarchie nach kontinentalem Vorbild einführen zu wollen. Zugleich passte seine Zugehörigkeit zur Kirche von Rom nicht mit der Aufgabe des Königs zusammen, die Heinrich VIII. 1533 durch den »Act of Supremacy« festgelegt hatte, nach dem ein Monarch zugleich auch Oberhaupt der Kirche in England sein sollte. Als Königin Maria Beatrix am 10. Juni einem gesunden Jungen das Leben schenkte, brach die Furcht aus, dass durch diesen Sohn die katholische Dynastie auf Dauer gefestigt werden könnte und damit das Erbrecht der älteren, protestantischen Tochter Mary aus Jakobs Ehe mit Anne Hyde hinfällig werde. Mary war 1677 aus Gründen der Staatsräson mit ihrem Vetter Wilhelm von Oranien, seit 1672 Statthalter der Niederlande, verheiratet worden. Die unmittelbare Folge der tief verwurzelten Angst vor einer katholischen Stuart-Dynastie führte dazu, dass eine Gruppe von Notabeln, genannt die »Immortal Seven«, heimlich den calvinistisch erzogenen Wilhelm, dessen Mutter Maria Henrietta Stuart, einzige Tochter von Karl I., Wilhelm II. von Oranien geheiratet hatte, und seine Frau Mary aufforderten, nach England zu kommen, um »Freiheit und Eigentum des Volkes« und zugleich Marys Erbrecht zu schützen. Da half es Jakob nichts mehr, dass er versuchte, einige seiner Entscheidungen zu revidieren und sich der protestantischen Opposition anzunähern. Die historischen Würfel waren gefallen, die unruhigen Jahrzehnte ständiger religiöser Differenzen trugen Früchte. Die Zeit für einen neuen Abschnitt der englischen Geschichte war gekommen.

2. *Auf dem Weg zur Personalunion*

Das 17. Jahrhundert in England und in Europa war eine Epoche vieler Umbrüche – sowohl auf geistigem- als auch naturwissenschaftlichem Gebiet. Namen wie Thomas Hobbes oder John Locke, Isaac Newton und Christopher Wren, der zu den Gründern der Royal Society zählt, sind eng mit dem 17. Jahrhundert verbunden. Auf deutscher Seite ragt Gottfried Wilhelm Leibniz heraus, der am Hof von Hannover eine wichtige Rolle spielte, Freund und Berater der Kurfürstin Sophie war.

Vor allem Thomas Hobbes und John Locke sind in der englischen Geistesgeschichte von überragender Wichtigkeit. Hobbes (1588–1679) erlebte insgesamt fünf verschiedene Herrscher in England – mit Elizabeth I., Jakob I., Karl I., Oliver Cromwell und schließlich Karl II. Sein Hauptwerk »Leviathan oder Stoff, Form und Gewalt eines kirchlichen und staatlichen Gemeinwesens« erschien im Jahr 1651. Das Werk des vielseitigen Staatstheoretikers, Naturwissenschaftlers und Philosophen gilt noch heute als wesentlicher Beitrag zur Staatstheorie und politischen Philosophie. Hobbes erteilte dem jungen Karl II. am französischen Hof Mathematikunterricht, nachdem er England wegen seiner indirekten Unterstützung Karls I. hatte verlassen müssen.

Auch John Locke (1632–1704) war ein vielseitig interessierter und für seine Zeit weitgereister Gelehrter. Er gilt als einer der Väter des Liberalismus und der Aufklärung und als Wegbereiter der Amerikanischen Unabhängigkeitserklärung, die allerdings erst zweiundsiebzig Jahre nach seinem Tod verkündet wurde. Lockes Gedanken zu Religion und zu Fragen der machtpolitischen Strukturen, zur Gleichheit von Mann und Frau, die er, streng puritanisch erzogen, aus dem Buch Mose ableitete, zu Freiheit und Verantwortung des Bürgers wie des Souveräns bilden einen epochalen Beitrag zur europäischen Geistesgeschichte mit globalen Auswirkungen.

Die Fülle der Diskussionen auf höchstem philosophischen Niveau, insbesondere zu kirchenrechtlichen Fragen und zum Thema Freiheit des Glaubens und der Religion, untermauern immer wieder, welch große Bedeutung diese immer neue Infragestellung des Anspruchs des katholischen Jakobs II. auf die Herrschaft hatte. Es war ein auch durch Staatsphilosophen, Naturwissenschaftler und Gesellschaftskritiker beeinflusster langer Weg hin zu den

Ereignissen von 1688, die zur Umstrukturierung der englischen Monarchie führten. Man darf sich diese »Glorreiche Revolution«, deren Folgen den Verlauf der englischen Geschichte so tiefgreifend verändern und letztlich in der Personalunion zwischen den Vereinigten Königreichen und dem Kurfürstentum Hannover münden sollten, nicht als eine gewalttätige und überstürzte Aktion vorstellen. Zu schmerzlich wirkten noch die Erinnerungen an die Bürgerkriege unter Karl I. und an die sich immer stärker zur Diktatur entwickelnde Herrschaft Cromwells nach. Deshalb war es trotz allen Protests keinesfalls selbstverständlich, dass die Reaktion gegen den König als Souverän heftig ausfallen würde. Nicht allein innenpolitische Fragen führten dazu, sondern auch europäische Gegebenheiten, die sich in den ständigen Machtkämpfen zwischen Frankreich und Spanien, den Niederlanden und dem Heiligen Römischen Reich Deutscher Nation widerspiegelten. So spielte dabei auch der Pfälzische Erbfolgekrieg eine wichtige Rolle, der das Kräftesystem in Europa durcheinanderschüttelte und vor allem das Gleichgewicht der Mächte, das später eines der wichtigsten Elemente der britischen Außenpolitik sein sollte, gefährdete.

Eine der führenden Rollen in diesen Auseinandersetzungen hatte der junge Statthalter der Niederlande, Wilhelm III. von Oranien, dessen Vorfahre Wilhelm der Schweiger zu den Gründervätern der unabhängigen Niederlande zählte. Als das Motto der »no resistance« in England, der Ablehnung des Widerstands gegen den König, außer Kraft gesetzt worden war, war der Weg geebnet, um den holländischen Prinzen und seine Frau Mary nach England zu rufen. Mary weinte bitterlich, nachdem man ihr

1677 mitgeteilt hatte, sie werde mit ihrem Vetter Wilhelm von Oranien vermählt. Der Gedanke, in ein ihr fremdes Land zu ziehen und einen ihr unbekannten, noch dazu äußerlich wenig attraktiven Mann zu heiraten, der zudem ein naher Verwandter war, brachte sie an den Rand der Verzweiflung. Langsam hatte sich die schöne Tochter des Herzogs von York in ihrer neuen Heimat eingelebt, war bei der Bevölkerung wegen ihrer offenen und herzlichen Art sehr beliebt und entdeckte in der Religion eine ihrer Berufungen. Die Ehe mit ihrem zwölf Jahre älteren Mann stand in den ersten Jahren unter keinem allzu guten Stern. Wilhelm zeigte wenig Zuneigung zu seiner jungen Frau, war selten in ihrer Nähe und hatte zudem in Elisabeth Villiers eine attraktive und fordernde Geliebte gefunden, was ihn noch seltener in die Arme seiner angetrauten Frau trieb. Dennoch wurde Mary schwanger, erlitt aber 1678 und 1679 Fehlgeburten. Die Ehe blieb kinderlos, weshalb nach dem Tod von Mary und später ihrem Mann, Marys Schwester Anne, verheiratet mit Prinz Georg von Dänemark, den Thron erbte.

Ein sehr enges Verhältnis hatte Mary, die ihrem Vater als junge Frau durchaus nahe gestanden hatte, zu ihrem Vetter James Monmouth, mit dem sie sich, wie die Chroniken vermelden, im Winter häufig zum Schlittschuhlaufen traf. Das wiederum gefiel Jakob II. wenig, sah er doch in dem nicht legitimen Sohn seines Bruders Karl II. eine erhebliche Gefahr für seine eigenen Thronansprüche, zumal Monmouth ja von der Idee ausging, sein Vater habe seine Mutter geehelicht. Dieser Zwist und die vergeblichen Versuche Jakobs, seine Tochter zu überreden, zum Katholizismus überzutreten, überschatteten das Verhältnis zwischen

Mary und Jakob zunehmend. Als sich die Auseinandersetzung zwischen dem König, seinem Parlament und der Kirche immer mehr zuspitzte, wurde Wilhelm, wie bereits erwähnt, als Mann der erbfolgeberechtigten Tochter von König Jakob und Protestant, am 30. Juni 1688 (nach julianischem Kalender) von den »Immortal Seven« aufgefordert, nach England zu kommen und die Belange der Protestanten zu schützen. Für Mary war diese offene Kontroverse zu ihrem Vater alles andere als einfach zu bewältigen. Selbst wenn sie in religiösen Fragen nicht übereinstimmten, hatte sie sich dennoch als eine ergebene Tochter erwiesen. Allerdings belastete Jakobs Thronbesteigung ihr Verhältnis zusätzlich, auch wenn er es inzwischen aufgegeben hatte, sie von einer Konversion zu überzeugen.

Wilhelm begann im Sommer 1688, Truppen zu rekrutieren, was Mary, die sich mittlerweile recht gut mit ihrem Mann arrangiert hatte, mit Besorgnis erfüllte. Der erste Versuch, im Oktober den Kanal zu überqueren, scheiterte an den widrigen Winden, und erst am 5. November gelang es der holländischen Flotte, mit fünfzehntausend Mann in Südengland zu landen. Manche Historiker bezeichnen diese »Glorreiche Revolution«, in deren Folge Jakob II. zunächst England verließ, um später gezwungenermaßen auf den Thron »zu verzichten«, und alle katholischen Thronprätendenten von der Erbfolge ausgeschlossen wurden, als »eine holländische Invasion mit Zustimmung der englischen Protestanten«[12]. Letztlich war auch dies eine Art von Personalunion, da Holland und England durch das Herrscherpaar miteinander verbunden wurden.

Wider Erwarten kam es zu keinen blutigen Auseinandersetzungen – zumindest nicht im Rahmen dieses ersten

Kapitels der Machtübernahme durch Wilhelm. Eine der entscheidenden Schlachten fand jedoch 1690 im heutigen Nordirland statt. In der Schlacht am Boyne siegte der da bereits als König von England installierte Wilhelm III. über seinen Schwiegervater Jakob II. Laut dem damals noch in England gültigen julianischen Kalender – erst 1752 stellte man hier die Zeitrechnung auf den heute fast überall auf der Welt gültigen gregorianischen Kalender um – fand die Schlacht am 1. Juli statt. Laut des seit 1582 durch Papst Gregor XII. eingeführten neuen Kalenders, der auch die Schaltjahre berücksichtigte, ereignete sich diese Schlacht am 11. Juli. An diesem Tag gedenken noch heute die protestantischen Nordiren der Vernichtung der Truppen des letzten katholischen Stuart-Königs. Das Ereignis von 1690 wirft seine langen dunklen Schatten bis in die Gegenwart, da es im Zuge dieser Feiern im Norden Irlands jedes Jahr erneut zu Unruhen kommt. Vor allem die Tatsache, dass die Paraden der »Orangemen« (benannt nach dem aus den Niederlanden stammenden »William of Orange«) auch häufig durch vorwiegend katholische Wohnviertel in Belfast führen, stellt für die Katholiken eine Provokation dar.

Während ihr Gatte Wilhelm sich daran machte, dem Wunsch der protestantischen Kreise Englands Genüge zu tun, und Jakob fluchtartig das Land mit Ziel Frankreich verlassen hatte, verblieb Mary, wie oft in ihrem Leben, alleine in Holland, das ihr zur neuen Heimat geworden war. Im Februar 1689 allerdings kehrte auch sie nach England zurück. Doch wurde sie nicht zur alleinigen Nachfolgerin ihres Vaters gewählt. Wilhelm nämlich hatte es strikt abgelehnt, nur als Prinzgemahl zu fungieren und gedroht, mit seinen Truppen nach Holland zurückzukehren, was sicherlich zu chaotischen Zuständen geführt hätte. Und so geschah etwas bislang Einmaliges in der Geschichte der englischen Monarchie: Am 11. April 1689 wurden Wilhelm und Mary gemeinsam in Westminster Abbey gekrönt. Doch nicht nur dieser Vorgang der Doppelkrönung war ein erstaunlicher Akt, der im Übrigen eine endlos lange und ermüdende Zeremonie bedeutete. Mit der Thronbesteigung veränderte sich die Monarchie in England. Das zeigte sich bereits an der starken Präsenz von Mitgliedern des Unterhauses beim Krönungsakt in der Kathedrale. Das Paar, das vom Londoner Erzbischof – und nicht nach alter Sitte vom Erzbischof von Canterbury, der Wilhelm nicht als Monarchen anerkannte – gekrönt wurde, leistete einen Eid, dass es die vom Parlament erlassenen Gesetze achten wolle. Damit endete auch der Disput zwischen König und Parlament, der Jakob letztlich die Krone gekostet hatte – neben der Ungereimtheit, als gläubiger Katholik Oberhaupt der Kirche von England sein zu wollen. Der König war laut der »Bill of Rights«, die unter anderem die Immunität der Abgeordneten festlegte, nun »King in Parliament«, ein konstitutioneller Monarch, der nur zusammen mit dem Parlament regieren konnte, also kein absolutistischer Herrscher, wie es zu der Zeit noch die Herrscher in Europa waren, allen voran Ludwig XIV. Dieses neue Verständnis der Monarchie sollte sich auch für den späteren König Georg I. als nicht immer einfach erweisen. In England hatten mit Hobbes und Locke die ersten Vorläufer der Aufklärung ihre Saat gesät.

Doch obgleich auch Schottland das Königspaar als Nachfolger des vertriebenen Jakob II. anerkannte, war es vor allem für die fromme Mary nicht leicht, mit dem Vorwurf ihres Vaters zu leben, sie habe das vierte Gebot nicht geachtet und sich gegen den eigenen Vater gewandt. In Irland stieß die Krönung ohnehin auf Ablehnung, und dort begann der sich noch immer als eigentlicher König von England, Schottland und Irland fühlende Jakob mit französischer Unterstützung seine Versuche, die Herrschaft wiederzuerlangen. Das aber schlug fehl – nicht nur 1690 mit der Schlacht am Boyne, sondern auch bei späteren Unterfangen. Mary allerdings litt zeit ihres Lebens unter dem Gefühl, sie habe ihren Vater im Stich gelassen. Im Gegensatz zu ihrem Gatten Wilhelm und auch zu ihrem Vater, den viele Historiker als »bigott, humorlos und arrogant« bezeichnen, erfreute sich Mary, wie schon zuvor in den Niederlanden, bei einem großen Teil der englischen Bevölkerung äußerster Beliebtheit.

Immer häufiger musste sie nach 1690 selbst die Regierungsgeschäfte übernehmen, was der eher zurückhaltenden Frau, die in Holland recht bescheiden gelebt hatte, anfänglich nicht leicht fiel. Ihre Neigungen galten dem Sammeln von chinesischem Porzellan und der Gartenkultur. Aber dafür blieb ihr immer weniger Muße. Gleich zu Beginn der Regierungszeit von Wilhelm und Mary wurde in der »Bill of Rights«, neben der Machtbeschränkung des Monarchen zugunsten des Parlaments, auch die Erbfolge festgelegt. Im Falle des Todes eines der beiden Ehepartner sollte der andere weiterregieren, die Kinder aus der Ehe standen in der Erbfolge an erster Stelle, danach folgten Marys jüngere Schwester Anne und deren mögliche Kinder. Und sollte Wilhelm noch einmal heiraten, wären dann die Kinder aus dieser Beziehung noch weiter unten in der Thronfolge angesiedelt. Die ursprünglich sehr enge

Beziehung der beiden Töchter Jakobs II. kühlte im Laufe der Jahre immer mehr ab, zumal Wilhelm die militärischen Leistungen von Annes Mann, dem dänischen Prinzen Georg, Sohn von König Friedrich III. von Dänemark und seiner Frau Sophie-Amalie von Braunschweig-Lüneburg, nicht gebührend würdigte. Auch die enge Beziehung zwischen Anne und ihrer Freundin Sarah Churchill, verheiratet mit dem Earl von Marlborough, dem ein Komplott mit Jakob II. gegen Wilhelm und Mary nachgesagt wurde, führte zu zusätzlichen Spannungen.

Die Regierungsjahre vom Wilhelm und Mary waren geprägt von ständigen Kriegen und damit verbundenen langen Abwesenheiten Wilhelms, die der Königin eine Regentschaft aufzwangen, die sie zwar recht gut meisterte, sie aber nicht beglückte. Einer der Höhepunkte dieser kriegerischen Konflikte war die erneute Gefahr einer französischen Invasion Englands im Rahmen des Pfälzischen Erbfolgekrieges. Es gelang der englischen Flotte, vereint mit der niederländischen Seestreitmacht, die Franzosen im Mai und im Juni 1692 bei La Hougue und Barfleur zu schlagen. Damit war die Gefahr erst einmal gebannt. Der Erbfolgekrieg endete zwar erst 1697 mit dem Frieden von Rijswijk, doch Wilhelms vereinte Truppen hatten bewiesen, wie sinnvoll die »Personalunion« zumindest für Englands Sicherheit war.

Im November 1694 erkrankte Mary schwer. Zwar schien sie sich zunächst wieder zu erholen, doch am 28. Dezember starb sie an den Pocken. Sie wurde zweiunddreißig Jahre alt. Noch kurz vor ihrem Tod hatte sie Wilhelm in einem Brief, der ihm erst nach ihrem Tod überreicht werden sollte, dessen häufige Fehltritte vorgeworfen. Seine Reaktion auf ihre schwere Erkrankung zeigt jedoch, dass er seine englische Gattin durchaus schätzte. Bevor sie starb, vertraute er einem Freund an: »Du kannst dir kaum vorstellen, wie ich mich fühle, da ich sie so sehr liebe. Du weißt, was es bedeutet, eine so gute Ehefrau zu haben.«[13] Die Musik für die pompöse Beisetzung im März 1695 in der Westminster Abbey, »Music for the Funeral of Queen Mary«, komponierte Henry Purcell, der bedeutendste englische Komponist seiner Zeit, der übrigens im November desselben Jahres starb. Auch Holland trauerte um die Königin. Ihr Vater Jakob aber, der einst gerade dieser Tochter so nahegestanden hatte, erlaubte an seinem Hof im französischen Exil keinerlei Trauerfeierlichkeiten für sie.

Wilhelm selbst heiratete, obgleich ihm einige Vertraute dazu rieten, nach Marys Tod nicht wieder. Und so war es klar, dass ihn seine Schwägerin Anne beerben würde, da er kinderlos geblieben war. Er regierte alleine weiter bis 1702, als er nach einem Reitunfall im Alter von einundfünfzig Jahren starb. Im Gegensatz zu seiner Frau fand die Nachwelt nicht viele freundliche Worte für den König. Sir Winston Churchill schrieb über ihn in seiner historischen Abhandlung »Geschichte« aus dem Jahre 1958:

> *Wilhelm war vaterlos und kinderlos. Sein Leben war liebeleer, seine Heirat wurde von der Staatsräson diktiert* [...] *Seine Kindheit war unglücklich und seine Gesundheit schlecht.* [...] *Aber in dieser ausgezehrten und zerbrechlichen Hülle brannte ein unbarmherziges Feuer, angefacht von den Stürmen Europas und noch verstärkt durch den unerbittlichen Druck seiner Umwelt.*[14]

Wilhelm vermachte seine holländischen Erblande seinem fünfzehnjährigen Verwandten Johann Friso von Nassau-Dietz, der 1709 eine hessische Prinzessin heiratete. 1711 ertrank Johann Friso bei einem Fährunglück, und nach langen Streitereien wurde 1713 im Frieden von Utrecht die Zukunft von Oranien und der angrenzenden Ländereien und Grafschaften entschieden: Das Fürstentum Oranien wurde zwischen Frankreich und Preußen unter Friedrich I., dem ersten König in Preußen und Großvater Friedrichs des Großen, aufgeteilt, der Wilhelm III. militärisch unterstützt hatte. Johann Frisos Sohn Wilhelm IV. wurde 1747 Erbstatthalter der Vereinigten Provinzen der Niederlande. Erst sein Enkel, Wilhelm VI., wurde 1815 als Wilhelm I. König der Vereinigten Niederlande.

Noch zu Lebzeiten Wilhelms III. kam es zu einem einschneidenden historischen Ereignis, das den Weg zur Personalunion zwischen Hannover und England ebnete: Der Act of Settlement im Jahre 1701, zu Deutsch »Grundordnung«, zur Regelung der zukünftigen Erbfolge in Großbritannien. Dieser Erlass hat bis zum heutigen Tag in Großbritannien Gültigkeit. Danach wird nur ein Thronfolger protestantischen Glaubens akzeptiert. Katholiken ist die Erbfolge verboten, und wenn ein Thronerbe einen katholischen Ehepartner nimmt, verliert er oder sie das Anrecht auf den Thron. Damit war auf alle Zeiten der Ausschluss von Katholiken von der englischen Thronfolge festgelegt, es hieß in jener Zeit vor allem aber, dass die Nachfahren von Jakob II. keinerlei Anrecht oder Anspruch auf den Thron geltend machen konnten. 1701 bedeutete dies, dass als nächste Verwandte der protestantischen Stuarts Kurfürstin Sophie von Hannover, die Tochter von Elisabeth Stuart, der

Tochter Jakobs I. und Gattin des Winterkönigs Friedrich von der Pfalz, als Erbin der kinderlosen Anne vorgesehen war. Mit dem strikten Ausschluss aller katholischen Thronanwärter wollte man nach Jahren der religiösen Unruhe endlich diesen Unruheherd ausschalten. Die Schotten, die nicht befragt worden waren, verabschiedeten ihrerseits den Act of Settlement, um sich das Recht zu bewahren, im Fall der Kinderlosigkeit des gewählten Monarchen ihren eigenen König wählen zu können. Die Antwort des englischen Parlaments darauf war eine Androhung weitreichender Konsequenzen für die Beziehung zwischen den beiden durch einen gemeinsamen Monarchen verbundenen Länder. In Folge dessen erwog man 1706 in Schottland, sich England anzuschließen. Am 1. Mai 1707 schließlich wurde durch den »Act of Union« aus Schottland und England das Vereinigte Königreich Großbritannien. Aus einer »Personalunion«, die 1603 mit der Thronbesteigung des Sohnes von Maria Stuart, Jakob I. von England und zugleich Jakob VI. von Schottland, begonnen hatte, entstand nach einhundertundvier Jahren ein geeinigtes Königreich. Allerdings wird dieses Gebilde heute immer häufiger in Frage gestellt, und Schottland scheint nach nunmehr dreihundertsieben Jahren wieder auf dem Weg zurück zur ursprünglichen »Personalunion« von 1603 zu sein, die mit den Stuarts begann und sich heute mit den Windsors fortsetzen könnte. Vielleicht aber geht das Land den Weg in die Zukunft auch völlig getrennt vom englischen Süden.

Die Vereinigung der beiden Länder bedeutete damals einen großen Schritt für beide Nationen und brachte natürlich auch neue Herausforderungen für den jeweils regierenden Monarchen mit sich. So besaß Schottland bis zum frühen 19. Jahrhundert ein weitgehend eigenständiges Rechtssystem, das, anders als das »Common Law«-System der Engländer, sich auf eine Reihe anderer Quellen berief, darunter auch das Römische Recht. Die englische Rechtsprechung stützt sich weitgehend auf Präzedenzfälle und nicht auf geschriebene Gesetze, wobei es auch in England das kodifizierte Recht mit Gesetzen gibt, meist vom Parlament erlassen und verabschiedet. Nicht durchsetzen konnte sich in England jedoch das Römische Recht, das zum Beispiel in Deutschland im Mittelalter wiederentdeckt und in die deutsche Rechtsprechung eingefügt wurde.

Die Herrscherin, die mit all diesen Neuerungen konfrontiert wurde, war Marys jüngere Schwester Anne, die nach dem Tod von Wilhelm III. Thronfolgerin wurde. Als sie 1702 den Thron bestieg, war sie siebenunddreißig Jahre alt, hatte bereits achtzehn Schwangerschaften und Fehlgeburten überstanden, wobei keines der fünf Kinder, die lebend zur Welt kamen, älter als elf Jahre wurde. Dazu litt sie unter Gicht und musste zu ihrer Krönung in einer Sänfte getragen werden. Gemälde aus jener Zeit, darunter von Edmund Lilly, zeigen eine leicht korpulente Frau, die zwar ihrer älteren Schwester Mary in Augen- und Haarfarbe ähnelte, aber nicht den Liebreiz besaß, der ihre Schwester in jungen Jahren auszeichnete. Mit dieser Schwester hatte sie, wie bereits erwähnt, schon seit mehreren Jahren kein gutes Verhältnis mehr, da der Mann ihrer Freundin und Ratgeberin Sarah Churchill, John Churchill, Earl of Marlborough, bei Mary aufgrund seiner Sympathien für Jakob II. in Ungnade gefallen war. Man verdächtigte John Churchill aufrührerischer Gedanken zugunsten des im Exil lebenden Jakob, um mit Hilfe der »Jakobiten«, den

Anhängern der katholischen Stuarts, seine eigenen ehrgeizigen Pläne zu befördern. Mary zwang ihre Schwester, Sarah Churchill und ihren Mann vom Hof zu entfernen. Erst nach ihrem Tod kam es zu einer Aussöhnung, da Wilhelm III. Churchill wieder in Gnaden aufnahm.

Nach Wilhelms Ableben, ernannte Anne ihre alte Freundin zur Oberhofmeisterin und erklärte, sie hoffe, dass sie, ihr Mann, Prinz Georg von Dänemark, Sarah und John Churchill nicht mehr getrennt würden, »bis der Tod uns niedermäht mit seiner unparteiischen Hand«[15]. John Churchill erwies sich alsbald als tüchtiger Feldherr und errang am13. August 1704 bei der Zweiten Schlacht von Höchstädt in Österreich (englisch bezeichnet als Battle of Blenheim, nach dem kleinen Ort Blindheim an der Donau) einen entscheidenden Sieg für England gegen die verbündeten Franzosen und Bayern im Spanischen Erbfolgekrieg. Der Familiensitz der Herzöge von Marlborough trägt den Namen »Blenheim Castle« nach diesem ersten großen Sieg von John Churchill.

Die Freundschaft zwischen Sarah und Anne allerdings begann sich ab 1707 deutlich abzukühlen, um im Jahr 1709 dann ganz zu enden. Sir Winston Churchill schreibt:

… Sarah verlor die Freundschaft der Königin, weil sie es für ihre Pflicht hielt, ihr zu einer Regierungspolitik zu raten, die mit dem Parlament in Einklang stand. Gleichzeitig tauchte eine Nebenbuhlerin auf. Als Sarah älter wurde und die Aufgaben einer großen Dame, die über mehr Macht gebot als ein Kabinettsminister, immer schwerer auf ihr lasteten, versuchte sie sich der dauernden Beanspruchung durch den persönlichen Dienst bei der Königin, der so viele Jahre ihres Lebens

ausgefüllt hatte, zu entziehen ... In Abigail Hill, einer armen Verwandten, fand sie die ideale zweite Besetzung.[16]

Die politische Situation in Großbritannien war nicht einfacher geworden, waren sich doch spätestens ab den ausgehenden 1680er Jahren die »Whigs«, die eine der treibenden Kräfte der Glorious Revolution und erbitterte Gegner der katholischen Stuarts gewesen waren, mit den konservativen Tories immer öfter ins Gehege geraten.

1708 starb Annes Mann, Georg von Dänemark, mit dem sie eine offensichtlich glückliche Ehe geführt hatte. Umso schmerzhafter für Anne, dass keines der achtzehn Kinder aus dieser Ehe lange überlebte. Es war deutlich abzusehen, dass entweder Kurfürstin Sophie oder ihr Sohn Georg Ludwig von Hannover Anne beerben würden. Anne hatte nicht viel übrig für ihre deutsche Verwandtschaft und weigerte sich, sie in London zu empfangen. Ihre letzten Regierungsjahre blieben überschattet von den Auswirkungen des Spanischen Erbfolgekrieges, der 1701 begonnen hatte und sich bis in das Todesjahr Annes, 1714, hinzog. Eine der Lieblingsbeschäftigungen der einsamen Königin schien es zu sein, Adelstitel zu vergeben, worauf auch die Komödie von Eugéne Scribe »Das Glas Wasser« ironisch eingeht. Dieses 1840 in Paris uraufgeführte Stück wirft einen amüsierten Blick auf das Leben bei Hof im Jahr 1710 vor dem Hintergrund des Spanischen Erbfolgekrieges und der ständigen Auseinandersetzungen zwischen den Whigs, zu denen auch John Churchill zählte, und den Tories, zu denen Henry St. John, später erster Viscount of Bolingbroke, gehörte. 1960 verfilmte Helmut Käutner den Stoff als Musik-Lustspiel mit Gustaf Gründgens in der Rolle des Bolingbroke und Liselotte Pulver als Königin Anne. Hilde Krahl verkörpert Sarah Churchill, Sabine Sinjen ihre Cousine Abigail und Horst Janson den charmanten Offizier Arthur Masham, den Abigail schließlich heiratet. In der fiktiven Filmhandlung zeigt sich Königin Anne ebenfalls an dem jungen Offizier interessiert, wobei sie aber eindeutig den Kürzeren zieht. Mit frechen Songs wird hier eine Epoche vorgeführt, die in ihrer gesellschaftlichen Konstellation zeitlos erscheint: Intrigen, Kriege, Eifersucht, Machtspiele. Gründgens stellt Bolingbroke als Journalisten dar, der die Interessen der Opposition vertritt und für das Magazin »The Mirror« (Spiegel) arbeitet. In Wirklichkeit wurde Henry St. John vor allem als politischer Philosoph und Politiker bekannt, der nach der Krönung Georg Ludwigs von Hannover zum König von Großbritannien sich für die katholischen Stuarts stark machte und deshalb für acht Jahre ins Exil musste.

In der Tat waren aber auch schon die letzten Monate der Regierungszeit Annes belastet durch die Gerüchte, die in den seit Ende des 17. Jahrhunderts in London sehr populären Kaffeehäusern verbreitet wurden, nämlich, dass Annes katholischer Halbbruder in den Startlöchern stehe, die Nachfolge der häufig erkrankten Anne als Jakob III. anzutreten. Die Kaffeehäuser waren der ideale Umschlagplatz für Klatsch und Tratsch und für die wildesten Geschichten. Hier wurde auch die seit 1702 erscheinende erste Tageszeitung Englands, »The Daily Courant«, die im Obergeschoss eines Pubs in der Fleet Street hergestellt wurde, mit Begeisterung gelesen.

1714 kränkelte Anne erneut, erholte sich jedoch wieder. Kurfürstin Sophie von Hannover, die aufgrund des Act of

Settlement als designierte Thronerbin galt und sich angesichts ihrer stabilen Gesundheit sicherlich gute Chancen ausgerechnet hatte, ihre zwar wesentlich jüngere, aber weniger robuste Verwandte zu überleben, starb überraschend am 8. Juni 1714 bei einem Spaziergang in den Gärten ihres Schlosses in Herrenhausen. Ende Juli erkrankte Anne schwer, fiel am 30. Juli ins Koma und verstarb am 1. August im Alter von sechsundvierzig Jahren, ausgezehrt durch die vielen Schwangerschaften und jahrelangen gesundheitlichen Probleme, aber auch geschwächt durch das ständige Gerangel mit ihren Beratern und die Streitereien zwischen Whigs und Tories. Dennoch gilt ihre Herrschaft, die nur knapp zwölf Jahre währte, durchaus als erfolgreich, erstarkte doch unter ihrer Regierung das Parlament, vollzog sich die Vereinigung von England und Schottland und wurden wirtschaftlich und politisch die Grundlagen für das künftige British Empire geschaffen. Für ihre Beliebtheit bei der Bevölkerung spricht zudem, dass sie als »Good Queen Anne« in die Annalen der Geschichte einging.

Kapitel drei
Kurfürst und König – der Beginn der Personalunion

Personalunionen wie die zwischen Großbritannien und Hannover hat es in der Geschichte schon häufiger gegeben: im Mittelalter zum Beispiel zwischen dem Heiligen Römischen Reich Deutscher Nation und dem Königreich Sizilien, zwischen Spanien und Portugal im ausgehenden 16. und im 17. Jahrhundert, später zwischen Österreich und Ungarn von 1867 bis 1918 und auch schon zwischen den Niederlanden und England unter Wilhelm und Mary. Doch was 1714 geschah, beinhaltete, zumindest für Großbritannien und für die deutschen Kurlande von Hannover, eine völlig neue politische Dimension und markiert den Beginn einer neuen Epoche. Auch das 18. Jahrhundert sollte erneut ein an Kriegen reiches werden, dazu ein Jahrhundert der Revolutionen, gleichzeitig aber auch spannender wissenschaftlicher und wirtschaftlicher Umbrüche, das Zeitalter eines Weltenumseglers wie James Cook ebenso wie das eines James Watt, der mit seiner von ihm weiter entwickelten Dampfmaschine 1769 der Industrialisierung den Weg ebnete. In Deutschland rangen Preußen und Österreich um die Vorherrschaft in Mitteleuropa, und am Ende des Jahrhunderts machte sich ein General namens Napoleon Bonaparte auf, den Kontinent zu erobern. Als er 1814 endlich auch durch die gemeinsamen Anstrengungen der verbündeten Preußen und Engländer besiegt werden konnte, wurde aus dem Kurfürstentum Hannover ein Königreich, das ab 1837 nicht mehr Teil der Personalunion war, sondern eine selbstständige Monarchie. Die aber überdauerte nur knapp neunundzwanzig Jahre. Dann annektierten die Preußen sie, und aus dem Königreich Hannover wurde die Provinz Hannover.

Doch das alles lag in weiter Ferne, als 1698, ein Jahr nach dem Frieden von Rijswijk, der den Pfälzischen Erbfolgekrieg beendete, Herzog Ernst August starb. Das älteste der insgesamt sieben Kinder – davon sechs männliche Nachkommen – von Ernst August und Sophie von der Pfalz, Georg Ludwig, trat aufgrund der geltenden Regeln der Primogenitur das Erbe seines Vaters an. Als Herzog von Braunschweig-Lüneburg und Kurfürst von Hannover war er Herr über ein großes Territorium und besaß damit eine Hausmacht, die ihn zu einem der mächtigsten Fürsten im Heiligen Römischen Reich Deutscher Nation machte. Mit der Erhebung des Herzogtums Braunschweig-Lüneburg zum Kurfürstentum im Jahre 1692 war, wie bereits erwähnt, die neunte Kurwürde im Reich geschaffen worden. Allerdings fühlte sich die braunschweigisch-wolfenbüttelsche Linie der Welfen durch die Erhebung der Calenberger zurückgesetzt und protestierte dagegen. Im Jahre 1700 verbanden sich die tief enttäuschten Welfen der wolfenbüttelschen Linie mit anderen Reichsfürsten, um die Kurwürde der braunschweigisch-lüneburgischen Linie zu verhindern. Aber Georg Ludwig gelang es dank der Unterstützung seines Onkels Georg Wilhelm aus Lüneburg und unter Mithilfe des Kaisers, das Steuer herumzureißen. 1708 erkannte endlich auch der Reichstag die hannoversche Kurwürde an. Georg Ludwigs Onkel Georg Wilhelm war drei Jahre zuvor gestorben und hatte seinem Neffen das Herzogtum Lüneburg übertragen, was den Machtbereich Georg Ludwigs zusätzlich stärkte.

Das Kurfürstentum Braunschweig-Lüneburg wurde inoffiziell Kur-Hannover genannt. Hannover selbst war schon seit einigen Jahrzehnten zu einer durchaus ansehnlichen Residenzstadt geworden, in der Kultur, vor allem die Musik mit Komponisten wie Agostino Steffani, gefördert wurde, der durch Vermittlung von Gottfried Wilhelm Leibniz seit 1688 am Hof in Hannover lebte. Steffanis Oper »Enrico Leone« über die Heldentaten des direkten welfischen Vorfahren von Herzog Ernst August, Heinrich des Löwen, der im Übrigen mit einer Tochter des englischen Königs Heinrich II. aus dem Hause Plantagenet verheiratet war, erlebte 1689 ihre Uraufführung in Hannover. Herzogin Sophie vermerkte darüber in einem Brief an ihren Freund Leibniz: »Ich glaube, dass man das Thema gewählt hat, damit die Nachwelt den Rang, den dieses Haus früher innehatte, nur nicht vergisst.«[17] Das Libretto der Oper stammte von Ortensio Mauro, zwischen 1684 und 1704 Hofdichter und Sekretär von Herzogin Sophie. Das Werk wurde in den folgenden Jahrzehnten gelegentlich aufgeführt, darunter in Hamburg und in Braunschweig. 1989 erlebte es seine Wiederaufführung anlässlich der 300-Jahr-Feier der hannoverschen Oper. Die Cappella Agostino Steffani, die diese Oper neu belebte, führte sie 1990 dann in konzertanter Form bei einem Musikfestival in Boston auf.

Steffanis Ruhm schien über die Jahrhunderte verblasst zu sein, bis die international erfolgreiche Schriftstellerin Donna Leon, an sich eine Verehrerin der Musik Händels, vor einigen Jahren die Kompositionen Steffanis für sich entdeckte und 2012 den Roman »Himmlische Juwelen« veröffentlichte. Im Mittelpunkt des Romans stehen Leben und Werk des italienischen Musikers, eingebettet in eine moderne Kriminalgeschichte. Steffani stammte aus dem Veneto, arbeitete lange Jahre am Hof der bayerischen Kurfürsten in München und kam schließlich nach Hannover, wohin es ihn auch trotz gelegentlicher anderer Engagements immer wieder zog. Er starb am 12. Februar 1728 während einer Reise nach Frankfurt, offenbar in diplomatischen Diensten. Ob er, wie in dem Roman von Donna Leon angedeutet wird, ein Spion des Vatikans war, mag dahingestellt bleiben. Das Interesse Donna Leons an dem Werk Steffanis bewog übrigens die Sängerin Cecilia Bartoli dazu, Arien des Komponisten aufzunehmen und unter dem Titel »Mission« einer breiteren Öffentlichkeit vorzustellen.

Venedig spielte ohnehin für das Hannover der zweiten Hälfte des 17. Jahrhunderts eine große Rolle. Vor allem der Karneval, aus Venedig importiert, gehörte zu den höfischen Vergnügungen, denen sich der Hofstaat um Ernst August mit Hingabe widmete. Die Maskenbälle und prächtigen Kostüme des venezianischen Karnevals, dessen Wurzeln bis zu den Saturnalien der römischen Antike zurückreichen, inspirierten das höfische Treiben und verschlagen sehr viel Geld. Aber auch die Leidenschaft der Herzogin und späteren Kurfürstin Sophie für die Gartenanlagen von Schloss Herrenhausen war gewiss kein billiges Vergnügen. Unterstützt wurde sie dabei von ihrem Freund Gottfried Wilhelm Leibniz, einer Ausnahmegestalt seiner Zeit und bis heute in seiner genialen Vielseitigkeit unübertroffen. Sein gewaltiger wissenschaftlicher Nachlass, an dem die Forschung seit mehr als hundert Jahren arbeitet und der bis zum Jahre 2030 abgeschlossen sein soll, lagert in der hannoverschen Landesbibliothek, die Leibniz' Namen trägt. Der 1646 in Leipzig geborene Gelehrte kam 1676 nach Hannover und blieb dort bis zu seinem Tod im Jahre 1716. Leibniz war Bibliothekar, Historiker, Philosoph, Naturwissenschaftler – diese Breite des Wissens und der Interessen war für die damalige Zeit, wie man auch am Beispiel von Thomas Hobbes und John Locke sehen kann, nicht unüblich. Was die heutige Zeit vor allem noch von Leibniz übernommen hat, sind seine Erkenntnisse zur Differential- und Integralrechnung und das binäre Zahlensystem, ohne das die modernen Computer nicht möglich wären. Hinzu kamen noch Hunderte von Ideen für Erfindungen wie die eines Unterseebootes, aber auch für ein Gerät zur Berechnung der Windgeschwindigkeit und für verbesserte Türschlösser – es gab nichts, was ihn nicht anregte. So schrieb er in einem Brief an Herzog Johann Friedrich zu Braunschweig:

> *In der Pneumatica oder Luftkunst habe ich ein Mittel gefunden, dadurch in eine Büchse oder andern Rezipienten 1000 und mehr Mal Luft als jetzo, doch mit geringer Gewalt, gepresset und also eine Kraft zuwege gebracht werden könne, der bisher in der Welt nicht zu vergleichen, auch so höher zu treiben als das Büchsenpulver selbst, in welchen die Luft bereits von der Natur zusammengepresset worden. Ebendiese Pressung ist auch mit Wasser zu praktizieren, dadurch Spritzen zuwege zu bringen, dergleichen noch nicht gesehen worden, und eine solche Gewalt zu erlangen, dass man mit derselben in der See gegen den Wind selbst segeln könne …*[18]

In der Philosophie entwickelte er die Monadentheorie, im Rechtswesen forderte er eine Reform zur Vereinheitlichung des Gesetzwesens für alle christlichen Nationen, und seine Rechenmaschine weist schon auf das 230. Jahrhundert voraus. Vor allem war dieses Genie ein fabelhafter Berater und Freund seiner Gönnerin Kurfürstin Sophie und stand ihr auch in Krisen bei.

Zu diesen Krisen zählte sicherlich auch die Affäre um den Grafen Philipp Christoph von Königsmarck, in den sich Sophie Dorothea von Celle verliebte. Die beiden kannten sich schon seit ihrer Kindheit, als Königsmarck am Celler Hof als Page lebte. Nach den ersten Ehejahren mit Georg Ludwig, dem sie zwei Kinder gebar, den späteren Georg II. und eine Tochter, ebenfalls Sophie Dorothea genannt, die eines Tages die Mutter Friedrich des Großen sein würde, begann die Ehe zu kriseln, nicht zuletzt wegen Georg Ludwigs zahlreicher Mätressen. Der attraktive Königsmarck wurde Sophie Dorotheas Liebhaber, ein für damalige Zeiten ungeheurer Skandal. Was Männer, vor allem hochgestellte Adlige, sich leisten konnten, wie man auch an den Biografien von Karl II. und Jakob II. von England oder Ludwig XIV. sieht, das erschien für die Frau eines Prinzen, in diesem Fall eines Herzogs auf dem Weg zur Kurwürde, einfach unmöglich und weder für den Hof noch für die Familie tragbar.

Wenn Sie glauben, dass die Furcht, mich bloßzustellen und meinen guten Ruf zu verlieren, mich daran hindert, Sie zu sehen, so tun Sie mir grausames Unrecht. Schon lange habe ich Ihnen dieses geopfert, und meine Liebe gibt mir so viel Mut, dass ich allen Qualen der Welt widerstehen würde, vor Be-

gierde, Sie in meine Arme zu schließen... Seien Sie überzeugt, dass alle die schrecklichsten Gefahren und sogar der Tod... mir niemals den Gedanken kommen lassen würden, Sie zu verlassen, da es mir unmöglich ist, ohne Sie zu leben, und Sie alle meine Freude und mein ganzes Glück ausmachen[19],

schrieb Sophie Dorothea an Königsmarck.

Der hannoversche Historiker Georg Schnath, der von 1898 bis 1989 lebte, hat sich mit dieser Epoche und auch mit dem Briefwechsel der hannoverschen Prinzessin mit Königsmarck sehr intensiv befasst. Er hat ihn bearbeitet und veröffentlicht. Für ihn, der lange Jahre als Archivar und Historiker gearbeitet hat, ist es eindeutig erwiesen, dass Königsmarck, der mit seiner Geliebten offenbar fliehen wollte, von vier Höflingen unter Führung des italienischen Adligen Nicolo di Montalban am 2. Juli 1694 ermordet wurde. Es konnte nie zweifelsfrei bewiesen werden, ob und inwiefern Ernst August und Georg Ludwig von diesen Plänen wussten. Auf jeden Fall kam ihnen dies gelegen, da das Verschwinden von Königsmarck nicht eindeutig als Mord ausgelegt werden konnte. Sophie Dorothea allerdings war das Hauptopfer dieser Tat. Sie wurde schuldig geschieden, auf ein Schloss bei Celle verbannt, wo sie bis zu ihrem Tod am 13. November 1726 in der Verbannung leben musste. Ihre beiden Kinder hat sie nicht mehr wiedergesehen. Allerdings sorgte Georg Ludwig dafür, dass es seiner geschiedenen Frau – über die Scheidung wurde in der Öffentlichkeit nicht viel geredet – nicht schlecht erging. Als sie erkrankte, schickte er seine Ärzte zu ihr. Der Grund für diese Fürsorge war weniger ein Aufwallen von Gefühlen oder gar ein schlechtes Gewissen, sondern die Weissagung einer Zigeunerin. Diese hatte Georg Ludwig prophezeit, dass er sehr bald nach dem Tod von Sophie Dorothea ebenfalls sterben würde. In der Tat starb er ein Jahr nach dem Tod seiner früheren Gattin 1727 in der Nähe von Osnabrück.

Die Affäre Königsmarck hat seit dem frühen 18. Jahrhundert die Gemüter und die Phantasie vieler Autoren bewegt. Schon Herzog Anton Ulrich von Braunschweig verfasste im frühen 18. Jahrhundert den Roman »Römische Oktave«, Schiller wollte aus dem Stoff ein Drama machen. Aber seine »Prinzessin von Zell« erblickte nie das Licht der Bühne. Heinrich Fresse veröffentlichte 1855 einen Roman, in dem er mehrere Prophezeiungen als Grundlage seiner Geschichte wählte, Theodor Hemsen schuf 1869 einen historischen Roman über das Schicksal der unglücklichen Prinzessin von Ahlden, Dörte von Westernhagen nannte ihren 1997 erschienenen Roman nach einem Wort der verbannten Prinzessin »Und also lieb ich mein Verderben« und Heinrich Thies schrieb eine Romanbiografie mit dem Titel »Die verbannte Prinzessin«. Ob historischer Roman oder Krimi – die Sympathien sind meist eindeutig auf Seiten der Prinzessin, deren Gatte Georg Ludwig sich ungeniert mit seinen Geliebten amüsierte und sie öffentlich präsentierte, wie die Gräfin Platen, die eine undurchsichtige Rolle in dem Drama spielte.

Wie auch immer – seit dem 28. Dezember 1694 hatte Georg Ludwig keine Ehefrau mehr an seiner Seite, was für die damalige Zeit ungewöhnlich war. Denn eigentlich wurde ein Staat von einem Herrscherpaar regiert, wobei die Frau vor allem einen Gutteil der Pflichten bei der gesellschaftlichen Repräsentation übernahm, bei den politischen Entscheidungen aber kaum eine Rolle spielte. In diesen Jahren sprang die Kurfürstin Sophie in die Bresche. Sie brachte den Hof zu Hannover zum Glänzen. Ihre Nichte Liselotte, Enkelin von Elisabeth Stuart, der Tochter Jakobs I., und des Winterkönigs Friedrich V. von der Pfalz, die später »Monsieur«, den Bruder des französischen Königs Ludwig XIV. heiratete, lebte als Kind mehrere Jahre am Hof von Ernst August und Sophie. Ihr Vater Kurfürst Karl Ludwig von der Pfalz hatte sich von der Mutter seiner drei Kinder getrennt und in einer so genannten »Ehe zur linken Hand« seine Geliebte Luise von Degenfeld geheiratet, die dem Kurfürsten aufgrund ihrer geringeren Abstammung nicht ebenbürtig war. Luise gebar ihm dreizehn Kinder, mit denen Liselotte sich gut verstand, wogegen sie Luise nicht wirklich akzeptierte. Um das Kind dem Einfluss der leiblichen Mutter und auch der wenig geliebten Stiefmutter zu entziehen, wurde Liselotte nach Hannover geschickt. Vier Jahre lebte sie am Hof ihrer Tante und blieb auch nach ihrer Hochzeit 1671 mit »Monsieur« – keine glückvolle Ehe – in enger Verbindung mit Sophie, der sie viele Briefe schrieb. Darin schildert sie ihr eigenes Schicksal und vermittelt Einblicke in das Leben am Hofe des Sonnenkönigs, die weitab von der offiziellen Hofberichterstattung der damaligen Zeit lagen. So schreibt sie in einem Brief aus dem Jahr 1689, wenige Monate nach dem Tod ihres Halbbruders, des Raugrafen Karl Ludwig, den sie sehr geliebt hatte, und dem damit verbundenen Beginn des Pfälzischen Erbfolgekrieges, in dem sich Kurfürstin Sophies Gatte, Herzog Ernst August engagierte, an ihre Tante in Hannover:

Kaum hatte ich mich über des armen Carllutz todt ein wenig erholt, so ist das erschreckliche undt erbärmliche ellendt in der armen pfaltz ahngegangen, undt was mich ahm meisten daran schmertzt, ist, daß man sich meines nahmens gebraucht, umb die arme leütte ins eüßerste unglück zu stürtzen, undt wenn ich darüber schreye, weiß man mirs gar großen undanck undt man protzt mit mir drüber. Solte man mir aber daß leben darüber nehmen wollen, so kan ich doch nicht lassen zu bedauern undt zu beweinen, daß ich so zu sagen meines vatterlandts untergang bin undt über das alle des Churfürstens meines herrn vatter seeligen sorge undt mühe auff einmahl so über einen hauffen geworffen zu sehen ahn dem armen Manheim. Ja ich habe einen solche abschew vor alles so man abgesprengt hatt, daß alle nacht, sobaldt ich ein wenig einschlaffe, deücht mir, ich sey zu Heydelberg oder zu Manheim undt sehe alle die verwüstung, undt dann fahr ich im schlaff auff undt kan in 2 gantzer stunden nicht wider einschlaffen; dan kompt mir in sinn, wie alles zu meiner zeit war, in welchem standt es nun ist, ja in welchem standt ich selber bin, undt dan kan ich mich des flenens nicht enthalten … [20]

Der Hof in Hannover, in dem sie als Kind gelebt hatte, mag zwar trotz höfischer Feste weniger prunkvoll als Versailles gewesen sein, aber die Atmosphäre war in dieser kleineren Residenzstadt allemal angenehmer als im mächtigen Paris, in der Meinung der sehr gradlinigen Liselotte »ein Nest voller Vipern«.

Das Verhältnis zwischen Sophie und ihrem erstgeborenen Sohn Georg Ludwig war nicht nur einfach gewesen. Die Spannungen am Welfenhof fingen noch zu Lebzeiten Ernst Augusts an. Das lag vor allem an der Primogenitur. Sophie versuchte für ihre anderen fünf Söhne ebenfalls Ansprüche geltend zu machen, vor allem für den Zweitgeborenen Friedrich August, genannt Gustchen. »Gustchen« fiel 1690 in den Türkenkriegen, was zwar die Front der Brüder gegen Georg Ludwig um einen Mitstreiter verringerte, sie aber nicht sprengte. Denn vor allem der dritte Bruder, Maximilian Wilhelm, protestierte gegen den Vater, und als man die sogenannte »Prinzenverschwörung« aufdeckte, geriet nicht nur der Prinz ins Schussfeld des Vaters, sondern auch Sophie, die mit ihren Söhnen gemeinsame Sache gemacht hatte. Es dauerte eine Weile, bis sich der Sturm gelegt hatte und Ernst August seiner Ehefrau und seinem Sohn verzieh. Wenig später kam dann die Affäre Königsmarck, letztlich auch eine Folge der Erbpolitik, die dazu führte, dass Georg Ludwig seine Cousine heiratete, um die Herzogtümer Celle und Hannover miteinander zu verschmelzen. Dass die bildhübsche Sophie-Dorothea, die zahlreiche Bewerber hatte, nicht glücklich mit der für sie arrangierten Ehe war, liegt auf der Hand, zumal Georg Ludwig es mit der ehelichen Treue nicht so ernst nahm. Stürmische Zeiten also in Hannover, die mit Intrigen und Mord endeten – Zustände fast schon wie am französischen Hof.

In jenen schwierigen Jahren sorgte Kurfürstin Sophie trotz aller familiären Streitereien für eine gewisse Ordnung bei Hof und für den guten Ruf. Unterstützung fand sie bei ihrem Freund und Vertrauten Leibniz. Und dass man in Sophie die künftige Königin auf Englands, beziehungsweise Großbritanniens Thron sah – obgleich Wilhelm III. von Oranien lieber einen König als Nachfolger anstelle einer dritten Königin gehabt hätte –, verlieh den Kurlanden einen besonderen Stellenwert. Doch das Schicksal wollte es anders. Am 8. Juni 1714, einem kühlen Regentag, wollte

Sophie am frühen Abend einen Spaziergang durch ihren geliebten Großen Garten in Herrenhausen machen. Sie hatte sich in den Tagen zuvor nicht wohl gefühlt und über Magenschmerzen geklagt. Doch an diesem Morgen war sie wie stets früh auf den Beinen und hatte ihre üblichen Alltäglichkeiten erledigt, vom Briefeschreiben bis zu Besprechungen mit ihren Kammerzofen und Vertrauten. Die Ehefrau ihres Enkels Georg August, Karoline von Ansbach, und die Gräfin Schaumburg-Lippe begleiteten sie auf ihrem kleinen Rundgang durch den Garten. Es regnete in Strömen. Plötzlich überkam Sophie ein heftiges Unwohlsein, das ihr das Gehen erschwerte. Mit den Worten »Geben Sie mir Ihre Hand«[21] brach sie in den Armen ihrer beiden Begleiterinnen zusammen und starb wenig später.

Königin Anne, obgleich seit Monaten selbst schwerkrank, war ihrem künftigen Nachfolger nicht allzu wohlgesonnen. Im Vorfeld um die geplante Thronfolge von Kurfürst Georg Ludwig hatte es einigen diplomatischen Wirbel in England gegeben. Bitterböse Briefe waren hin- und hergegangen, die der Kurfürstin Sophie, damals immerhin schon dreiundachtzig Jahre alt, im wahrsten Sinne des Wortes auf den Magen geschlagen haben mochten und die sie so schwer belasteten, dass sie ihrer Freundin Johanna zu Schaumburg-Lippe gegenüber die Befürchtung äußerte, dass sie diesen Aufruhr nicht überleben werde – was sich dann noch am selben Tag, da sie diese Befürchtung äußerte, bestätigen sollte.

Zweifelsohne war die Kurfürstin, die bis ins hohe Alter hinein geistig frisch blieb, eine in ihrer Epoche außergewöhnliche Frau. Willensstark, eigensinnig, ehrgeizig, hochgebildet – all das beindruckte ihre Zeitgenossen, darunter auch ihre Nichte Liselotte von der Pfalz, tief und versetzte ihren treuen Weggefährten Leibniz immer wieder in Erstaunen.

Am 11. September 1714, reichlich einen Monat nach »Good Queen Annes« Tod, kam dann die große Stunde für Georg Ludwig. An diesem Tag nahm er in Herrenhausen Abschied von seinem geliebten Hannover, von dem er sich nicht leichten Herzens trennte, und die Hoffnung hegte, es häufig wiederzusehen. Doch dafür musste zunächst eine Regel im »Act of Settlement« wieder aufgehoben werden, die es dem Monarchen aus dem Hause Hannover untersagte, sein Land ohne Einwilligung des Parlaments zu verlassen. 1716 gelang es Georg, diese Einschränkung zu beseitigen. Er besuchte insgesamt sechs Mal während seiner elf Regierungsjahre seine Stammlande, das waren etwa drei Jahre in der Heimat. Georg vergaß dabei nie, dass er auch Kurfürst von Hannover war und dass er, auch durch den Erwerb weiterer Gebiete wie das von den Schweden besetzte Herzogtum Verden, das er im Verlauf des nordischen Krieges 1715 von den über die Schweden siegreichen Dänen bekommen hatte, ein Mann mit beträchtlicher Hausmacht war. Das mag ihm auch Kraft für sein neues schweres Amt gegeben haben in einem Land, das von seinen Traditionen und seiner Verfassung her ganz anders aufgestellt war als die deutschen Fürstentümer.

Doch zunächst stand dem vierundfünzigjährigen designierten König von Großbritannien der Aufbruch zu völlig neuen Ufern bevor – eine Reise ins Ungewisse. Und eigentlich wünschte er, der »Spuk der Personalunion« möge bald wieder zu Ende sein. Georg Ludwig hegte dementsprechende Pläne, die aber später sein Sohn Georg, der

1727 nach dem Tod seines Vaters als Georg II. den Thron bestieg, durchkreuzte. Dass Georg I. im Grunde seines Herzens nur widerwillig sein neues Amt antrat, erscheint nicht verwunderlich, wenn man bedenkt, wie stark dieser erste hannoversche Fürst auf dem englischen Thron an seiner Heimat und an den Traditionen und der Geschichte seiner Kurlande hing.

Kapitel vier
Der deutsche Fürst auf Englands Thron

Die Ankunft des neuen Monarchen war schon von langer Hand vorbereitet worden. Seit 1710 hatte Georg Ludwig in London einen engen Vertrauten, der auch das Vertrauen der von Haus aus und durch Erfahrung eher misstrauischen Königin Anne gewinnen konnte: Hans Caspar Baron von Bothmer, geboren 1656 in Lauenbrück und seit 1683 in diplomatischen Diensten für das Haus Hannover. Zu seinen Stationen als Diplomat zählten Wien und Den Haag, ehe er 1710 nach London versetzt wurde. Dank seiner Verdienste wurde Bothmer 1713 zum Reichsgrafen ernannt. In London, wo er in der Downing Street ein stattliches Haus bewohnte, heute bekannt als »10 Downing Street«, Sitz des jeweiligen britischen Premierministers, gelang es ihm, seinem Landesherrn Georg Ludwig den Weg zu ebnen. Unterstützung fand er dabei in Annes Berater und erstem Minister, dem Herzog von Shrewsbury. Als dann endgültig feststand, dass Georg Ludwig die Nachfolge der Königin Anne antreten würde, da, so berichten die Chronisten, »rührte sich kein Laut gegen ihn in ganz Schottland, Irland noch England«[22].

Was weiß man heute noch von diesem König, mit dem die Welfen auf den englischen Thron gelangten? Gemälde aus jener Zeit, darunter von Sir Godfrey Kneller, dem führenden Porträtisten am Londoner Hof bis 1723, zeigen einen mittelgroßen, eher stämmigen Mann mit leicht hervortretenden Augen und bleicher Gesichtsfarbe. Ein weiteres Gemälde Knellers porträtiert den König in schimmernder, mit Gold verzierter Rüstung hoch zu Ross, der hier im Gegensatz zu dem offiziellen Krönungsbild Knellers wesentlich entspannter und fast heiter wirkt. Die Hauptleidenschaften des neuen Königs galten dem guten Essen, der Jagd und den Frauen. Im Laufe der Jahre hatte er eine stattliche Anzahl an Mätressen, darunter Melusine von der Schulenburg, die mit nach England kam und wenig später zur Herzogin von Kendal avancierte.

Viele Jahrzehnte hielt sich das Gerücht, dass Georg I. nie richtig Englisch sprechen lernte. Aber das scheint nicht der Wahrheit zu entsprechen, auch wenn er nicht die außerordentliche Sprachbegabung seiner Mutter Sophie von der Pfalz besaß. Seine Hauptsprachen waren und blieben jedoch Deutsch und Französisch. Zudem beherrschte er leidlich das Italienische und war kundig in Latein. Mit der englischen Sprache tat er sich wesentlich schwerer und hielt nicht viel von Grammatik oder korrekter Aussprache. Das mag auch daran gelegen haben, dass Georg, was man angesichts seiner Schar von Mätressen kaum für möglich halten würde, ein eher schüchterner Mensch war, dem es nicht leicht fiel, Freundschaften zu schließen, und der sich deshalb lieber auf seine vertrauten hannoverschen Ratgeber und Freunde verließ. Diese Schüchternheit erschwerte es ihm, den Mut aufzubringen, sich in einer Sprache auszudrücken, die ihm nicht von Kindheit an vertraut war. Doch immerhin bemühte er sich, das Englische halbwegs passabel zu erlernen – obgleich ihm die Aussprache einige Mühe kostete. Überliefert ist ein Satz von ihm, der das untermauert: »I hate all boets and bainters«[23] (I hate all poets and painters).

Die Dichter und Maler mögen vielleicht nicht Georgs große Liebe gewesen sein. Dafür aber die Musik. Der 1685 in Halle geborene Georg Friedrich Händel, der 1709 nach Jahren in Hamburg und Italien einen Ruf des Kurfürsten Georg Ludwig an den Hof in Herrenhausen erhielt, diesem aber erst ein Jahr später nach einer Zwischenstation in Innsbruck folgte, war schon vor dem Regierungsantritt Georgs nach London gegangen. Zwar übte er das Amt eines Kappellmeisters in Hannover aus, hatte sich aber zusichern lassen, den Hof immer wieder für längere Zeiträume verlassen zu dürfen.

Als ich zuerst in Hannover eintraf, war ich noch ein junger Mann. Steffanis Verdienste waren mir wohl bekannt, und er wusste etwas von mir. Ich verstand ein wenig von der Musik und konnte die Orgel recht gut spielen. Er nahm mich mit großer Freundschaftlichkeit auf und benutzte die ehestе Gelegenheit, mich der Fürstin Sophie und dem Sohn des Kurfürsten vorzustellen … und nachdem er in öffentlichen Angelegenheit aus der Stadt abberufen wurde, ließ er mich dort zurück, im Besitz der Gunst und Protektion, die er selber eine Reihe von Jahren genossen hatte[24],

wird Georg Friedrich Händel von Richard Friedenthal zitiert.

Am 24. Februar 1711 gelangte Händels Oper »Rinaldo« am Haymarket Theatre in London zur sehr erfolgreichen Uraufführung. Immer wieder pendelte der umtriebige Komponist, dessen Gesamtwerk bis zu seinem Tod im

Jahre 1759 unter anderem zweiundvierzig Opern und fünfundzwanzig Oratorien umfasste, zwischen Deutschland und England hin und her. Eine Zeitlang wohnte Händel in Düsseldorf beim Pfalzgrafen Johann Wilhelm, der nicht im zerstörten Heidelberger Schloss, sondern am Rhein residierte, und kehrte dann zurück nach Hannover. Doch ehe Georg Ludwig im Oktober 1714 in der Westminster Abbey gekrönt wurde, war Händel schon wieder in London, wo er, abgesehen von Reisen in alle möglichen Länder, bis zu seinem Lebensende seinen Hauptwirkungskreis hatte. Zu seinen heute noch wichtigsten Werken gehört neben der »Feuerwerksmusik«, die Händel anlässlich des 1748 geschlossenen Aachener Friedens zur Beilegung des österreichischen Erbfolgekrieges schrieb, und der »Wassermusik«, die Händel 1717 noch für Georg I. komponierte, der »Messias«. Wie Stefan Zweig in seinem berühmten Werk »Sternstunden der Menschheit« im Kapitel »Georg Friedrich Händels Auferstehung« erzählt, zog Händel nach Dublin, um dort in Ruhe sein großes Werk zu komponieren. Die Einkünfte aus der Uraufführung wollte er den Kranken des Merciers Hospital stiften. In Zweigs Darstellung dieser musikalischen Sternstunde sagt Händel:

> *Nie will ich Geld dafür nehmen, niemals, ich stehe da einem anderen in Schuld. Immer soll es den Kranken gehören und den Gefangenen. Denn ich selbst bin ein Kranker gewesen und daran gesundet. Und ich war ein Gefangener, und es hat mich befreit.*[25]

Als das Werk 1742 uraufgeführt wurde, herrschte schon längst nicht mehr Georg I., sondern sein Sohn Georg II., der wie sein Vater den deutschen Komponisten weiterhin am englischen Hof beschäftigte.

Was an der Thronbesteigung Georgs I. damals wie heute erstaunt, ist die Tatsache, dass Georg Ludwig eigentlich erst an achtundfünfzigster Stelle der möglichen Thronfolger stand. Nur die rigorose Umsetzung des »Act of Settlement« von 1701 ermöglichte es, dass er den Thron übernahm. Hätte es diese Bestimmung nicht gegeben, nach der die katholischen Stuarts von der Thronfolge »für immer« ausgeschlossen wurden, so könnte heute ein Wittelsbacher das Recht auf den Thron in Anspruch nehmen. Im Jahre 2008 stellte die britische Zeitung »The Telegraph« fest, dass der 1933 geborene Franz von Bayern als Urenkel von Maria Theresa von Modena, die eine Stuart-Nachkommin und als Ehefrau von Ludwig III. die letzte Königin von Bayern war, auf der Rangliste der potentiellen Thronfolger an der Spitze stehen könnte. Noch heute werden die bayerischen Wittelsbacher als Oberhäupter des Hauses Stuart angesehen, dessen direkte männliche Linie jedoch mit dem kinderlosen Kardinal Henry Benedict Stuart (1725–1807) ausstarb. Die Erbrechte der Stuarts fielen damals an das mit den Stuarts verwandte Haus Savoyen und werden nach Umwegen über die Häuser Habsburg-Lothringen und Wittelsbach irgendwann an die Liechtensteiner fallen.

Doch selbst die loyalsten »Jakobiten«, die noch immer an dem Traum von einer Rückkehr der Stuarts festhalten, können nicht ernsthaft daran glauben, dass ein katholischer Nachfahre der Stuarts jemals wieder eine Chance auf die britische Thronfolge haben wird. Dabei ist es durchaus reizvoll zu überlegen, was gewesen wäre, wenn es die dynastischen und religiösen Streitereien und Auseinandersetzungen im

England des 16. und 17. Jahrhunderts nicht gegeben hätte und die katholischen Erben Jakobs II. den Thron übernommen hätten. Aber die Geschichte folgt anderen Gesetzmäßigkeiten, und so konnte Georg Ludwig unter Ausschluss der siebenundfünfzig weiteren theoretischen Thronprätendenten im September 1714 über Osnabrück nach England reisen, um dort am 20. Oktober in der Westminster Abbey zum König gekrönt zu werden. Immerhin war Georg ein Urenkel von Jakob I. von England beziehungsweise Jakob VI. von Schottland. Und so wurde er »als unumstrittener König« in sein Amt eingeführt und als Lutheraner Oberhaupt der Church of England und der Church of Scotland. Damit begann Hannovers Auftritt auf der politischen Bühne Großbritanniens, die weit über die Grenzen des europäischen Kontinents hinausging. Anders als das Kurfürstentum Hannover verfügte das Vereinigte Königreich über eine mächtige Kriegs- und Handelsflotte und hatte längst den Traum von einem Weltreich in die Realität umzusetzen begonnen.

Es war sicherlich nicht leicht für Georg I., in seiner neuen politischen Heimat Fuß zu fassen, zumal auch schon bald die beiden Frauen an seiner Seite für viel Hohn und Spott in der Öffentlichkeit sorgten: Seine Mätresse Melusine von der Schulenburg, inzwischen fast sechzig Jahre alt, war spindeldünn, Charlotte Sophia Kielmansegg, Georg Ludwigs Halbschwester, dagegen außerordentlich korpulent. Melusine ging mit dem Spitznamen »Kletterbaum« oder auch »Maibaum« (Maypole) in die Annalen ein, Charlotte Sophia dagegen als »Elephant and Castle«. Antonia Fraser führt in ihrem Buch über die englischen Könige und Königinnen an, dass Georg I. offenbar eher hässlichen Frauen den Vorzug gab, obwohl seine eigentliche Ehefrau, die seit der Affäre um den Grafen Königsmarck und der Scheidung im Schloss Ahlden bei Celle lebte, dagegen eine Schönheit gewesen war.

Schon ein knappes Jahr, nachdem er den Thron bestiegen hatte, kam es zur ersten großen politischen Krise: Im September 1715 erklärte der politisch umtriebige John Erskine, 23. Earl of Mar, der selbst kein Katholik war, den Sohn von Jakob II., James Francis Edward Stuart, im schottischen Braemar zum König Jakob III. Der »Alte Thronprätendent« hatte wenige Jahre zuvor schon einmal eine Invasion versucht, die aber sehr rasch im Keim erstickt wurde. Nun schien James Francis Stuart aber wesentlich mehr Rückhalt in der Bevölkerung zu haben. Ein großer Teil der Clans aus dem schottischen Hochland unterstützte seine Vorhaben. Nur die Stadt Edinburgh schloss sich dem Aufstand der »Jakobiten« nicht an. Diesem Aufstand war eine außerordentlich effektive Propagandakampagne von Henry St. John, dem ersten Viscount von Bolingbroke, überzeugter Tory und einst Berater von Königin Anne, vorausgegangen. Georg I. hatte Bolingbroke entmachtet, und nun hatte der sich dem Alten Thronprätendenten angeschlossen. Er verbreitete das Wort von »den gierigen hannoverschen Geiern« mit ihren »hässlich klingenden, unverständlichen deutschen Namen«. Damit heizte er erfolgreich die Stimmung gegen den »deutschen« König an. Natürlich blieb diese Unterstützung der schottischen Unruhen für den Tory nicht ohne Folgen. St. John durfte erst 1723 wieder nach England zurückkehren, wo ihm jegliche politische Aktivität untersagt war. Dafür machte er sich aber als Weggefährte von Voltaire, Alexander Pope und Jonathan Swift einen Namen in der damals beginnenden Epoche der Aufklärung.

Es kam in Schottland zu heftigen Kämpfen. Nach anfänglichen Erfolgen für Mar und James Edward führten die ersten Niederlagen zu einem raschen Zusammenbruch der Aufstände. Die Regierung Georgs verhängte gegen die Hauptanführer des Aufstandes drakonische Strafen, mehrere wurden geköpft, viele in die Kolonien zur Sklavenarbeit verbannt. Mar und der »alte Prätendent« flohen 1716 nach Frankreich, und als nach dem Tod von Ludwig XIV. die Unterstützung für die Stuarts aus machtpolitischem Kalkül nachließ, zog James Edward mit seiner Familie nach Rom. 1719 scheiterte ein weiterer Versuch, mit Hilfe spanischer Unterstützung in Schottland zu landen, um erneut einen Aufstand anzuzetteln. Diesmal war es vor allem die stürmische See, die dem Prätendenten in die Quere kam. Nur dreihundert Soldaten konnten an Land gelangen. Einige Wochen residierte James Edward in einem Schloss an der Westküste. Aber wenig später war auch dieser Versuch von James Edward beendet, den Thron zu erobern. James Edward kehrte zurück nach Rom und heiratete eine Enkelin des polnischen Königs, Maria Clementina Sobieska, mit der er zwei Söhne bekam: Charles Edward Stuart, der als »Bonnie Prince Charlie« in die Geschichte einging und in dem schottischen Volkslied »The Skye Boat Song« verewigt wurde, und Henry Benedict Stuart, der 1748 zum Priester geweiht und 1759 zum Kardinal ernannt wurde. Dem Entschluss des jüngeren Bruders von »Bonnie Prince Charles«, dem »jungen Thronprätendanten«, sich den weltlichen Problemen zu entziehen und sein Leben der Kirche zu widmen, war die blutige Niederwerfung des letzten großen schottischen Aufstandes in der Schlacht von Culloden 1746 vorausgegangen, eines der weniger glorreichen Kapitel der Regierungszeit Georgs II.

Eine der innenpolitischen Folgen des ersten Jakobitenaufstandes 1715, der als »The Fifteen« in die Annalen einging und dem dreißig Jahre später mit »The Forty-Five« der noch wesentlich dramatischere letzte große Jakobitenaufstand unter »Bonnie Prince Charlie« folgte, war, dass in den nächsten Jahrzehnten die konservativeren Torys entmachtet wurden und die wichtigsten Ämter den Whigs zufielen. Außenpolitisch agierte Georg I., der ja schon in seiner Zeit als Herzog und dann Kurfürst von Hannover sich am Schachspiel der Politik erfolgreich beteiligt hatte, recht geschickt, indem er 1717 gemeinsam mit Frankreich und den Niederlanden zunächst die Dreierallianz gegen Spanien unterstützte, aus der ein Jahr später die Quadrupelallianz wurde, nachdem das Heilige Römische Reich sich den Dreien angeschlossen hatte. Die ersten Kämpfe des Viererbundes gegen Spanien brachen nach Vorgeplänkeln im Jahre 1717 dann 1718 aus, als spanische Truppen auf Sizilien landeten. In den folgenden zwei Jahren ging es um die Vorherrschaft im Mittelmeerraum. Die Briten besaßen seit dem Frieden von Utrecht bereits Gibraltar und Menorca, waren also sozusagen im Mittelmeer angekommen. Eine Bedingung für die britische Oberhoheit in den spanischen, überwiegend katholischen Gebieten war, dass die Bewohner weiterhin ihre Religion ungehindert ausüben durften. Gleichzeitig war Großbritannien durch den 1713 geschlossenen Frieden ein großes Gebiet in Kanada zugefallen – das British Empire, das hundert Jahre später das mächtigste Weltreich sein sollte, begann sich schon um 1700 kontinuierlich auszudehnen. Wirtschaftliche

Expansion vor allem im asiatischen Raum gab es schon seit dem frühen 17. Jahrhundert durch die »East India Company« (EIC), deren schärfste Rivalen viele Jahrzehnte Holland und Portugal waren.

Auch der Krieg der Quadrupelallianz gegen Spanien, der 1720 mit dem Frieden von Den Haag endete, brachte den Spaniern Verluste, den Briten Gewinne. Außenpolitisch lief es also nicht schlecht für Georg I., dessen Regierung sich immer stärker an die Whigs anlehnte. Georgs außenpolitische Interessen galten auch seinem Kurfürstentum Hannover. Zunächst hatte er Peter den Großen unterstützt, der gemeinsam mit den ebenfalls in Personalunion stehenden Mächten Sachsen-Polen und Dänemark-Norwegen im Jahr 1700 das schwedische Königreich angriff. Dabei ging es um die Vorherrschaft im Ostseeraum, verbunden mit Wirtschafts- und Territorialinteressen. Es war einer dieser vielen schier endlosen Kriege des 17. und 18. Jahrhunderts, in dem das Kriegsglück stetig wechselte, sich immer wieder neue Koalitionen bildeten und in diesem Fall wieder einmal ein neues Weltreich ein älteres abzulösen hoffte: Das unter Peter dem Großen entstandene russische Kaiserreich, das sich am Westen orientierte, stieß bei seinen Expansionsversuchen automatisch auf Schweden, eine der führenden Mächte Europas in jener Zeit. In der Schlacht von Narva siegte der junge schwedische König Karl XII., der auch Herzog von Bremen und Verden war und aus der protestantischen Wittelsbacher Linie Pfalz-Zweibrücken stammte, über Peter den Großen. Er eroberte weite Teile Osteuropas und schien einmal mehr auf einem Siegeszug zu sein. Doch dann erlebte Schweden 1709 in der Schlacht bei Poltawa eine verheerende Niederlage. Nach zwölf weiteren Kriegsjahren begann Schwedens Stern mit den Friedensverträgen des Jahres 1721 als eine der führenden Mächte Europas zu sinken. Schweden hatte Gebiete unter anderem in Polen und Westeuropa erobert und spielte dank guter Handelsverbindungen in alle Welt auch global im 17. Jahrhundert eine wichtige Rolle. König Karl XII. war bereits am 11. Dezember 1718 bei der Belagerung von Frederikshald in Norwegen durch einen Kopfschuss tödlich verletzt worden. Voltaire veröffentlichte 1731 eine Biografie über diesen König, der viele Jahre lang mit diplomatischem Geschick und dank seiner Kriegsfortune die Politik Europas bestimmt hatte.

> *So starb in einem Alter von sechsunddreißigundeinhalb Karl XII, König von Schweden, nachdem er durchlebt hatte, was nur das Glück Großes und was nur das Unglück Hartes enthält, ohne auch nur einen Augenblick lang durch das erstere verweichlicht oder durch das letztere erschüttert worden zu sein* […] *aber seine Festigkeit wurde zum Starrsinn, seine Freigebigkeit ging in Verschwendung über und ruinierte Schweden, sein Mut steigerte sich zur Verwegenheit und wurde Ursache seines Todes, sein Gerechtigkeitssinn verleitete ihn bisweilen zur Grausamkeit, und in den letzten Jahren seiner Regierung nähert sich seine Politik der Tyrannei.*[26]

Karls Nachfolger wurde sein Schwager, Friedrich von Hessen-Kassel, der bis 1751 regierte und keine legitimen Nachkommen hinterließ. Der Erwerb des Herzogtums Bremen-Verden, das die Dänen den Schweden abgerungen hatten und das später an Kur-Hannover fiel, bedeutete für Georg I. eine wesentliche Stärkung seiner territorialen

Macht und seines Einflusses in Deutschland. Obwohl er dieses Gebiet bereits 1715 übernommen hatte, begann es erst ab 1733 nach der offiziellen Belehnung an Georg II. durch den Kaiser im mitteleuropäischen Machtspiel eine bedeutendere Rolle zu spielen. Großbritannien selbst wurde vom Großen Nordischen Krieg nicht weiter tangiert, während Georg in seiner Funktion als Kurfürst von Hannover sich gegen die allmähliche Übermacht des Zaren, den er ja zunächst unterstützt hatte, zu wehren begann. In diesen Jahren reiste er mehrmals in seine alte Heimat. Die Kurlande bedeuteten Georg in der Tat nach wie vor sehr viel, nicht nur als Ort seiner Geburt, sondern auch als sein Faustpfand im gesamteuropäischen Konzept und Spiel der politischen Kräfte.

Hannover wurde während seiner Abwesenheit durch ein Kollegium Geheimer Räte verwaltet, die innenpolitisch nicht viel veränderten. Weiterhin war die Deutsche Kanzlei in London, feudal untergebracht im St. James Palace, der Mittelpunkt der Verwaltung. Andreas Gottlieb von Bernstorff und Friedrich Wilhelm von Schlitz hatten Georg nach London begleitet. Diese deutschen Berater des Königs bedeuteten für die englischen Politiker einen kaum erträglichen Missstand. Dabei zeigten sie sich selbst nur wenig, wenn gar nicht interessiert an Hannover, das sie eher als Belastung denn als »Zugabe« für England erachteten. Georgs Sohn Georg August war 1683 in Hannover geboren worden, hatte seine Kindheit und Jugend dort verbracht und war zwölf Jahre alt, als seine Eltern geschieden wurden. Als Junge hatte er einige Male versucht, seine Mutter in ihrer Verbannung auf Schloss Ahlden wiederzusehen und war sogar durch den Burggraben geschwommen, um das Schloss zu erreichen. Doch diese Versuche endeten fruchtlos. Er hatte in späteren Jahren die Hoffnung, dass er nach dem Tod seines Vaters seine Mutter endlich aus ihrem Exil bei Celle befreien könne. Doch diese Hoffnung zerschlug sich, als seine Mutter Sophie Dorothea im Jahre 1726 vor seinem Vater starb.

Es wundert nicht, dass das Verhältnis zwischen Vater und Sohn alles andere als erfreulich war. 1705 heiratete Georg August Caroline von Brandenburg-Ansbach, die, wie es heißt, Zeit seines Lebens seine große Liebe war. Trotz gelegentlicher Affären, etwa mit der Hofdame seiner Frau, der mit Charles Howard verheiraten Henrietta Howard, Countess of Suffolk, führten die beiden eine recht beständige und für die damalige Zeit gute Ehe. Vater und Sohn sahen sich selten, meist nur bei den Taufen der acht Kinder, die Georg August mit seiner Frau Caroline hatte. Bei der Taufe des fünften Kindes, dem zweiten Sohn von Georg August und Caroline, Georg Wilhelm, kam es 1717 zu einem regelrechten Eklat, als sich Vater und Sohn wegen der Wahl des Taufpaten zerstritten. Erst drei Jahre später konnte dieses Zerwürfnis halbwegs beigelegt werden, das auch in der Öffentlichkeit große Wellen geschlagen hatte. Es zeigte, dass die Engländer dabei eher Partei für den als tapferen Soldaten gerühmten Georg August ergriffen als für dessen Vater, der ihm diesen Ruhm zudem neidete. Hinzu kam noch, dass Caroline von Brandenburg-Ansbach, die Ehefrau Georg Augusts, ebenfalls sehr geschätzt wurde. Die englische Geschichtsschreibung bezeichnet sie übereinstimmend als die »tüchtigste und einflussreichste Königin« der Welfenepoche und lobt ihre »Bodenständigkeit und Offenheit«. In den knapp zehn Jahren, die sie an der

Seite ihres Mannes auf dem britischen Thron saß, beriet sie nicht nur ihn in privaten und politischen Fragen, sondern spielte auch eine wichtige Rolle in den parlamentarischen Entscheidungen und in der Beziehung ihres Mannes zu Robert Walpole. Dieser war der mächtigste Mann im Staat und bereits Minister unter Georg I. In den letzten Regierungsjahren von Georg I. kam er nach einem vorübergehenden Karriereknick durch den dauerhaften politischen Streit mit dem Earl of Stanhope und dem Earl of Sunderland, beides führende Politiker der Whigs, nach 1721 wieder zur Macht und gilt als der erste Premierminister Großbritanniens im modernen Sinn.

Walpoles rasanter Wiederaufstieg fällt mit der sogenannten »South Sea Bubble«, der »Südseeblase«, in den Jahren 1720/21 zusammen. Dieser erste große Börsenskandal der englischen Geschichte und der erste in diesem Ausmaß in der europäischen Wirtschaftsgeschichte überhaupt erinnert an die großen Börsencrashs in unserer Zeit. Nur die große Tulpenmanie im Jahr 1637 in Holland reichte fast an dessen Ausmaß heran.

Die »South Sea Bubble« war die Folge einer völlig überzogenen Spekulation der South Sea Company, bei der es unter anderem um die Übernahme von Staatsschulden nach dem Spanischen Erbfolgekrieg ging. Immer mehr Aktien kamen auf den Markt, deren Wert ins Immense stieg. Allerdings hatte es im Parlament schon früh warnende Stimmen gegen »diesen Handel mit imaginären Reichtümern« gegeben. Diese Warnungen wurden zunächst überhört, da der Preis der Aktien für die zu erwartenden Gewinne aus dem Südseehandel und vor allem aus dem Sklavenhandel immer stärker anzog und gute Dividenden versprach. Als aber die Dividendenzahlungen am 1. August 1720 fällig wurden, war noch kein Gewinn abzusehen. Die Preise brachen ein – der König und einige andere hatten ihre Aktien rechtzeitig verkauft, Robert Walpole war ebenfalls zur rechten Zeit vor einem drohenden Crash gewarnt worden. Die Folge war eine allgemeine Rezession durch den Rückgang von Handel und Produktion.

Doch damit nicht genug. Parallel zur »South Sea Bubble« kam es in den französischen Kolonien Nordamerikas zur sogenannten »Mississippi-Blase« mit ganz ähnlichen Folgen, die eine finanzielle Katastrophe für das Heimatland der Kolonien bedingten. Der aus Schottland stammende John Law gründete 1716 in Paris das private Geldinstitut »Banque General« auf der Basis des damals noch wenig verbreiteten Prinzips des Papiergelds. Im Jahr darauf rief Law in französischen Territorien Nordamerikas die »Compagnie de la Louisiane ou d'Occident«, kurz Mississippi-Kompanie, ins Leben. Auch hier wurde übermäßig mit noch zu erwartenden und erhofften Gewinnen spekuliert, auch hier erwies sich der ganze überzogene Handel mit Aktien und den theoretischen Gewinnen aus verschiedenen Handelsunternehmungen als riesige Blase, die rasch platzte.

Den in den Börsenskandal verwickelten Earl of Sunderland traf die Wirtschaftskrise so sehr, dass er wenig später an einem Schlaganfall starb. Der Earl of Stanhope, ein weiterer Rivale Walpoles, starb ebenfalls kurz darauf, und so war der Weg für den ehrgeizigen ersten Earl of Oxford geebnet. Georg I. brauchte in diesen harten Zeiten dringend einen Ratgeber und Freund im Parlament. Denn Georg, der kurz vor diesem Eklat noch eine seiner für ihn persönlich so wichtigen Reisen in die deutsche Heimat unternommen hatte, konnte sich nicht wie früher auf seine 1714 mit ihm nach England gereisten deutschen Berater verlassen. Sein erfahrener Minister Bernsdorff hatte beschlossen, nach Deutschland zurückzukehren und in seinem Stammschloss in Gartow zu leben. Zwar hielten König und Minister auch noch weiterhin Kontakt, und Bernstorff gab dem König auch als »Pensionär« Ratschläge. Das aber genügte nicht, und so suchte der König von da an stärker Zuflucht bei seinen englischen Beratern, zu denen bereits früher schon John Churchill, der Herzog von Marlborough, gehört hatte. Dieser war inzwischen aber durch Krankheit geschwächt, und so stand dem Aufsteiger Walpole nichts mehr im Weg.

Kapitel fünf
Er war immer, wie er schien – König Georg II.

Die Regierungszeit des ersten Hannoveraners auf dem britischen Thron lässt sich nicht mit wenigen Worten als »wenig erfolgreich« abtun, wie das frühere britische Historiker gelegentlich versucht haben. Da wurde vom König ohne Charisma und seinen angeblich minimalen Englischkenntnissen gesprochen, von einem Mann, der sich nach der Scheidung von seiner Frau mit wenig attraktiven Damen umgab, die aber, wie das Beispiel von Melusine von der Schulenburg beweist, durchaus das Beste aus ihrer Situation zu machen verstanden. Selbst als der König sich immer mehr von Melusine abzuwenden und anderen Frauen zuzuwenden begann, darunter auch Damen aus geringerem Stand, war sie mit ihm noch immer freundschaftlich verbunden und bekam zudem eine hohe finanzielle Abfindung. Die jüngste ihrer drei Töchter mit Georg, Margarete Gertrud, heiratete 1721 den Grafen Albrecht-Wolfgang zu Schaumburg-Lippe und zog nach Bückeburg, wo sie 1728 mit erst siebenundzwanzig Jahren starb. Melusine aber überlebte den König um sechzehn Jahre, ihre jüngste Tochter um fünfzehn Jahre und starb 1743 auf ihrem Anwesen Kendal House. Eine der beiden anderen Töchter aus der Beziehung zu Georg war Anna-Luise, die von 1692 bis 1773 lebte, Ernst August von dem Bussche-Ippenburg heiratete und in Herrenhausen das von Georg I. für sie errichtete Delitz'sche Palais besaß. Es diente lange Zeit als Fürstenhaus Herrenhausen Museum und wird heute vom ältesten Sohn des jetzigen Welfen-Erben Ernst-August bewohnt, wenn er Hannover besucht. Die zweite Tochter, Petronella Melusina, geboren 1693, gestorben 1778, heiratete Philip Stanhope, den vierten Earl of Chesterfield. Er war der Vetter von James Stanhope, einem der einflussreichsten Politiker seiner Zeit. Auch er gehörte den Whigs an und hatte verschiedene Ämter unter Georg I. und Georg II. inne, darunter 1745 und 1746 als Vizekönig von Irland. Dort gelang es ihm, ausgleichend auf die irischen Anhänger der Stuarts einzuwirken und ihre Teilnahme am Aufstand von 1746 zu verhindern. Zudem war Stanhope der erste englische Politiker, der den Dublinern den freien Zugang zum Phoenix Park, einer der zentralen Anlagen der Stadt, gestattete und im Park eine bis heute erhaltene Säule mit einem Phönix auf deren spitze errichtete. Außerdem machte er sich aufgrund seiner umfassenden Bildung als ein »homme des lettres« einen Namen. Seine Ehe mit Melusina blieb kinderlos. Philip Stanhope, der vierte Earl of Chesterfield, starb hochbetagt im Jahre 1773. Offenbar war das Verhältnis Georgs I. zu seinen drei außerehelichen Töchtern angenehmer als das zu seinem Sohn und Erben Georg August, der für seinen Vater nach dessen Scheidung von Sophie Dorothea und durch ihre anschließende Verbannung nach Ahlden nur wenig Respekt und kaum Zuneigung zeigte.

Auch wenn Georg I. zeitlebens zwischen England und Hannover hin- und herschwankte und nach 1721 immer häufiger in seine Stammlande reiste, um den politischen Machtkämpfen in England zu entfliehen, so gilt er doch heute in den Augen moderner Historiker als ein Mann, der sich bemühte, mit den um 1730 sehr schwierigen innenpolitischen und familiären Verhältnissen fertigzuwerden. Im Anschluss an den bereits erwähnten Streit um einen würdigen Taufpaten für seinen Enkel im Jahre 1717 verbannte der erzürnte Regent den eigenen Sohn für drei Jahre vom Hof. Dass Georg August sich dafür Leicester House erbaute und dort in seiner »Schattenresidenz« ebenfalls Hof hielt, war seinem Vater gewiss ein Dorn im Auge.

Doch immerhin gewann Großbritannien unter der Regierung Georgs I. weltpolitisch an Bedeutung, konnte sich dabei aus Kriegen wie dem Nordischen Krieg, an dem Georg nur als hannoverscher Kurfürst beteiligt war und von dem er letztlich sogar profitierte, heraushalten und überstand auch den Wirbel um die »Südseeblase«. Unter Robert Walpole, dem klugen, ehrgeizigen und selbstbewussten Schatzkanzler und späterem ersten Mann im Staate, begann Großbritannien aufzublühen. Der König selbst überließ die Regierung immer mehr Walpole und dem Parlament – auch dies war eine Art von subtiler Staatsreform. Denn alle Versuche seiner Nachfolger, das Ruder wieder zu Gunsten eines größeren Einflusses der Herrscher auf das Parlament und die Gesetzgebung herumzureißen, scheiterten. Mit Robert Walpole begann ein neues Kapitel der englischen Monarchie. Walpole bestimmte die Innenpolitik in den letzten Jahren der Herrschaft Georgs I. durch Einsetzung ihm ergebener Minister und guter Freunde, die er durch den von Georg I. auf sein Anraten eingeführten »Order of Bath« belohnte.

Als Georg I. vom Tod seiner geschiedenen Frau erfuhr, besuchte er gerade zusammen mit Melusine ein

Theaterstück im Haymarket Theatre. Sophie Dorothea war im Frühherbst des Jahres erkrankt. Sie ernährte sich fast nur noch von Gelee und Schokolade und wies jede Behandlung durch die vom Hof in Hannover auf Befehl Georgs I. nach Ahlden entsandten Ärzte ab. Sophie Dorothea hatte längst jeden Lebenswillen verloren. Gründe waren zum einen die Enttäuschung über ihre mit dem preußischen König verheiratete Tochter, die ihren Vater zwar 1721 in Hannover traf, sich aber nicht um die Mutter kümmerte. Zum anderen hatte sie kurze Zeit geglaubt, ihre Rettung aus der Verbannung sei greifbar nahe, als sie einen ihr scheinbar treu ergebenen Privatsekretär gefunden hatte. Doch dieser Mann, der sie mit Komplimenten umgaukelte und von gemeinsamer Flucht sprach, erwies sich letztlich als ein hemmungsloser Opportunist, der die verzweifelte Prinzessin für seine eigenen Zwecke ausnutzte.

Ihre einzige Freude am Leben waren die vielen Mahlzeiten, so dass sie auch aufgrund von mangelnder Bewegung gewaltig an Leibesumfang zulegte. Das alles war ihrer Gesundheit wenig zuträglich. Anfang 1726 erlitt sie einen Schlaganfall, im August desselben Jahres zwangen starke Koliken sie ins Bett, das sie nicht mehr verlassen sollte. Am späten Abend des 13. November 1726 starb sie dann. Da keine Angaben für ihre Beisetzung existierten, wurde die Tote zunächst in einem Bleisarg aufbewahrt. Im Januar kam die Anordnung aus London, man solle den Sarg in Ahlden beisetzen. Doch heftige Regenfälle verhinderten die Bestattung, und erneut musste der Sarg in einem Kellergewölbe aufbewahrt werden. Erst im Mai fand dann die Beisetzung mitten in der Nacht in der Fürstengruft von St. Marien in Celle statt.

Der britische Historiker Mark Hichens schreibt über die unglückliche Prinzessin von Ahlden:

> *Verheiratet mit 16 Jahren, geschieden mit 28, dann 32 Jahre in Gefangenschaft – das alles lässt Sophies Leben tragisch und vergeudet erscheinen. Tragisch war dieses Leben, aber nicht vergeudet. Durch ihren Sohn wurde sie zur Stammmutter der hannoverschen Könige von England und durch ihre Tochter und Enkelin die Großmutter von Friedrich dem Großen.*[27]

Im Mai desselben Jahres brach Georg I. zum sechsten und letzten Mal von London nach Hannover auf. Begleitet wurde er von Melusine von der Schulenburg, deren 1661 geborener Bruder Johann Matthias von der Schulenburg aufgrund seiner herausragenden militärischen Leistungen von Kaiser Karl VI. zum Reichsgrafen ernannt worden war. Johann Matthias von der Schulenburg trat in venezianische Dienste, und noch heute erinnert ein Denkmal auf der Insel Korfu an den Bruder von Melusine. Johann Matthias, der nicht nur ein bedeutender Heerführer und neunundzwanzig Jahre lang Feldmarschall der Republik Venedig, sondern auch ein Förderer der Künste und ein Sammler von Kunst war, starb 1747 in Verona. Seine Schwester wurde von Kaiser Karl VI. im Jahr 1723 zur Fürstin von Eberstein ernannt – als langjährige Mätresse eines Königs und Schwester eines mit Ehren überhäuften Offiziers war sie gesellschaftlich anerkannt.

Ohnehin galt in jenen Zeiten das Leben als Mätresse weder als ehrenrührig noch wurden die illegitimen Kinder aus diesen Beziehungen gesellschaftlich herabgestuft. Mätressen waren an den Höfen akzeptiert und spielten oft eine wichtige Rolle in der Politik, wie das Beispiel von Madame Pompadour dokumentiert.

Allerdings war das Leben von Mätressen kein Zuckerschlecken, wurden sie doch oft genug Opfer von Intrigen und mussten um ihre Zukunft fürchten, falls sie von ihrem königlichen Geliebten gegen eine andere Herzensdame ausgetauscht wurden. Vielen von ihnen gelang es, sich noch »rechtzeitig« einen Titel und ausreichende finanzielle Mittel zu sichern oder durch eine vom König arrangierte Ehe weiterhin gesellschaftlich anerkannt zu bleiben. Falls das nicht glückte und ihr fürstlicher Gönner starb, ohne sie abgesichert zu haben, hielt die Vorsehung weniger günstige Karten für sie bereit. Denn oft genug schlug das Schicksal zurück auf sie, die manches Mal selbst Händel ausgelöst oder am Hof ein Netz an Intrigen und Ränke gesponnen hatten. Meist entstammten sie dem niederen Adel, wobei es auch hier natürlich Ausnahmen gab, wie die Schauspielerin Nell Gwynn. Sie war siebzehn Jahre lang die Geliebte von König Karl II., dem sie mehrere Söhne schenkte. Der älteste, Charles Beauclerk, wurde zum Earl von Burford ernannt, später zum Herzog von St. Albans. Um die Art und Weise, wie die raffinierte, gewitzte Nell Gwynn ihren königlichen Liebhaber dazu brachte, seinen nichtehelichen Sohn mit Adelstiteln zu versehen, ranken sich einige Anekdoten, darunter die Geschichte, dass Nell den kleinen Charles aus dem Fenster hielt und drohte, ihn fallenzulassen, wenn Karl ihm keinen Titel verliehe. Der entsetzte König rief: »Gott schütze den Earl of Burford« und schon hatte das Kind einen Adelstitel. Bis heute gibt es Nachfahren des ersten Earl von Burford und Herzogs von St. Albans. Und die clevere Nell Gwynn, ein Kind aus dem Volk, war nicht die einzige Mätresse, die ihren Nachfahren gute Positionen und stattliche Schlösser »erschlief«. Es wundert also nicht, wenn Melusine, inzwischen sechzig Jahre alt, den König auf seiner letzten Reise nach Deutschland begleitete. Sie wurde allerdings von ihm im niederländischen Delden kurz vor der Grenze zurückgelassen. In Herrenhausen sollte sich die Familie wieder treffen. Dort lebte Melusines jüngste Tochter, dorthin wollte auch die zweitälteste Tochter kommen. Trotz dieser schönen Aussichten und seiner Vorfreude auf Hannover überfiel den inzwischen siebenundsechzigjährigen Georg, wie Chronisten berichten, eine ängstliche Unruhe, wohl auch, da er sich der Prophezeiung bewusst war, laut derer er binnen kurzer Zeit nach dem Tod von Sophie Dorothea sterben sollte. Ein wenig unruhig zog er weiter in Richtung Osnabrück. Dort hatten einst sein Vater und seine Mutter Sophie von der Pfalz einige Jahre verbracht, dort war Georg geboren worden, dort hatte seine Mutter die Gärten geliebt, von denen sie, als sie mit der Familie nach Hannover übersiedelte, wehmütig Abschied nahm: »Ich werde mein Leben, das Schloss und den Garten in Osnabrück vermissen. Mein Garten, meine Blumen, mein Haus, meine Möbel. Ich finde mich dieser Freuden auf einmal beraubt«[28], zitiert Rolf Schneider die spätere Kurfürstin in seiner Publikation »Ernst August und Sophie von der Pfalz als Bischofspaar in Iburg und Osnabrück«.

Und genau hier, wo Georg Ludwig am 28. Mai, laut gregorianischem Kalender am 7. Juni 1660 geboren wurde, endete sein Leben am 11. Juni 1727. Auf seiner Fahrt nach Osnabrück, vor den Toren der Stadt, erlitt Georg I. in der Kutsche einen schweren Gehirnschlag. Der Bewusstlose wurde ins Schloss nach Osnabrück gebracht. Nach Ansicht der begleitenden Ärzte würde eine weitere Kutschfahrt dem ohnehin Bewusstlosen nichts schaden. Im Schloss erwartete ihn sein Bruder Ernst August, der Fürstbischof von Osnabrück, der für seinen königlichen Bruder ein großes Fest geplant hatte. Doch statt eines wohlgelaunten Monarchen, der wie in guten alten Zeiten jagen und feiern wollte, traf ein Sterbender bei ihm ein. Trotz aller Bemühungen der Ärzte starb Georg I. am 11. Juni 1727. Sein Geburtszimmer war auch sein Sterbezimmer.

Im Gegensatz zu Melusine und ihrer Familie und der Bewohner von Hannover trauerten die Engländer wenig um ihren ersten deutschen König. Nicht einmal Pläne für seine Überführung, geschweige denn Bestattung in der Westminster Abbey gab es für Georg I. Und so wurde er dort begraben, wo er noch immer seine Wurzeln hatte: in Hannover. Zunächst stand sein Sarkophag im Leineschloss. Nach dem Zweiten Weltkrieg überführte man ihn in das Mausoleum im Berggarten von Herrenhausen.

> *Das letzte Urteil über diesen König, der sich während seiner Regierung mit vielen Widrigkeiten schlagen musste, fällt dann aber positiv aus, denn er war sicherlich für Großbritannien ein weitaus besserer König als Jakob II. es gewesen wäre*[29],

urteilt die Historikerin Antonia Fraser über den ersten Welfen auf dem englischen Thron.

Wie prekär aber letztlich die Konstellation dieser Personalunion war, dokumentiert eine Untersuchung von

Torsten Riotte zum Thema »Transfer durch Personalunion« aus dem Jahr 2012. Riotte weist darauf hin, dass

> *… in seinem Testament Georg I. festgelegt hatte, dass die Personalunion getrennt und die Souveränität in jedem der beiden Staaten auf jeweils einen seiner Söhne übergehen würde. Doch Georg II. unterdrückte das Testament seines Vaters. Es kam im Umfeld des Siebenjährigen Krieges und der Regentschaftskrise 1788/1789 zu Diskussionen in Hannover, ob es wünschenswert sei, die Personalunion aufzulösen, doch die angeführten provisorischen Regelungen blieben bestehen. Neben der Deutschen Kanzlei entstanden keine weiteren politischen Institutionen, die für den Kontakt zwischen Großbritannien und Hannover zuständig waren, so dass in vielen Fällen informelle Kanäle der Kommunikation benutzt wurden. Britische Minister erhielten viele ihrer Informationen aus Regensburg, wo ein britischer Gesandter am Reichstag die Tagesgeschäfte beobachtete. Der Monarch korrespondierte mit hannoverschen und britischen Vertretern an anderen europäischen Höfen, wobei die Informationen teilweise über die Geheimen Räte in Hannover, teilweise an ihnen vorbei liefen. Auch diplomatische Vertreter kommunizierten miteinander und arbeiteten in der Regel nach den gleichen Prämissen, in einzelnen Fällen auch intensiv zusammen. Dort, wo wie im Falle Nordafrikas keine hannoversche Vertretung vorzufinden war, kam es sogar dazu, dass britische Konsuln Dokumente für hannoversche Untertanen ausstellten. Derartige Kontakte können zahlreich nachgewiesen werden, folgen aber keinem festen Schema und gingen oft auf die Initiative einzelner Briten oder Hannoveraner zurück …*[30]

Es blieb dann doch bei der Personalunion nach dem Motto: Der König ist tot, lang lebe der König. Denn nun betritt mit Georgs Sohn Georg August ein neuer Regent die Bühne, der seinem Vater in vielem kaum ähnelt, außer vielleicht in seiner Begeisterung für Musik. Georg Friedrich Händel, der schon zu Lebzeiten Georgs I. der prominenteste Komponist am Hof gewesen war, bleibt auch unter Georg II. Hofmusiker und komponiert für den zweiten Herrscher aus dem Welfenhaus viele große Werke. Zur Krönung Georgs II. hatte Händel seine »Krönungshymnen« (Coronation Anthems) komponiert, die am 11. beziehungsweise 22. Oktober (gregorianischer Kalender) in der Westminster Abbey uraufgeführt wurden.

Georg August, geboren in Herrenhausen, war von seinem Vater nicht auf seine königliche Rolle vorbereitet worden. Der Zwist zwischen Vater und Sohn überschattete die Jahre, die der Prince of Wales in England verbrachte. Immerhin beherrschte er die Sprache des Königreichs weitaus besser als sein Vater. Georg August eilte vor allem der Ruf voraus, ein tapferer Soldat zu sein. Er wurde als »the Young Hannoverian Brave« bezeichnet, ein Ehrentitel für den Prinzen. Johann Leonhard Hirschmanns Porträt von Georg II. als Kronprinz, das im Historischen Museum in Hannover zu sehen ist, zeigt einen jungen Mann mit wallender Perücke und einem mit Hermelin abgesetzten goldfarbenen Mantel über einer schimmernden Rüstung. Das Bild erinnert an die bekannten Gemälde von Prinz Eugen von Savoyen, der von 1663 bis 1736 lebte und zu den bedeutenden Feldherren dieser Epoche zählt, insbesondere aufgrund seiner Rolle in den Türkenkriegen. Georg bewies auch noch als älterer Mann seinen Mut, als er als letzter britischer Monarch noch selbst in eine Schlacht zog: Während des Österreichischen Erbfolgekrieges von 1740 bis 1748 nahm Georg II., damals sechzig Jahre alt, zusammen mit seinem 1721 geborenen jüngsten Sohn Wilhelm August, dem Herzog von Cumberland, an der legendären Schlacht von Dettingen bei Aschaffenburg teil. Am 27. Juni 1743 besiegte die aus britischen, kurhannoverschen und österreichischen Verbänden zusammengesetzte Armee das rund siebzigtausend Mann starke französische Heer unter der Führung des französischen Feldmarschalls und bis dato im Österreichischen Erbfolgekrieg überaus erfolgreichen Herzogs Adrien-Maurice von Nouailles. Dieser Sieg inspirierte Georg Friedrich Händel zu seinem »Dettinger Te Deum«, das am 27. November 1743 in London zur Uraufführung kam.

Der neue König Georg, hochgewachsen, mit großen blauen Augen und einer prominenten Nase, besaß ein cholerisches Temperament und galt als arrogant. Doch sein letzter Minister William Pitt der Ältere (1708–1778), der in ständiger Rivalität zum mächtigen Robert Walpole stand und Georg II. persönlich nicht besonders mochte, sagte über den König: »... er hatte etwas Menschliches an sich, und neben vielen anderen königlichen und männlichen Tugenden besaß er Gerechtigkeitssinn, Wahrheitsliebe und Ehrlichkeit in hohem Maße.«[31] Diese »Menschlichkeit« allerdings lässt sich vielleicht dann doch eher im Sinn von »nichts menschliches war ihm fremd« verstehen. Er war berüchtigt für seine Wutanfälle, bei denen er gegen Möbel trat und sich die Perücke vom Kopf riss, und verschrien wegen seines Geizes. Doch ihm wird auch nachgesagt, dass er durchaus ein gutes Urteilsvermögen besaß, was die Einschätzung von Personen und Sachverhalten betraf. Er arbeitete mit seinen Ministern, darunter Henry und Thomas Pelham, seinem Premierminister William Pitt dem Älteren und vor allem mit Robert Walpole so erfolgreich zusammen, dass der leidige Konflikt zwischen den Whigs und den Tories zumindest für einige Zeit nicht mehr schwelte. Natürlich waren ihm ohnehin keine weitreichenden Möglichkeiten im engen Rahmen der konstitutionellen Monarchie gegeben, in der dem Parlament mehr Macht zukommt als dem Monarchen. Es kann diesem ungeduldigen, oft launischen Mann nicht immer leichtgefallen sein, sich in die Rolle des »gezügelten« Regenten zu fügen, zumal auf dem Kontinent ganz andere absolutistische Regierungsformen existierten.

In Großbritannien saß Robert Walpole, genannt »Robin«, wieder fest im Sattel, nachdem seine Karriere einige Wechselbäder durchlaufen hatte. Dieser hart gesottene Politiker hatte bereits zahlreiche seiner Rivalen und diverse Krisen überstanden. Walpole, der als Premierminister vor allem dem Parlament, weniger dem König zuarbeitete, blieb bis 1742 der mächtigste Mann im Staate. Als die Spanier 1741 die Engländer in der Schlacht von Cartagena vor der Küste Kolumbiens vernichtend schlugen und mehr als fünfzig britische Schiffe versenkten und Wahlmanipulationen sowie finanzielle Engpässe zusätzlich die Stimmung in Großbritannien trübten, musste Robert Walpole seinen Hut nehmen. Später wurde vor allem sein Sohn Horace Walpole berühmt, der »Vater der Gothic Novel«. Mit seinem Roman »Das Schloss von Otranto« (1764) inspirierte er auch die Literaten der deutschen Romantik. Eine der

Devisen von Horace Walpole hätte auch sehr gut zur Lebensphilosophie seines Vaters gepasst: »Das Geheimnis des Lebens besteht darin, sich für eine Sache voll und ganz einzusetzen und sich für tausend weitere Dinge zu interessieren.«[32]

Die Seeschlacht jenseits des Ozeans gehörte zu den vielen Stellvertreterkriegen, die damals im Rahmen der Erbfolgekriege auf anderen Kontinenten ausgetragen wurden. Dieses Kapitel des Krieges, der unter anderem zur Schlacht von Cartagena führte, ist als »The War of Jenkins' Ear« in die Geschichte eingegangen. Die Bezeichnung bezog sich auf das abgeschlagene Ohr von Kapitän Robert Jenkins, einem Handelsoffizier, der bei einer Anhörung vor dem versammelten Unterhaus erklärte, sein Ohr sei von Soldaten der spanischen Küstenpatrouille abgetrennt worden. Das Ohr wurde sogar im Parlament vorgezeigt. Diese Episode war einer der zahlreichen Auslöser für die Kämpfe zwischen Großbritannien und Spanien in der südlichen Hemisphäre. Walpole versuchte zwar, Großbritannien so gut es ging aus den europäischen Kriegen herauszuhalten – auch um das Land finanziell stabil zu halten. Er war jedoch vielen seiner Landsleute aufgrund seiner Position und auch aufgrund des persönlichen Reichtums, den er im Laufe der Jahre angesammelt hatte, ein Dorn im Auge. Schriftsteller wie Henry Fielding und Alexander Pope äußerten sich satirisch und kritisch in diversen Schriften über ihn, und er diente als beliebte Vorlage für Karikaturen. Aber letztlich wurde auch Walpole in den Strudel der Auseinandersetzungen auf dem Kontinent hineingerissen. Am Ende führte dies dazu, dass ihm selbst seine Anhänger immer mehr ihre Unterstützung entzogen. 1737 starb Königin Caroline, die unverbrüchlich zu ihm gehalten hatte. Und so zog der inzwischen sechsundsechzigjährige Politiker die Konsequenzen. Walpole starb drei Jahre später im Jahre 1745.

Der Tod Carolines 1737 nach nur zehn Jahren auf dem Thron war für Georg II. ein Schicksalsschlag. Ihre Gesundheit war schon immer eher zart gewesen. Einmal hatte sie über ihren dauerhaft kränklichen Zustand gesagt: »Seit meiner Kindheit habe ich keinen Tag ohne Schmerzen erlebt.«[33] Sie hatte aber gelernt damit umzugehen, zumal sie wusste, dass der König einen wahren Horror vor Krankheiten hatte.

Das Leben dieser klugen und beim Volk sehr beliebten Königin war nicht immer leicht. Sie wurde 1683 als Tochter des Markgrafen von Brandenburg-Ansbach und seiner Frau, der Prinzessin Eleonore von Sachsen-Eisenach, geboren. Caroline war eine schöne Frau, der Männer wie Karl XII. von Schweden, Kaiser Joseph I. und Friedrich Wilhelm I. von Preußen den Hof machten. Doch 1705 heiratete sie mit zweiundzwanzig Jahren, auch auf Betreiben der Kurfürstin Sophie, der Großmutter des späteren Königs Georg II., den gleichaltrigen Georg August, der 1727 mit vierundvierzig Jahren das Erbe Georgs I. antrat. Caroline bekam zwischen 1707 und 1724 insgesamt acht Kinder, von denen aber keines den Thron übernehmen sollte. Ausgerechnet der kleine Georg Wilhelm, bei dessen Taufe 1717 sich Georg I. und sein Sohn fast unversöhnlich zerstritten hatten, sollte nur vier Monate alt werden.

Der designierte Nachfolger Georgs II. war der 1707 geborene Prince of Wales, Friedrich Ludwig, der im Laufe der Jahre ein ähnlich unglückliches Verhältnis zu seinem Vater hatte wie schon Georg II. zu seinem. Sogar seine

Mutter schrieb verzweifelt: »… mein lieber Erstgeborener ist der größte Esel und der größte Lügner und die größte Canaille und das größte Biest der ganzen Welt, und ich wünschte mir von Herzen, dass er daraus verschwände.«[34] Harte Worte einer Frau, die eigentlich als Inbegriff von Liebreiz und Sanftmut galt und die von Voltaire als »entzückende Philosophin auf dem Thron« beschrieben wurde, eine hoch gebildete Frau, die sich mit Wissenschaftlern und Künstlern umgab. Sie nahm regen Anteil an medizinischen Errungenschaften, zu denen die Entwicklung einer Impfung gegen die Pocken gehörte, damals noch eine der häufigsten schweren Krankheiten mit Todesfolge. Sicherlich war ihre Beziehung zu dem kleinen Friedrich Ludwig, der als siebenjähriger in Hannover zurückblieb, als seine Eltern dem designierten König Georg I. nach London folgten, nicht immer schlecht gewesen. Der junge Prinz vertrat die Interessen der Welfen in Hannover und lernte schon früh die wichtigsten Pflichten am hannoverschen Hof zu übernehmen. Georg II. überlegte sogar, ob er seinen Erstgeborenen in Hannover belassen und seinen zweiten Sohn Wilhelm August, der 1721 in London zur Welt kam und später als Herzog von Cumberland einen eher zweifelhaften Ruf als »Schlächter der schottischen Clans« errang, zum Thronfolger ernennen sollte. Das hätte ein frühes Ende der Personalunion bedeuten können. Doch am Ende wurde keiner der beiden Söhne Georgs II. König, sondern Friedrich Ludwigs ältester Sohn Georg, der 1738 geboren wurde.

Friedrich Ludwig verdarb es sich früh mit seinen Eltern. Sein Vater schäumte vor Wut, als er sich als Heiratsvermittler gerierte und dafür sorgte, dass sich hinter dem Rücken seines Vaters die preußische Prinzessin Friederike mit Friedrich Ludwigs Vetter, Wilhelm Friedrich, Markgraf von Brandenburg, verlobte. Damit waren die langjährigen Beziehungen Großbritanniens und Hannovers zu Preußen eingefroren, und Preußen sah in der Konsequenz keine Verpflichtung mehr, seine Vormacht in Norddeutschland nicht auf Kosten Hannovers auszubauen.

Heiratspolitik war schon seit jeher eines der wichtigsten Elemente in der Pflege internationaler Beziehungen – nicht umsonst ist der Satz über die Heiratspolitik der Habsburger seit dem 15. Jahrhundert als politisches Leitmotiv überliefert: »Bella gerant alii, tu felix Austria nube« (Die Kriege mögen andere führen, du aber, glückliches Österreich, heirate). Ein Motto, das natürlich immer auch nur bedingt Gültigkeit hatte und oftmals von der Realität außer Kraft gesetzt wurde. Denn selbst geschickte Heiratspolitik schützte nicht vor Erbfolgekriegen – oft sogar bewirkten bestimmte Konstellationen pseudo-gerechtfertigte Ansprüche auf Gebiete wie im Fall des Pfälzischen Erbfolgekrieges, als Ludwig XIV. seine Schwägerin Liselotte vorschob, um seinen Anspruch auf die Pfalz geltend zu machen.

Im Zuge dieser Ereignisse holte Georg II. seinen Sohn nach London, um den jungen Mann besser kontrollieren zu können. Friedrich Ludwig tat alles, um seine Unabhängigkeit zu beweisen, fühlte sich aber zurückgesetzt, als Georg II. während seiner Reisen nach Hannover die Regentschaft in London Caroline übertrug und nicht ihm. So versuchte er sich auf anderen Gebieten hervorzutun. Georg II. war ein begeisterter Musikliebhaber, was sich auch in seiner Unterstützung Händels zeigte und bei der Errichtung der Königlichen Oper. Friedrich Ludwig wiederum betrieb die Gründung einer zweiten Oper als Konkurrenz.

Doch sein Interesse galt vor allem der Architektur und der Malerei, vornehmlich den Niederländern des 17. Jahrhunderts. Er trat als Mäzen für zeitgenössische Künstler auf und grenzte sich durch diese Interessen vom Vater, aber auch von der Mutter ab, die sich vor allem für Theologie und Philosophie begeisterte. Dass seine Leidenschaft für Kunst seine Förderung jüngerer Künstler zu einer Anhäufung von Schulden führte, überrascht nicht. Im Streit um eine höhere Apanage, die Friedrich Ludwig von seinem Vater forderte, siegte Georg II., und Caroline war über das Verhalten des Sohnes so entsetzt, dass ihr Urteil über »ihren lieben Erstgeborenen« alles andere als gnädig ausfiel.

Für Georg II. war es eine der vordringlichsten Aufgaben gewesen, für seinen Sohn eine geeignete Frau zu finden. Sie musste einer fürstlichen Familie entstammen und Protestantin sein. Seine Wahl fiel auf die erst fünfzehnjährige Augusta von Sachsen-Gotha, das fünfzehnte Kind von Friedrich II. von Sachsen-Coburg-Gotha-Altenburg und Magdalena von Anhalt-Zerbst. Georg II. traf bei einem Besuch in Braunschweig-Lüneburg im Jahre 1735 Mutter und Tochter und arrangierte die Verlobung zwischen Augusta und seinem zwölf Jahre älteren Sohn. Augusta kam im folgenden Jahr nach London. Sie sprach kein Wort englisch und sollte einen Mann heiraten, den sie nicht kannte – nichts Ungewöhnliches in jener Zeit. Und dennoch bedeutete dies für die junge Frau sicherlich einen Schock.

Dass diese Ehe dann erstaunlich gut funktionierte, mag überraschen. Doch Augusta, bei der Hochzeit sechzehn

Jahre alt, vermochte dank ihrer Klugheit und Zurückhaltung ihren Mann positiv zu beeinflussen. Das Paar bekam insgesamt neun Kinder. Schon bald erkannte sie, dass nicht nur die Beziehung zwischen Georg II. und seinem Erstgeborenen äußert gespannt war, sondern auch Caroline ihrem Sohn mit wenig Verständnis gegenübertrat. Geschickt hatte Friedrich Ludwig verhindert, dass seine Eltern bei der Geburt seiner ältesten Tochter anwesend waren, und als er das kleine Mädchen auch noch in Abwesenheit der Großeltern taufen ließ, brach der Familienkrieg endgültig aus. Augusta wurde zusehends in die Auseinandersetzung zwischen Georg II. und ihrem Mann hineingezogen, dem gegenüber sie sich stets loyal verhielt, selbst als das junge Ehepaar aus der königlichen Residenz in ein Haus am St. James Square »verbannt« wurde. Daneben hatten die beiden noch ein Haus auf dem Lande und ein Haus in Kew, heute Teil von Richmond bei London. Hier legte Augusta den Grundstein für einen der schönsten Gärten Großbritanniens, die Kew Gardens. Friedrich Ludwig starb 1751 im Alter von vierundvierzig Jahren, unklar ist, ob an einer Lungenentzündung aufgrund einer Verkühlung während eines Tennismatches oder an einem Abszess. Zu dem Zeitpunkt erwartete Augusta das neunte Kind, die Tochter Caroline Mathilde. Die junge Witwe zog sich nach White House in Kew zurück und widmete dem Aufbau und der Erweiterung von Kew Gardens viel Zeit und Liebe. Noch heute steht auf dem Grundstück ein von ihr 1761 in Auftrag gegebener Chinesischer Pavillon. Der Königlich Botanische Garten umfasst inzwischen einhunderteinundzwanzig Hektar Land, wurde immer wieder erweitert, so auch unter anderem von Sir Joseph Banks, der James Cook auf seiner ersten großen Seereise begleitete. Banks ließ hier eine Fülle von Gewächsen anpflanzen, die im 18. Jahrhundert in Europa noch nicht heimisch oder nicht einmal bekannt waren, wie der Eukalyptus und die Bougainville, so benannt nach dem französischen Weltumsegler und Entdecker Louis-Antoine de Bougainville (1729–1811).

Auch wenn Friedrich Ludwig als Prince of Wales wenig erreichte und auch den Streit mit seinem Vater selbst nach dem Tod der Mutter nicht beilegen konnte, so fällt das Urteil über diesen Mann nicht nur negativ aus. Er spürte zwar reichlich oft eine fast schon zwanghafte Neigung, sich auf dem politischen Parkett und in der Kultur als Kontrahent seines Vaters zu profilieren. Doch seine Ehe galt als vorbildlich, und auch als Vater, der seine acht Kinder mit Fürsorge und Hingabe liebte, steht er im Gegensatz zu manch anderem Fürsten seiner Epoche. Sein ältester Sohn Georg folgt 1760 dem Großvater auf den Thron.

Die Geburt seiner jüngsten Tochter erlebte Friedrich Ludwig nicht mehr. Die posthum geborene Caroline Mathilde sollte ein ähnliches Schicksal erfahren wie einst die Sophie Dorothea. Denn auch ihre Ehe mit dem jungen König Christian VII. von Dänemark, den sie mit fünfzehn Jahren heiratete, endete in einer Tragödie, die Hollywood nicht besser ersinnen könnte: Ein einstmals idealistischer König, der allmählich dem Wahnsinn verfällt und sich wilden Ausschweifungen ergibt, während er am Leben und seiner Aufgabe verzweifelt; eine einsame junge Königin, Schwester des englischen Königs; ein erfolgreicher attraktiver Arzt namens Johann Friedrich Struensee, der zudem nicht nur den König als Leibarzt betreut, sondern auch als dänischer Minister im Sinne der Aufklärung, vom König abgesegnet tief greifende Reformen plant, – das sind die wichtigsten Personen eines Dramas, das 1770 beginnt und 1772 mit der Hinrichtung Struensees und der Scheidung Caroline Mathildes von ihrem Mann ihren tragischen Höhepunkt erreichte. Struensee, geboren 1737 in Halle, hatte lange segensreich in Altona, damals noch Teil des dänischen Königreichs, als Armenarzt gewirkt. Sein Spezialgebiet wurde die Behandlung von Geisteskrankheiten, damals ein Novum in der Medizin. Als sein Ruf sich unter dem holsteinischen Adel verbreitete, wurde auch der Hof in Kopenhagen auf ihn aufmerksam, und wenig später begleitete er den jungen dänischen König auf einer Europareise und kehrte mit ihm an den dänischen Hof zurück. Er wurde der Leibarzt des Königs, dem er bald seine in England erworbenen Erkenntnisse über die Reformen in der Landwirtschaft, über die Presse- und Meinungsfreiheit und die beginnende Industrialisierung nahe brachte. Während einer Pockenepidemie impfte Struensee das Königspaar gegen diese Krankheit – es war noch eine frühe Form jener Impfung, die erst Ende des 18. Jahrhunderts durch die Erkenntnisse über Impfverfahren des englischen Arztes Edward Jenner wirklich erfolgreich eingesetzt werden konnte. Aber immerhin zeigte sie durchaus positive Wirkung. Der König beauftragte Struensee, sich der Depressionen seiner Frau Caroline Mathilde anzunehmen, die im Ruf von großem Liebreiz und Entschlossenheit stand. Sie litt jedoch aufgrund ihrer wenig liebevollen Ehe unter starken Stimmungsschwankungen. Rasch wurde Struensee ihr Freund und Vertrauter, mit dem sie lange Ausritte unternahm. Da sie dabei Hosen statt Kleider trug, geriet die erst neunzehnjährige Königin bald in die Kritik, und Karikaturen aus der Zeit zeigen sie als männlich wirkende Reiterin hoch zu Ross.

Es kam, wie es kommen musste – Struensee und Caroline begannen ein Verhältnis, das auf Dauer nicht verborgen blieb. Der inzwischen geadelte Leibarzt wird auch aufgrund seiner radikalen Reformpläne – mehr als zweihundert Dekrete veröffentlichte er in dieser kurzen Zeit – immer mehr zur Zielscheibe der Abneigung der dänischen Aristokratie, die ihm sogar unterstellte, selbst Ambitionen auf den Thron zu haben. Und dann kam auch noch, wie im Märchen, eine böse Stiefmutter und zugleich bösartige Schwiegermutter ins Spiel: Juliane Marie von Braunschweig-Wolfenbüttel-Bevern, die Nachfolgerin der beim Volk überaus beliebten Königin Louise von Dänemark. Königin Louise, als jüngste Tochter Georgs II. 1724 in London geboren, heiratete 1743 den dänischen Kronprinzen Friedrich in Altona und wurde 1746 Königin von Dänemark. Sie hatte fünf Kinder, darunter Christian VII. Nach nur acht Jahren Ehe, davon fünf Jahre als dänische Königin, starb sie bei der Geburt ihres sechsten Kindes. Der Dichter Friedrich Gottlieb Klopstock setzte 1752 der beim Volk aufgrund ihrer Freundlichkeit und Offenheit sehr beliebten Königin mit seiner Ode »Königin Louise« ein literarisches Denkmal:

Da Sie, ihr Name wird im Himmel nur genennet!
Ihr sanftes Aug' im Tode schloß,
Und, von dem Thron', empor zum höhern Throne,
In Siegsgewande trat,

Da weinten wir! Auch der, der sonst nicht Thränen kannte,
Ward blaß, erbebt' und weinte laut!
Wer mehr empfand, blieb unbeweglich stehen,
Verstumt', und weint' erst spät.

In zweiter Ehe heiratete der dänische König, wie gesagt, Juliane von Braunschweig-Wolfenbüttel-Bevern, eine Schwägerin Friedrichs II. von Preußen. Im Gegensatz zu seiner ersten Ehe verlief die Verbindung mit der kalten ehrgeizigen Juliane alles andere als glücklich. Der König zog sich immer mehr zurück, verfiel in Melancholie und dem Alkohol und starb 1766. Ihren Stiefsohn Christian mochte Juliane ebenso wenig wie die junge englische Königin, und so nutzte sie jede Chance für Intrigen, um gemeinsam mit dem Erzieher ihres Sohnes und einflussreichen Politikers und Theologen, Ove Hoegh-Guldberg, ihren einzigen Sohn Friedrich auf dem Thron zu installieren.

Während eines Maskenballs wurde Struensee verhaftet, wenig später wurde ihm der Prozess wegen Hochverrats gemacht. Am 28. April 1772 wurde er, der einst gefeierte Ratgeber des Königs, auf das Grausamste hingerichtet. Dreißigtausend Zuschauer kamen zu diesem Ereignis. In der Folge wurden die meisten Reformen Struensees wieder rückgängig gemacht, und Juliane übernahm zusammen mit ihrem Verbündeten Hoegh-Guldberg die Regentschaft für den gesundheitlich angegriffenen König, bis dessen eigener 1768 geborener Sohn Friedrich, im Jahr 1784 diesem Treiben ein Ende setzte. Friedrich regierte bis zum Tode des Vaters 1808 als Regent, später als König von Dänemark und Norwegen. Unter seiner Regierung wurden die Reformen von Struensee erneut in Angriff genommen. Allerdings bestieg dann doch noch ein Nachfahre Julianes den Thron: Da Friedrich ohne männliche Erben starb, wurde Julianes Enkel Christian VIII. 1839 König von Dänemark.

Und was geschah mit der unglücklichen Caroline Mathilde? Zunächst schien es, als ob sie zum Tode verurteilt werden würde – die übliche Strafe in Dänemark für den Ehebruch einer Königin. Doch die auf Schloss Kronberg inhaftierte Caroline Mathilde war eine englische Prinzessin, deren Bruder König Georg III. niemals zugelassen hätte, dass seine Schwester hingerichtet wird. Nach zähem diplomatischen Ringen holten englische Kriegsschiffe sie ab, brachten sie zunächst nach Stade, dann in das königliche Jagdschloss auf die Göhrde und endlich nach Celle. Dort jubelte man der inzwischen im Eilverfahren von ihrem Mann geschiedenen jungen Königin zu, die im Ostteil des Celler Schlosses ein neues Zuhause fand. Anders als Sophia Dorothea lebte sie nicht als Gefangene im Schloss, sondern konnte sich frei bewegen. Aber auch sie durfte ihre Kinder Friedrich und Louise Auguste, die spätere Herzogin von Schleswig-Holstein-Sonderburg-Augustenburg, nicht mehr wiedersehen. Auch sie fühlte sich gefangen. Der Göttinger Philosoph und Publizist Georg Christoph Lichtenberg schreibt jedoch: »… Sie scheint sehr vergnügt zu sein und ist außerordentlich beliebt … schön ist sie nicht, aber man sieht ihr Mut und Entschlossenheit an, den sie auch wirklich bei ihrer Arretierung gezeigt hat.«[35] Dass sie in ständiger Angst davor lebte, der dänische Hof könnte ihren Tod planen, stand auf einem anderen Blatt. 1775 starb sie mit erst dreiundzwanzig Jahren, aber nicht an Gift von Mörderhand, sondern an einer

Infektionskrankheit, vermutlich Scharlach. Die Liebesgeschichte zwischen ihr und Struensee aber hat, wie zuvor schon die von Königsmarck und Sophia Dorothea, viele Autoren inspiriert, darunter den großen schwedischen Schriftsteller Per Olov Enquist zu seinem Roman »Der Besuch des Leibarztes«. Der Stoff wurde auch verfilmt: 1957 spielte O. W. Fischer in dem Leinwanddrama »Herrscher ohne Krone« den Struensee; Mads Mikkelsen übernahm diesen Part 2012 in der deutsch-dänischen Produktion »Die Königin und der Leibarzt«.

Kapitel sechs
Kein Frieden in Sicht

Georg II. überlebte seinen ältesten Sohn um neun Jahre. Bei dessen Tod im Jahre 1751 war Georg II. achtundsechzig Jahre alt. Auch nach dem Sieg in der Schlacht von Dettingen 1743, nach der das bösartige Gerücht umging, Georg sei vom Pferd gestürzt und habe das Schlachtfeld zu Fuß verlassen müssen, herrschte noch immer kein Frieden. Durch die erfolgreiche Schlacht bei Dettingen schien zunächst die französische Gefahr vom Kurfürstentum Hannover abgewendet. An der Seite Georgs II. hatte sich dessen zweiter Sohn Wilhelm August recht wacker geschlagen. Für den damals einundzwanzigjährigen Herzog von Cumberland, der gerade zum Generalmajor ernannt worden war, bedeutete dies eine Feuertaufe, die ihm eine Schusswunde ins Knie einbrachte. Als Folge blieb er auf Dauer gehbehindert. 1745 allerdings erlebte der junge Herzog eine Niederlage gegen die Franzosen bei Fontenoy. Erneut bewies Georgs Sohn den gleichen Mut, der schon seinem Vater den Ruf des »Young Hanoverian Brave« eingetragen hatte: »Er war überall, ermutigte die Schwankenden, lobte die Tapferen, bedrohte die Feigen – hätte die Nation ihn gesehen, sie hätte ihn angebetet.«[36] Große Worte für den jungen Herzog, denen er aber in späteren Jahren nicht mehr gerecht werden sollte.

Irdischer Ruhm ist bekanntlich oft nur von sehr kurzer Dauer. Schon ein Jahr später heftete dem Herzog der bittere Ruf eines »Schlächters« an, der bis heute das Bild dieses Sohnes von Georg II. trübt. Der Grund dafür liegt in einem erneuten Aufstand der Schotten und deren Unterstützung für den jungen Thronanwärter des Hauses Stuart, Charles Edward, Enkel von Jakob II. und Sohn des »Old Pretender«, der zuletzt 1719 vergeblich versucht hatte, den Thron zurückzuerobern. 1746 allerdings standen die Chancen besser für »Bonnie Prince Charlie«. Geboren wurde der Prinz 1720 im römischen Exil seines Vaters. Der begabte junge Mann sprach fließend Polnisch, da seine Mutter aus Polen stammte, Italienisch, Französisch, Latein, Englisch und – was die Hochland-Schotten vor allem für ihn einnahm – Gälisch. Prinz Charles Edward träumte davon, die Welfen vom Thron zu stoßen und wieder selbst zu regieren. Die Folgen dieses Traums wurden für die Schotten zu einem der dunkelsten Kapitel ihrer Geschichte.

Ohne das Wissen seines Vaters landete Charles mit Unterstützung der Franzosen, die jede Chance, den Engländern in den Rücken zu fallen, nutzten, in Schottland. Die schottischen Clans, von denen die meisten noch katholisch waren, verbündeten sich zu einer Armee, um für die Rechte »ihres« Thronanwärters zu kämpfen. Damit begann »the Fortyfive«, wie dieser zweite große Jakobitenaufstand nach dem Desaster von 1715 (»the Fifteen«) genannt wird. Die erhoffte tatkräftige und dem Prinzen versprochene Hilfe der Franzosen blieb aber aus. Nach anfänglichen Erfolgen der verbündeten Schotten und der Einnahme von Edinburgh musste Charles seinen geplanten Zug nach London abbrechen. Beim Rückzug ins Hochland trafen die Schotten dann bei dem kleinen Ort Culloden auf die englischen Regierungstruppen unter der

Führung von Wilhelm August, Herzog von Cumberland, und General George Wade, der aus Irland stammte und sich als besonnener und tapferer Soldat in den Kämpfen auf dem europäischen Festland erwiesen hatte. Wade, der den Rang eines Feldmarschalls besaß, war eigentlich als Truppeninspekteur nach Schottland entsandt worden, um dort für den Ausbau von Straßen und für die Errichtung von Militärkasernen zu sorgen.

Für die nur rund fünftausend Soldaten umfassende schottische Armee unter Charles Edward schien die Situation nahezu aussichtslos. Cumberland hatte in Flandern mit schottischen Highlandern gegen die Franzosen gekämpft und kannte die schottische Kampftaktik nur zu gut. Zudem war seine Armee den Schotten zahlenmäßig überlegen. Und so traten die MacDonalds, die MacLeans, die Chattans und MacLachlans zu ihrem letzten großen Kampf gegen die überlegenen Truppen Cumberlands an. Die Schlacht von Culloden fand am 16. April 1746 statt. Sie war für die Schotten ein einziges Debakel. Wer heute über dieses Schlachtfeld geht, auf dem Tausende von schottischen Kämpfern fielen und zudem auf Cumberlands Befehl weitere fast fünfhundert verwundete Jakobiten erbarmungslos exekutiert wurden, fühlt noch, wenn er empfänglich für atmosphärische Strömungen ist, eine sonderbare Beklemmung. Die Kelten glauben daran, dass es mehr zwischen Himmel und Erde gibt, als das, was unsere Schulweisheit, wie Shakespeare seinen Hamlet sagen lässt, uns lehrt. Geht man über dieses düstere moorige Schlachtfeld, dann kann man sich diesem Glauben durchaus anschließen und meint das geisterhafte Echo dieser Schlacht nach gut dreihundert Jahren noch zu spüren.

Der Herzog von Cumberland ließ nur die Soldaten der in französischen Diensten stehenden irischen und der schottischen Brigaden als Kriegsgefangene am Leben. Der junge Stuart-Prinz konnte entkommen. Fünf Monate lang währte seine Flucht durch die Highlands und über diverse Inseln. Diese Odyssee wird im »Skye Boat Song« besungen: »Speed bonnie boat like a bird on the wing, onward the sailors cry, carry the lad that was born to be king over the sea to Skye.«

Die Geschichte hinter diesem berühmten Lied ist Charles' Flucht in Frauenkleidern auf einem kleinen Boot, das ihn mit Hilfe seiner getreuen Anhängerin Flora MacDonald vom Festland zur Insel Skye brachte. Obwohl eine hohe Summe auf seine Ergreifung ausgesetzt war, verriet ihn niemand. Es gelang ihm, nach Frankreich zu entkommen, später kehrte er dann wieder nach Italien zurück. Als er 1788 in Rom starb, hinterließ er eine nichteheliche Tochter, die er aber als sein Kind anerkannt hatte. Mit seiner Ehefrau, Louise von Stolberg-Gedern, hatte er keine Kinder. Das Leben des Prinzen, der bis heute in Schottland geradezu romantisiert verehrt und besungen wird endete ruhmlos nach jahrelangen Alkoholexzessen. In der Literatur allerdings blieb die Erinnerung an den jungen Stuart wach, unter anderem in den Gedichten des schottischen Dichters Robert Burns. Die Amerikanerin Diana Gabaldon erzählt in ihrem Roman-Zyklus »Die Highlandsaga« von dem letzten großen Aufstand der Schotten und die dramatischen Jahre danach, als viele Anhänger des »Bonnie Prince Charlie« das Land verlassen und schließlich nach Nordamerika auswandern mussten. Vor allem in den drei ersten Bänden der inzwischen auf acht Büchern angewachsenen Reihe schildert sie die tragische Geschichte der verlorenen Clans. Und ganz kann sich die amerikanische Autorin dem romantischen Flair des Prinzen und seiner Gefolgsleute im Kampf gegen die britische Übermacht nicht entziehen.

In England hingegen feierte man das Ende des Aufstandes und bejubelte den Herzog von Cumberland. Tatsächlich war dies die letzte größere kriegerische Handlung auf dem Boden des heutigen Vereinigten Königreichs und der letzte Aufstand der Stuart-Anhänger. Die politische Landschaft Schottlands veränderte sich damit, die mächtigen Clans wurden zerschlagen, der Weg in die Moderne, fort von alten Stammestraditionen, war frei. Wenig später folgten die »Highland Clearances«, die die ansässige Bevölkerung des schottischen Hochlands im ausgehenden 18. Jahrhundert zugunsten der weiträumigen Schafzucht vertrieben. Ganze Landstriche wurden entvölkert. Immer mehr Schotten waren gezwungen, ihr Glück in Amerika und den Kolonien zu versuchen. Was Cumberland begonnen hatte, setzten die Landreformen mit ihrer Begünstigung von königstreuen Großgrundbesitzern fort. Das Gedächtnis der Schotten hält lang – aus dem einst gefeierten jungen Kriegshelden wurde nun »Butcher Cumberland«. Vergeblich baten ihn regierungstreue Schotten um Gnade für die Familien der aufständischen Clans. Sie wurden entwaffnet, ihre Burgen geschliffen, die Familien oft in alle Winde zerstreut, die alte gälische Kultur fast vernichtet. Fünfunddreißig Jahre lang war auch das Tragen des Kilts, der traditionellen Kleidung der Hochland-Schotten, verboten. Für alle Touristen und Schottlandliebhaber ist dieses Kleidungsstück sicherlich das wichtigste Sinnbild der schottischen Folklore. Dabei gibt es diese Nationaltracht erst seit dem späten 16. Jahrhundert. 1725 wurde dann der ursprünglich voluminöse »Plaid« von einem findigen Fabrikbesitzer namens Thomas Rawlinson modifiziert, der den schottischen Arbeitern in seinem Stahlwerk riet, lieber weniger komplexe Stoffbahnen um ihren Körper zu wickeln. Damit gilt Rawlinson als der »Urheber« des modernen, kurzen Schottenrocks.

Der Jubel um den »Nationalhelden« Cumberland hielt auch in England nicht lange an. In satirischen Gazetten munkelte man schon bald, der unerbittliche Herzog habe um Aufnahme in die Zunft der Metzger gebeten. Als sein Bruder Friedrich Ludwig 1751 überraschend starb, konnte man auf Flugblättern in der Hauptstadt lesen: »Wenn es doch statt seiner der Schlächter gewesen wäre!«

Im Siebenjährigen Krieg, der 1756, zehn Jahre nach Culloden und nur acht Jahre nach dem Frieden von Aachen und dem damit endenden Österreichischen Erbfolgekrieg ausbrach, entsandte Georg II. seinen Sohn nach Hannover. Er sollte sich dort um die Interessen des Kurfürstentums kümmern. Georg fürchtete mit Recht um sein Hannover. Schon 1754 war es in Nordamerika zu Kämpfen zwischen Frankreich und Großbritannien gekommen, die dort um die Vorherrschaft rangen. Großbritannien schickte eine Armee unter General Braddock, die Franzosen entsandten ihre Flotte. Am 9. Juli 1755 kam es zur Schlacht am Monongahela im Gebiet der heutigen Stadt Pittsburgh. Auf Seiten der Franzosen kämpften indianische Verbündete. Für die Briten ging diese Schlacht verheerend aus. Während die Franzosen und Indianer kaum Verluste zu beklagen hatten, verloren die Briten fast fünfhundert Soldaten.

Erst in einem zweiten Anlauf gelang es den Briten dann, dieses Territorium doch noch zu erobern.

Was in Nordamerika geschah, wurde zum Spiegelbild der Ereignisse in Europa. Preußen verbündete sich mit Großbritannien und dementsprechend auch mit Kur-Hannover, das aber dadurch in die Schusslinie der französischen Truppen und der übrigen Verbündeten der Habsburgerin Maria-Theresia geriet. Ganz Europa war mittelbar oder unmittelbar an diesem Krieg beteiligt, in dem es nicht nur um Machtansprüche in Europa ging wie bei Preußen, Österreich und Russland, sondern zwischen Frankreich und Großbritannien um internationale Handelsrouten, die Kolonien in Indien, Amerika und in der Karibik. Der Krieg tobte an globalen Schauplätzen – von Portugal bis Nordamerika, von Indien bis Schlesien, von Mitteleuropa bis zu den Meeren, also auf seine Art ein Weltkrieg, an dem fast alle damaligen Nationen beteiligt waren.

Georgs Sorge galt Hannover, in dem er einen Spielball zwischen den Mächten sah – auf der einen Seite Preußen, hungrig nach Ausdehnung, auf der anderen Seite Frankreich mit ähnlichen Ambitionen. Was zuvor schon unter Ludwig XIV. und unter Ludwig XV. geschah, sollte dann knapp ein halbes Jahrhundert später unter Napoleon in ganz anderen Dimensionen die Welt erschüttern. Georg II. suchte verzweifelt einen Ausweg aus der misslichen Lage seines geliebten Kurfürstentums. Obwohl mit Preußen verbündet, plante er einen Separatfrieden für Hannover mit den Franzosen, »… um meine geliebten Untertanen aus diesem Dilemma zu befreien.«[37]

Aber ehe die Verhandlungen beginnen konnten, erlitten die verbündeten englischen und hannoverschen Truppen bei Hastenbeck in der Nähe von Hameln am 26. Juli 1757 eine Niederlage, die vor allem durch eine falsche Order des Herzogs von Cumberland erfolgte. Er hatte gleichzeitig mit den Franzosen den Rückzug befohlen, was die Franzosen dann zum entscheidenden Schlag gegen die Observationsarmee der Alliierten nutzten. Die Alliierten verloren dabei tausendvierhundert Mann, die Franzosen mehr als zweitausend Soldaten. Dennoch blieben die Franzosen Sieger auf dem Schlachtfeld. Die Folgen dieser Niederlage waren genau das, was Georg II. zu verhindern versuchen wollte: Cumberland zog sich hinter die Aller zurück, die Franzosen besetzten große Teile von Kur-Hannover und von Braunschweig-Wolfenbüttel. Dänemark setzte sich als Vermittler zwischen Cumberland und dem französischen Oberbefehlshaber Louis Armand du Plessis, Herzog von Richelieu, ein. Ziel der Verhandlung war eine Neutralitätserklärung, die tatsächlich am 10. September 1757 in der Konvention von Kloster Zeven unterzeichnet wurde. Bedingungen dieses Separatabkommens waren unter anderem der Abschluss eines Waffenstillstandes binnen vierundzwanzig Stunden, weiterhin, dass die Hilfstruppen aus England und Hannover in ihre jeweilige Heimat zurückgeschickt wurden, und dass die Truppen aus Hannover sich in das Herzogtum Lauenburg zurückziehen sollten. Ausgenommen waren einige Tausend Mann als Besatzung für Stade.

Für Hannover brachte diese voreilig geschlossene Vereinbarung keinerlei Vorteil. Später versuchte Georg II. sich diesen Bedingungen wieder zu entziehen und erkannte den Vertrag nicht an. Er zeigte sich aber tief beschämt über seinen Sohn Wilhelm, durch den er sich »ruiniert und entehrt« fühlte. Auch dieses Vater-Sohn-Verhältnis stand unter keinem guten Stern. Georg II. selbst fühlte sich an diesen Vorgängen unschuldig und erkannte seine eigene Verwicklung nicht an. Wilhelm August zog sich daraufhin weitgehend aus der Öffentlichkeit zurück und starb am 31. Oktober 1765. Immerhin hatte er sich als Pferdezüchter hervorgetan. Seine berühmten Hengste Eclipse und Herod gelten als Stammväter der englischen Vollblutpferde, die durch Einzüchtung von Araberpferden als Rennpferde ihre besonderen Talente wie Schnelligkeit und Ausdauer entwickelten. Eclipse diente dem Maler George Stubbs immer wieder als Model für seine zahlreichen Darstellungen von Pferden. Die Geschichte der ersten Araberpferde, die das englische Zuchtmaterial beeinflussten und zu den Stammvätern der englischen Vollblüter zählen, erzählt die Amerikanerin Marguerite Henry in ihrem 1949 erschienenen Welterfolg »Der König des Windes«. Diese fiktive Aufarbeitung über das Schicksal des Stammvaters der ersten Vollblut-Rennpferde in England um 1730 schildert nicht nur die Freundschaft zwischen einem jungen Pferdepfleger und seinem Pferd, dem Hengst Sham, sondern ist auch eine detaillierte Darstellung des Lebens in England zur Zeit Georgs II.

Das Ende des Siebenjährigen Krieges erlebte Georg II. nicht mehr mit. Er starb am 25. Oktober 1760 in London. Und damit beginnt der klassische Roman »Die Memoiren des Barry Lyndon« von William Makepeace Thackeray, der 1844 erschien und von den Erlebnissen eines irischen Abenteurers und Querkopfs erzählt. Barry Lyndons Odyssee durch Europa und seine Erlebnisse im Siebenjährigen Krieg inspirierten Stanley Kubrick 1975 zu seinem filmischen Epos über Krieg und Liebe in Europa um 1760:

> *In dem Jahr, in dem Georg II. starb, hatte unser Regiment die Ehre, an der Schlacht von Warburg teilzunehmen, […] und Prinz Ferdinand schlug die Franzosen dort abermals vernichtend.* […] *Ich will keinen Roman über den Siebenjährigen Krieg schreiben. Bei dessen Ende waren die Offiziere und Unteroffiziere der ob ihrer Disziplin und Tapferkeit so gerühmten preußischen Armee zwar gebürtige Preußen, doch bestand sie größtenteils aus Männern fast aller europäischen Nationen, die man als Söldner angeworben oder, wie mich, geraubt hatte. Deserteure gab es auf allen Seiten reichlich.*[38]

Thackeray mag zwar selbst kein Zeitzeuge des Krieges gewesen sein – er wurde 1811 in Kalkutta geboren. Doch seine Schilderungen der Grausamkeiten des Krieges und die Auswirkungen auf die Zivilbevölkerung wirken überaus präzise und erschreckend lebendig.

Im Jahre 1763 »erweichten der König und die Kaiserin, des langen Haders müde, ihren harten Sinn und schlossen endlich Friede«, heißt es in der Ballade »Lenore« von Gottfried August Bürger. Großbritannien und Portugal schlossen am 10. Februar in Paris Frieden mit Frankreich und Spanien, am 15. Februar folgte der Frieden von Hubertusburg zwischen Preußen und Habsburg. Der Siebenjährige Krieg, der nicht nur in Europa, sondern zum großen Teil auf anderen Kontinenten ausgefochten wurde, brachte Großbritannien erhebliche territoriale Gewinne in Indien, Afrika und Nordamerika in den Gebieten des heutigen Kanada und der USA. Im Klassiker »Der letzte Mohikaner« von James Fenimore Cooper werden diese Kämpfe in Nordamerika thematisiert. Cooper, der von 1789 bis 1851 in Amerika lebte, war ein weit gereister Mann, der auch Europa besucht hatte. Sein literarisches Vorbild war Sir Walter Scott, der die Devise prägte, ein historischer Roman müsse Ereignisse schildern, die vor mindestens sechzig Jahren stattfanden (»Sixty years hence«). 1826 veröffentlichte Cooper seinen Roman um den Freiheitskampf nordamerikanischer Indianer, die sich zu großen Scharen auf die Seite der Franzosen geschlagen hatten. Der Roman spielt 1757. Ihm zugrunde liegt die Eroberung von Fort William Henry, das von zweitausendzweihundert britischen Soldaten unter dem Befehl von George Munro gegen achttausend französische Soldaten, darunter zweitausend Indianer, verteidigt wurde. Die französischen Truppen nahmen das Fort schließlich ein. Die britischen Soldaten, die von den Franzosen frei gelassen wurden, gerieten auf ihrem Abmarsch in die Hände von Indianern, die die in ihren Augen zu milden Kapitulationsbedingungen der Franzosen nicht akzeptieren konnten. Die Briten sprachen aus Propagandagründen von anderthalbtausend Toten, in Wahrheit allerdings lag die Zahl wohl eher zwischen achtzig und hundertachtzig getöteten Soldaten. Dieses wenig erfreuliches Kapitel der Kämpfe in Nordamerika, die als »Franzosen- und Indianerkrieg« in die Geschichte eingingen, verwendet Cooper in seinem Roman als historische Kulisse.

Kapitel sieben
Der Ruhm lebt nicht vom Krieg allein

Mit Blick auf die Geschichte der Menschheit erscheint es oft so, als ob die Herrschaft der Könige vorwiegend von Kriegen geprägt sei. Aber natürlich gibt es auch ein Leben außerhalb all dieser politischen Verflechtungen. Georg II. ging nicht nur in die Annalen der Geschichte als Sieger von Dettingen ein, was ihm wohl tat, da er oft genug zur Zielscheibe für satirische Zeichnungen und bösartige Flugblätter geworden war und kaum mehr vom alten Ruf als »tapferer junger Soldat« zehren konnte. Denn nach Dettingen stieg seine Beliebtheit beim Volk, das bewunderte, wie ein Mann von sechzig Jahren, zumal auch noch König, sich selbst an die Spitze seiner Truppen gestellt hatte. Aber auch auf anderen Gebieten hatte der König durchaus seine Meriten. Seine große Zuneigung gehörte stets Hannover, dessen Regierungsgeschäfte hauptsächlich von der Deutschen Kanzlei in London betreut wurden, die ihren Sitz im St. James Palace hatte. Zu den Leitern der Kanzlei, die sich vor allem des Schriftverkehrs zwischen London und Hannover annahm, zählten zur Zeit Georgs I. Andreas Gottlieb von Bernstorff, der Georg 1714 nach London begleitet hatte, sowie Hans Caspar von Bothmer, Christian Ulrich von Hardenberg, der bis zum Ende der Regierungszeit Georg I. die Kanzlei verwaltet, Johann Phillip von Hattorf bis 1737, Ernst von Steinberg und von 1748 bis 1762

Philipp Adolf von Münchhausen. Dessen Bruder, Gerlach Adolf von Münchhausen, stand von 1730 bis 1770 vierzig Jahre lang an der Spitze der Regierung vor Ort in Hannover. Unter Georg III. leitete dann Johann Burchard von Behr aus dem niedersächsischen Stellichte bis 1771 die Deutsche Kanzlei in London.

In Kur-Hannover spielten vor allem die Landstände eine bedeutende Rolle, einem Relikt aus dem Mittelalter, aber entscheidend bei der Vertretung der Interessen der jeweiligen Landkreise (Landschaften). Ausgehend von der territorialen Zersplitterung des nominell noch bestehenden Herzogtums Braunschweig-Lüneburg und anliegender Fürstentümer konnte das Kurfürstentum nach und nach eine Vielzahl dieser Landschaften (noch heute haben die Landschaften in Niedersachsen auch als Kulturträger eine wichtige Funktion) mit den jeweiligen Landständen vereinigen. Während der größten territorialen Ausdehnung des Kurfürstentums waren es sieben Landschaften. Die Landstände blieben verhältnismäßig eigenständig. Mit dem Erwerb der Kurfürstenwürde und der dadurch bedingten Umwandlung des Herzogtums in ein Kurfürstentum fiel die Gerichtsbarkeit, die zuvor in den Händen des Reichs gelegen hatte, an ein eigenes Oberstes Gericht. 1711 entstand in Celle das Oberappellationsgericht, der Vorläufer des noch heute in Celle ansässigen Oberlandesgerichts.

Georg II. hatte neben seiner Fürsorge für seine Stammlande seit 1735 auch sehr persönliche Gründe nach Hannover zu reisen. Zwar liebte und verehrte er seine Frau Caroline von Ansbach sehr, doch hielt seine für damalige Gegebenheiten gut funktionierende Ehe den lebenslustigen

Monarchen nicht davon ab, wie andere Fürsten auch, sich die eine oder andere Mätresse zu gönnen. Bei einem seiner Besuche in Hannover lernte Georg 1735 die damals einunddreißigjährige Amalia Sophie Marianne von Wallmoden kennen. Seit acht Jahren war die einzige Tochter von Johann Franz von Wendt mit dem Grafen Adam Gottlieb von Wallmoden verheiratet. Das Ehepaar Wallmoden hatte zwei Kinder, Franz Ernst und Friederike. Georg verliebte sich Hals über Kopf in die Gräfin. Er schrieb an die vierzig Briefe über seine Verehrung für Amalia Sophie an seine eigene Frau Caroline. In einem dieser Briefe vertraute er ihr an: »… sie ist keine wirkliche Schönheit, hat aber angenehme Züge, ist nicht funkelnd geistreich, aber munter und amüsant. Und was das Herz angeht, ist sie gewiss das wunderbarste Geschöpf der Welt.«[39]

Die als duldsame und tolerante Frau bekannte Caroline mag zwar wenig begeistert über diese Offenherzigkeit ihres königlichen Gatten gewesen sein. Aber er hätte nicht im Traum daran gedacht, sie zu verlassen, so sehr er auch für seine Mätresse in Hannover schwärmte. Im Gegenteil – er fragte sowohl Caroline als auch Robert Walpole nach Ratschlägen hinsichtlich dieser Affäre. Graf Wallmoden war nach der Zahlung der damals sehr stattlichen Summe von tausend Dukaten durchaus bereit, sich aus den »ehelichen Verpflichtungen« zurückzuziehen und dem König den Vortritt zu lassen. 1736 gebar Amalia Sophia einen Sohn, der eindeutig Georgs Kind war, obgleich der König ihn nicht als solchen anerkannte. Das Kind, Johann Wilhelm, wurde später der hannoversche Feldmarschall von Wallmoden-Gimborn, der es nicht nur zu militärischem Ruhm brachte, sondern eine der größten und wichtigsten Kunstsammlungen der damaligen Zeit anlegte. Als Kind wuchs Johann Wilhelm nach der Übersiedlung seiner Mutter Amalia Sophia nach London 1738 im St. James Palace und im Kensington Palace auf. Amalia Sophia ging damals sozusagen offiziell als Mätresse Georgs II. an den Hof. Die Scheidung von ihrem Mann erfolgte 1740. Nach seiner Ausbildung trat Johann Wilhelm in den Militärdienst ein und lebte in Hannover, wo er im früheren Überschwemmungsgebiet der Leine Gärten anlegen ließ und im von ihm 1782 errichteten Wallmodenschloss den geeigneten Ort für seine rasch wachsenden Kunstsammlungen fand. Die einstigen Wallmodengärten und das zwischen 1780 und 1782 vom Baumeister Tänzel errichtete Wallmodenschlösschen wurden 1817 von Georg III. mitsamt der Antikensammlung und einer Bibliothek von mehr als achttausend Büchern erworben und sind heute als Georgenpalais und Georgengärten in Herrenhausen ein beliebter Anziehungspunkt für Spaziergänger und Liebhaber schöner Gartenanlagen und vor allem für Kunst. Denn das Georgenpalais ist heute der Sitz des international renommierten »Wilhelm Busch – Deutschen Museums für Karikatur und Zeichenkunst«. Das Museum beherbergt neben seiner umfassenden Sammlung an Werken von Wilhelm Busch noch die zahlreicher anderer Künstler wie William Hogarth, Honoré Daumier, Tomi Ungerer, Carl Barks sowie die vollständigen Nachlässe von unter anderem Ronald Searle und Friedrich Karl Wächter. Die Antikensammlung befindet sich inzwischen im Besitz der Welfen und wird als Dauerleihgabe im Archäologischen Institut in Göttingen gezeigt. Die

Gemäldesammlung befindet sich zum großen Teil im Braunschweiger Herzog Anton-Ulrich-Museum als Dauerleihgabe. Wallmoden erwarb 1782 vom Fürsten Schwarzenberg das Schloss Gimborn in Westfalen. Verheiratet war der Onkel des späteren Königs Georg III. mit Charlotte Christiane Auguste von Wangenheim. Obgleich Johann Wilhelm sich 1803 den napoleonischen Truppen ergeben musste, galt er als einer der besten Militärs seiner Epoche. 1811 starb er in seiner Geburtsstadt Hannover.

Seine Mutter Amalia Sophia hatte sich in England erstaunlich gut eingelebt und wurde am Hof als erste Mätresse geachtet. Auch wenn es ihr nicht leicht gefallen war, Hannover zu verlassen und sich in ein ihr völlig fremdes Umfeld zu begeben, wurde sie erstaunlich rasch mit ihrer Rolle bei Hof fertig. Der König, der es zuvor keine zwölf Monate ohne sie ausgehalten hatte, und deshalb öfter, als es seinen Londoner Ratgebern wünschenswert schien, nach Hannover gereist war, musste nun nicht mehr jedes Jahr zurück an die Leine reisen, um seine »bescheidene, nicht hochmütige und von munterem Verstand beseelte«[40] Geliebte zu sehen. Im Prinzip nahm sie die Stelle einer Ehefrau ein, aber Georgs Schwur, er wolle nach dem Tod Carolines nie mehr heiraten, verhinderte eine offizielle Eheschließung. Georg hatte seine Geliebte zur Gräfin von Yarmouth erhoben und ihr einen allerdings nicht erblichen Titel verliehen, um ihre Stellung bei Hof zu untermauern. Zudem vermachte er ihr ein Haus in der Leinstraße in Hannover, das im Zweiten Weltkrieg vollständig zerstört wurde. Obwohl sie dieses Haus noch ausbauen ließ und es über einen prächtigen Festsaal verfügte, wohnte sie dort nur sehr selten, da sie weitgehend in London blieb.

Wenn sie den König nach Hannover begleitete, nächtigten beide in Herrenhausen.

In besonderer Erinnerung bleibt Georg II. in Deutschland nicht so sehr wegen seiner politischen Herausforderungen, sondern vor allem wegen der Gründung der Universität Göttingen, nicht nur die älteste, sondern heute die mit fast siebenundzwanzigtausend Studenten größte Universität Niedersachsens. Im Jahre 1732 hatte er in seiner Funktion als hannoverscher Kurfürst die Gründung einer Universität beschlossen. Vierzig Jahre zuvor war in Halle eine Universität entstanden, die als Lehrstätte im Geiste der Aufklärung auch für Göttingen Vorbildcharakter haben sollte. Um 1730 bedurfte es noch eines besonderen kaiserlichen Privilegs für die Anerkennung der Abschlüsse an einer Universität. Karl VI. erteilte dieses Privileg 1733 dem hannoverschen Gesandten am Wiener Hof, Johann Diede zum Fürstenstein. In einer Schrift, die der König 1733 an die Calenberger Landschaft aufsetzen ließ, begründet er unter anderem die Wahl des Ortes für seine Universität:

> *Wegen des Ohrts, wo gedachte Universität anzulegen, fanden Wir, dass Unsere Stadt Göttingen desfals einen mercklichen Vorzug habe, nicht allein wegen ihrer anmuhtigen und gesunden Situation und fruchtbaren Gegend, welche die Lebensmittel und Zufuhr allda wohlfeil und leicht machet, sondern auch weil allda schon ein Gymnasium ist, welches in eine Universität zu verwandeln und zu dieser die Reditus des Gymnasii mit zu Hülfe zu nehmen, viel kürzer und profitabler seyn wird, als wann man zu Stifftung der neuen Universiktät lauter ganz neue Mittel und Fonds ausfinden und zusammenbringen wollte und müsste. Dazs eine wohl*

angeordnete Evangelische Universität ein hochschätzbares Kleynod eines Evangelischen Etats sey, ist so klahr, dazs euch zu nahe geschehen würde, wenn man euch nicht zutrauen wollte, dazs ihr solches von selbst genugsam begreifet.[41]

Im Gründungsprivileg vom 7. Dezember 1736 wurde Zensurfreiheit festgeschrieben, die besagte, dass die Lehrer der neuen Universität: »... zu ewigen Zeiten vollkommene und unbeschränkte Freyheit, Befugniss und Recht haben sollen, öffentlich und besonders zu lehren.« In Göttingen besaß die theologische Fakultät, die in Halle noch an erster Stelle stand, keine den andern Fakultäten übergeordnete Stellung und wurde den anderen Lehrveranstaltungen gleichgestellt.

Fraglich bleibt natürlich, ob der eigentliche Gründer der Göttinger Georg-August-Universität (Georgia Augusta), Gerlach Freiherr von Münchhausen, unter Zensurfreiheit das verstand, was sie heute bedeutet. Wohl eher nicht. Aber man muss dies im Kontext des in den europäischen Ländern noch dominierenden Absolutismus sehen. Zudem übten die Professoren eine strikt beachtete Selbstzensur, um es sich nicht mit den Geheimen Räten in Hannover zu verscherzen. Die von ihnen ausgeübte Zensur galt dementsprechend nach den ausdrücklichen Bestimmungen des Gründungsprivilegs für alle nichtuniversitären Druckerzeugnisse in Göttingen. Wie das in der Praxis aussah, kann man in Ulrich Hungers Schrift »Die Georgia Augusta als hannoversche Landesuniversität. Von der Gründung bis zum Ende des Königreichs« nachlesen:

Die Akademie [d. h. die Universität] *soll darauf sehen, dass nichts die Druckpressen verlässt, was nicht ihrer Zensur un-*

terlag. Aber auch die Professoren, fremder Zensur nicht unterworfen, sollen umso sorgfältiger geziemend darauf achten, dass sie nichts ins Volk bringen, wofür sie dem Geheimen Rat des Erlauchten Königs keine Rechenschaft ablegen können.[42]

Zu den herausragenden Gelehrten jener Zeit, die Münchhausen nach Göttingen verpflichtete, zählte Johann Matthias Gesner, der aus der Gegend von Nürnberg stammte und als ein hochgebildeter und belesener Philologe galt. Er hatte bereits eine Karriere als Lehrer und Bibliothekar an mehreren wichtigen Bildungsstätten hinter sich, darunter in Leipzig und Weimar, und kam nun 1734 nach Göttingen, wo er bis zu seinem Tod im Jahre 1761 blieb. Unter anderem baute er die Bibliothek der Universität aus, die er auf mehr als dreitausend Bücher aufstockte. Ein anderer Gelehrter, der schon gleich zu Beginn der Lehrtätigkeit der Georgia Augusta verpflichtet wurde, war Christian Gottlob Heyne, der gemeinsam mit Gesner die Leitung der Bibliothek übernahm. Heyne, 1729 in Chemnitz geboren, starb 1812 und gilt als einer der Vordenker des Klassizismus. Zudem übersetzte er Texte aus dem Griechischen und dem Latein und findet in Goethes »Die Leiden des jungen Werther« Erwähnung als Experte für die Werke aus der Antike. Auch der Schweizer Universalgelehrte Albrecht von Haller erhielt 1736 einen Ruf nach Göttingen, wo der Naturwissenschaftler den botanischen Garten gründete, den er bis 1751 leitete. Noch heute werden die rund zwölftausend verschiedenen Pflanzenarten im inzwischen fünf Hektar großen Garten von dem Albrecht-von-Haller-Institut für Pflanzenwissenschaften betreut. Haller selbst trat auch als Dichter an die Öffentlichkeit und publizierte unter anderem das im 18. Jahrhundert zur Allgemeinbildung zählende opulente Werk »Die Alpen«, aus dem diese Zeilen stammen:

Zwar die Natur bedeckt dein hartes Land mit Steinen,
Allein dein Pflug geht durch, und deine Saat errinnt;
Sie warf die Alpen auf, dich von der Welt zu zäunen,
Weil sich die Menschen selbst die größten Plagen sind;
Dein Trank ist reine Flut und Milch die reichsten Speisen,
Doch Lust und Hunger legt auch Eicheln Würze zu;
Der Berge tiefer Schacht gibt dir nur schwirrend Eisen,
Wie sehr wünscht Peru nicht, so arm zu sein als du!
Dann, wo die Freiheit herrscht, wird alle Mühe minder,
Die Felsen selbst beblümt und Boreas gelinder.[43]

Georg II. ernannte den international berühmten Wissenschaftler und Dichter zum ersten Präsidenten der Göttinger Akademie der Wissenschaften.

Ein Absolvent der Göttinger Universität war auch der 1766 in Lauenburg geborene Joachim von Schwarzkopf, der heute als der Vater der deutschen Zeitungswissenschaft gilt. Er studierte in Göttingen von 1783 bis 1786 Jura und trat dann in den diplomatischen Dienst des Kurfürstentums Hannover. Schon früh engagierte er sich für eine Verbesserung des deutschen Zeitungswesens nach englischem Vorbild. Ganz im Geiste der Aufklärung wandte er sich gegen Zensur und vor allem gegen die »geistige Unfreiheit«, indem er sich unter anderem 1795 in dem in Frankfurt erschienenen Werk »Über Zeitungen« dafür aussprach, auch für Frauen Zeitungen und Zeitschriften zu publizieren, die über die engen Grenzen männlicher

Bevormundung hinausgehen und den Frauen einen über Haushalt und Familie hinausreichenden literarischen Horizont zu vermitteln. Als Diplomat in Diensten Großbritanniens und des Kurfürstentums lebte er einige Zeit in Frankfurt, wo er mehrere Werke über den Sinn und Zweck von Zeitungen veröffentlichte, darunter auch über politische Zeitungen und »Intelligenzblätter«. Seit 1792 war er korrespondierendes Mitglied der Göttinger Societät der Wissenschaften. Er starb 1806 in Paris.

Obgleich sich die Universität zu Göttingen schon in den ersten Jahrzehnten des 18. Jahrhunderts einen bedeutenden Ruf als eine der führenden Universitäten Deutschlands erwarb, gab es doch auch immer wieder sarkastische Anmerkungen zu der »kleinen Stadt mit der großen Universität«. So vermerkt der Dichter Heinrich Heine in seiner 1826 publizierten »Harzreise«:

> *Die Stadt Göttingen, berühmt durch ihre Würste und Universität, gehört dem Könige von Hannover, und enthält 999 Feuerstellen, diverse Kirchen, eine Entbindungsanstalt, eine Sternwarte, einen Karzer, eine Bibliothek und einen Ratskeller, wo das Bier sehr gut ist. Der vorbeifließende Bach heißt »die Leine«, und dient des Sommers zum Baden; das Wasser ist sehr kalt und an einigen Orten so breit, daß Lüder wirklich einen großen Anlauf nehmen mußte, als er hinübersprang. Die Stadt selbst ist schön, und gefällt einem am besten, wenn man sie mit dem Rücken ansieht. Sie muß schon sehr lange stehen; denn ich erinnere mich, als ich vor fünf Jahren dort immatrikuliert und bald darauf konsiliiert wurde, hatte sie schon dasselbe graue, altkluge Ansehen, und war schon vollständig eingerichtet mit Schnurren, Pudeln,*

Dissertationen, Teedansants, Wäscherinnen, Kompendien, Taubenbraten, Guelfenorden, Promotionskutschen, Pfeifenköpfen, Hofräten, Justizräten, Relegationsräten, Profaxen und anderen Faxen. …

Im allgemeinen werden die Bewohner Göttingens eingeteilt in Studenten, Professoren, Philister und Vieh; welche vier Stände doch nichts weniger als streng geschieden sind. Der Viehstand ist der bedeutendste. Die Namen aller Studenten und aller ordentlichen und unordentlichen Professoren hier herzuzählen, wäre zu weitläufig; auch sind mir in diesem Augenblick nicht alle Studentennamen im Gedächtnisse, und unter den Professoren sind manche, die noch gar keinen Namen haben. Die Zahl der Göttinger Philister muß sehr groß sein, wie Sand, oder besser gesagt, wie Kot am Meer; wahrlich, wenn ich sie des Morgens, mit ihren schmutzigen Gesichtern und weißen Rechnungen, vor den Pforten des akademischen Gerichtes aufgepflanzt sah, so mochte ich kaum begreifen, wie Gott nur so viel Lumpenpack erschaffen konnte.[44]

In dieselbe Zeit wie die Gründung der Göttinger Universität fällt auch noch ein anderes wichtiges Ereignis. 1735 erhielt Gerlach von Münchhausen den Auftrag, bei Celle ein Landgestüt zu etablieren. Georg II. zeigte sich erpicht, nach der Einrichtung des Oberappellationsgerichtes und des 1710 vom damaligen Kurfürsten Georg Ludwig erbauten Gefängnisses in Celle, das damit das älteste Gefängnis Deutschlands ist, zusätzlich das Landgestüt in Celle zu gründen. Dies sollte als Ausgleich dafür dienen, dass die kleinere Residenzstadt in den Schatten Hannovers geraten war. Alle Mitglieder des englischen Königshauses aus dem Haus Hannover verband ihre Begeisterung für Pferde. Zu den Zielen des Landgestüts gehörten zum einen das Angebot für Landwirte der Gegend, ihre Stuten durch aus England eingeführte, hochwertige Hengste decken zu lassen, zum anderen dadurch den Bedürfnissen der Kavallerie gerechtzuwerden. Diese musste nun ihre Pferde nicht mehr mühsam mit dem Schiff aus England beziehen, sondern konnte sich »vor Ort« mit guten Pferden versorgen. Das Zuchtziel war, die einheimischen schweren Warmblutpferde mit den schlankeren, schnelleren englischen Vollblütern zu kreuzen. Das Konzept ging auf. Und selbst in den größten Krisenzeiten, wie zum Beispiel während des Siebenjährigen Krieges, als der Bestand an Pferden stark zurückging, musste das Gestüt nicht geschlossen werden. Nach dem Krieg erholte es sich rasch, und um 1780 grasten etwa siebenundachtzig Deckhengste und an die dreitausend Fohlen auf den Weiden des Anwesens. Das Gestüt existiert heute noch und lädt jedes Jahr im September an zwei Wochenenden zur großen Celler Hengstparade mit einem umfangreichen Begleitprogramm ein.

Die dreiunddreißig Jahre der Herrschaft Georgs II. und die nachfolgenden Jahre unter seinem Enkel Georg III. waren vor allem in kultureller Hinsicht in Großbritannien eine sehr fruchtbare Epoche. In der Musik regierte noch immer Georg Friedrich Händel, der wiederholt schöpferische Krisen durchlaufen musste. Dank des »Messias« fand Georg Friedrich Händel wieder zu seiner alten Schaffenskraft zurück, und die blieb ihm bis zu seinem Tod im Jahre 1759 erhalten. An Händels Ruhm kam in England kein anderer Komponist jener Zeit auch nur annähernd heran. Zur selben Zeit wirkte in England William Boyce.

Auch der Bach-Sohn Johann Christian Bach lebte hier. Er war von 1762 bis 1772 am Hofe Georgs III. zunächst als Musiklehrer von Königin Charlotte Sophie aufgenommen worden und fand dann als Musikunternehmer und Komponist sein Auskommen. Ein weiterer in seiner Zeit erfolgreicher Komponist war Thomas Arne, der von 1710 bis 1778 lebte und zu dessen noch heute bekannten Werken neben komischen Opern und mehreren Oratorien vor allem die Melodie der inoffiziellen englischen Nationalhymne »Rule, Britannia, rule the waves« zählt.

When Britain first at Heavn's command
Arose from out the azure main;
This was the charter
And guardian angels sang this strain;
Rule, Britannia! Rule the waves!
Britons never will be slaves.

Die heute offizielle Nationalhymne »God save the Queen« oder auch, je nach Geschlecht des Monarchen, »God save the King« hat einen eher ungewissen Hintergrund. Die Melodie stammt wahrscheinlich aus dem frühen 17. Jahrhundert, vielleicht komponiert von John Bull (1563–1628). Erstmals öffentlich gesungen aber wurde das Lied im Jahre 1745, nachdem »Bonnie Prince Charlie« im Jahr vor der Schlacht bei Culloden die englischen Truppen bei Edinburgh besiegt hatte. In einem Aufwallen patriotischer Gefühle wurde dieses Lied daraufhin im Londoner Theatre Royal an der Drury Lane gesungen. Wenig später eilte es von Theater zu Theater und vereinte die Londoner Bevölkerung in ihrem Willen, sich nicht einer erneuten

Stuart-Monarchie zu unterwerfen. Auch Händel benutzte die Melodie dieses Lieds. das als patriotisches Bekenntnis lebendig blieb, und selbst Komponisten wie Ludwig van Beethoven inspirierte. Auf diese bauten viele andere Nationen ihre eigenen Hymnen auf, so das zaristische Russland, das Deutsche Reich nach 1871 und bis zum heutigen Tag das Fürstentum Liechtenstein. Zur Zeit der Personalunion lautete die erste Strophe wie folgt:

God save our gracious King
Long live our noble King,
God save the King!
Send him victorious,
Happy and glorious,
Long to reign over us;
God save the King!

1764 kam der junge Wolfgang Amadeus Mozart zu Besuch nach London und spielte vor Georg III. und seiner damals erst neunzehnjährigen Ehefrau Charlotte Sophia von Mecklenburg-Strelitz, mit der Georg fünfzehn Kinder hatte. Der Älteste, der spätere Georg IV., war gerade zwei Jahre alt, als das Wunderkind Mozart am englischen Hof musizierte. Auch andere Komponisten besuchten die Weltstadt London, die um 1750 bereits an die siebenhunderttausend Einwohner zählte – im Vergleich dazu war Hannover mit ca. vierzehntausend Einwohner eine eher beschauliche Kleinstadt, ein Eindruck, der sich in den Jahrzehnten danach noch verstärkte: Um 1830 lebten in London anderthalb Millionen Menschen, in Hannover gerade mal dreiundzwanzigtausend.

Auch in der Literatur erlebte Großbritannien im 18. Jahrhundert eine Blütezeit. Zu den Lyrikern zählten neben Alexander Pope, Thomas Gray und Samuel Johnson auch Mary Wortley Montagu, geboren 1689, die als junge Frau 1716 Kur-Hannover bereist hatte und notierte:

> *Hannover ist weder groß noch schön. Allein das Schloss könnte einen weit zahlreicheren Hof fassen als das zu St. James. Der König hat die Güte gehabt, uns eine Wohnung in einem Teil des Schlosses anweisen zu lassen, sonst würden wir hier sehr übel versorgt gewesen sein. Denn die Menge der Engländer macht die Stadt so volkreich, dass es ein Glück ist, wenn man eine elende Kammer in einem jämmerlichen Wirtshaus erhält … Hier sieht man keine von den schönen Edelsitzen, die bei uns so allgemein sind, auch nichts, was einem Landedelmannshause ähnlich ist, obgleich sie viele vollkommen schöne Gegenden haben. Das ganze Volk steht entweder unter unumschränkten Herrschaften, wo alle Reichtümer und Pracht nur an den Höfen sind, oder unter Kaufmannsgesellschaften wie in Nürnberg und Frankfurt, wo man zur Bequemlichkeit des Handels immer in der Stadt wohnt.* […] *Der König hält beständig zu Mittag und zu Abend öffentliche Tafel. Der Hof ist zahlreich, des Königs Leutseligkeit und Güte machen ihn zum angenehmsten Aufenthalt der Welt.*[45]

Mary Montagu wurde vor allem durch ihre Berichte aus der Türkei bekannt, wohin ihr Mann 1716 für ein Jahr als Botschafter berufen worden war. In der Türkei erlebte sie die ersten erfolgreichen Pockenimpfungen, die sie dann auch an ihren eigenen Kindern praktizieren ließ. Die Erfahrungen als Frau des frühen 18. Jahrhunderts in einem islamischen Land erschienen auch in deutscher Übersetzung mit dem Titel »Briefe aus dem Orient«.

Unter den Dramatikern ragen Oliver Goldsmith, John Gay und Richard Sheridan aus der Fülle erfolgreicher Autoren heraus. In der Prosa waren es neben Samuel Richardson (»Pamela oder Die belohnte Tugend«) die Schriftsteller Henry Fielding (»Tom Jones«, »Joseph Andrews«) und vor allem Laurence Sterne, dessen neunbändiger Roman »Tristram Shandy«, erschienen zwischen 1759 und 1767, Bahn brechend für die moderne Literatur ist.

Mit Daniel Defoes »Robinson Crusoe«, 1719 veröffentlicht und auf den wahren Erlebnissen eines Matrosen namens Alexander Selkirk basierend, erschien der erste realistische Roman der Literaturgeschichte. Seinen Robinson, Sohn eines aus Bremen stammenden Kaufmanns, verschlägt es für achtundzwanzig Jahre auf eine einsame Insel, wo er nach dreiundzwanzig Jahren Einsamkeit in dem »Wilden« Freitag, den er rettet, einen treuen Gefährten findet:

> *... Der arme Flüchtling war, obgleich er seine beiden Feinde niedergestreckt sah, doch so durch Feuer und Knall meines Gewehrs entsetzt, daß er wie eine Bildsäule stand und sich nicht vom Fleck rührte. Dabei schien er aber eher geneigt, zu fliehen als zu mir zu kommen. Ich rief ihn nochmals an und winkte ihm herbeizukommen. Er machte einige Schritte vorwärts, blieb dann stehen, ging wieder einige Schritte und hielt hierauf abermals inne. Ich sah, wie er zitterte, als ob er ebenso sterben zu müssen glaube wie seine beiden Feinde. Auf mein Winken und meine Zeichen zur Ermuthigung kam*

er näher und kniete alle zehn bis zwölf Schritte nieder, um seine Dankbarkeit dafür anzudeuten, daß ich ihm das Leben gerettet. Ich sah ihn lächelnd und freundlich an und forderte ihn mit Winken auf, noch näher zu kommen. Endlich befand er sich dicht bei mir, kniete abermals nieder, küßte die Erde, legte den Kopf auf den Boden, ergriff meinen Fuß und stellte diesen auf seinen Kopf. Er wollte damit, wie es schien, andeuten, daß er für alle Zeit mein Sklave sein werde.[46]

Jahre später nimmt Robinson Freitag, den er inzwischen europäische Sitten gelehrt und zum Christentum bekehrt hat, mit nach England. Der Roman wurde schon wenige Jahre nach dem Erscheinen ins Deutsche übersetzt und liegt in zahlreichen Neuübersetzungen vor. Auch für Filme hielt er immer wieder her, unter anderem mehrere Male in der Stummfilm-Ära und später, etwa 1988, mit Aidan Quinn als Robinson oder 1997 mit dem ehemaligen James-Bond-Darsteller Pierce Brosnan in der Hauptrolle. Defoes Chronik »Die Pest zu London«, erschienen 1722, dokumentiert, dass er auch als Journalist und genauer Beobachter seiner Zeit ein meisterlicher Autor war. Seine Kritik an Missständen in der sozial auseinanderklaffenden Gesellschaft um 1720 sowie an der Intoleranz der Anglikanischen Kirche gegenüber Andersdenkenden brachte ihn sogar für kurze Zeit ins Gefängnis. Mit »Moll Flanders«, der in Ich-Form erzählten Biografie eines armen Mädchens aus dem Volk, das alles tut, um zu überleben, untermauerte Defoe seinen bis heute währenden Ruhm. Er starb 1731 im Alter von einundsiebzig Jahren.

Ihm ebenbürtig ist Jonathan Swift, geboren 1667 in Dublin, wo er 1745 auch starb. Swift diente in Dublin lange Jahre der Kirche. Er schrieb nicht nur sein mehrteiliges Meisterwerk »Gullivers Reisen«, gespickt mit satirischen Anmerkungen zur englischen Politik und eine versteckte Attacke gegen die britische Oberschicht, sondern auch eine Reihe großartiger Essays zu theologischen und politischen Fragen. Eine seiner berühmten Abhandlungen ergreift Partei für seine Heimat Irland, ein Land, das damals schon mehrere hundert Jahre unter englischer Oberherrschaft stand, und, wie Swift immer wieder betonte, von seinen Londoner Herren ausgesaugt und ausgenutzt wurde. In seinem Essay über Irland schreibt er:

… Es ist ein sehr melancholischer Gedanke, dass ein Land wie unsres, während es imstande ist, alles zum Leben Nötige und das meiste, was das Leben behaglich macht, in genügender Menge hervorzubringen, um die vierfache Zahl seiner Einwohner zu ernähren, dennoch unter der schwersten Last des Elends und Mangels leben muss; dass unsere Strassen von Bettlern wimmeln und dass so viele unserer ärmeren Kaufleute, Arbeiter und Handwerker für die Ihren weder Kleidung noch Nahrung zu finden vermögen.

Ich denke, es wird deshalb nicht ohne Nutzen sein, wenn ich euch die Hauptursachen dieser elenden Lage, in der wir uns befinden, darlege; dann wird man leichter sagen können, welche Hilfsmittel in unsrer Macht stehen, um wenigstens einen Teil dieser Übel zu beseitigen.

Denn es ist ewig zu beklagen, dass wir unter vielen Nachteilen leiden, die nicht durch uns verschuldet, die uns allein eigen sind, und über die keine andre Nation unter dem Himmel zu klagen je Grund gehabt hat.

Ich will daher zunächst einige Ursachen unsres Elends erwähnen, denen wir, wie ich glaube, nicht abhelfen können, bevor Gott es denen, die stärker sind, ins Herz gibt, uns die allergewöhnlichsten Rechte und Privilegien der Brüder, der Mituntertanen, ja, der Menschen zu verleihen.

Die erste Ursache unsres Elends liegt in dem unerträglichen Druck, der auf jeden Zweig unsres Handels ausgeübt wird, so dass wir für unsre strengen Nachbarn geworden sind als wie Holzhauer oder Wasserträger.

Die zweite Ursache unsrer elenden Lage liegt in der Narrheit, der Eitelkeit und Undankbarkeit jener ungeheuren Zahl, die sich für zu gut halten, um in dem Lande, das ihnen das Leben gab und ihnen noch immer ihr Brot gibt, zu leben; und die ihre Tage lieber unter denen verbringen, die sie von Herzen verachten, die dort ihren Reichtum verzehren und ihrem Mutterlande die Eingeweide aus dem Leibe ziehen.[47]

Die englischen Publizisten unter der Regierung der ersten Könige aus Hannover scheuten keine Konfrontation und nutzten sehr geschickt den Humor, vor allem die Ironie, um heikle Themen aufzugreifen. Mit einer großen stilistischen Vielfalt thematisierten sie Missstände wie Zwangsehen und soziale Unterdrückung, Korruption und Heuchelei. Parallel dazu erreichte die satirische Zeichenkunst in England eine erste Blüte. Zu der großen Zahl satirischer Zeichner zählte zum Beispiel William Hogarth (1697–1764). Berühmt-berüchtigt wurde er vor allem durch seine »Modern Moral Subjects«, satirische Bilderbögen über alltägliche Laster und Verfehlungen. Die Protagonisten sind unter anderem eine Prostituierte, ein Wüstling und der verarmte Sohn einer Adelsfamilie.

Ein weiterer noch heute bekannter Zeichner war James Gillray (1757–1815), der Georg III., dessen Sohn Georg, den späteren Georg IV., sowie zahlreiche Politiker des ausgehenden 18. Jahrhunderts in den Mittelpunkt seiner Satiren stellte. Neben der politischen Elite Englands nahm er auch die Französische Revolution aufs Korn, später dann Napoleon. Der Karikaturist Thomas Rowlandson (1756–1827) wurde nicht nur wegen seiner satirischen Schilderungen englischen Lebens, sondern auch wegen seiner pornografischen Bilder in manchen Kreisen populär, in anderen Kreisen geächtet. Auch ihm ging es in erster Linie darum, verhasste Eigenschaften wie Heuchelei und Doppelmoral anzuprangern.

England galt als eines der fortschrittlichsten Länder im Hinblick auf Meinungsfreiheit und Zensur, selbst wenn es auch hier Grenzen der Toleranz gab. Doch im Vergleich zu Deutschland, wo es die satirische Zeichnung erst seit den napoleonischen Kriegen und in bescheidenem Ausmaß gab, gedieh die Kunst der Karikatur in Großbritannien vor allem deshalb, weil die Zensur, was auch im Zeitungswesen zu spüren war, weniger eng und absolutistisch vorging. Die beliebtesten Objekte für die spitze Feder der englischen Künstler waren Georg II., mit dessen Regentschaft die sprunghafte Entwicklung der Satire einherging, später der als »Farmer George« titulierte Georg III., der diesen Namen auch aufgrund seiner Begeisterung für das Landleben mit all seinen einfachen Freuden erhielt, und vor allem George IV. Der Prince of Wales, der viele Jahre auf die Thronfolge warten musste, war schon in jungen Jahren eine begehrte Zielscheibe der Karikaturisten, insbesondere aufgrund seines ausschweifenden Lebensstils, seiner Leidenschaft für Mode, Essen, Trinken und Frauen. Bösartige Blätter, die anonym auf den Markt kamen und reißenden Umsatz fanden, zeigten »Prinny«, wie der »ewige« Prince of Wales im Volksmund hieß, vor allem auch in erotischen Momenten. Seine später offiziell für ungültig erklärte Ehe mit der zweifach verwitweten Katholikin Maria Fitzherbert beispielsweise bot reichlich Stoff für boshafte Zeichnungen, die Georgs Vater ein ständiger Dorn im Auge waren. Sie bestätigten die ohnehin wenig hohe Meinung des Königs von seinem lebenshungrigen und lasterhaften Erstgeborenen.

Doch nicht nur auf dem Gebiet der Satire ernteten die englischen Künstler einen Ruhm, der bis heute nachhallt und immer wieder Anlass gibt für große Ausstellungen im hannoverschen Wilhelm Busch Museum für Karikatur und Zeichenkunst im Georgenpalais. Einen solchen Anlass bieten die Feiern zum dreihundertjährigen Jubiläum der Personalunion. Unter dem Titel »Königliches Theater – Britische Karikaturen aus der Zeit der Personalunion und der Gegenwart« werden von Mai bis Oktober 2014 Beispiele dieser großen künstlerischen Tradition gezeigt.

In den Museen der Welt hängen aber auch die offiziellen Porträts des englischen Adels, Gemälde mit Darstellungen historisch relevanter Schlachten und Truppenaufzüge, nicht zu vergessen die Bilder von höfischen Festen und gesellschaftlichen Vergnügungen wie Jagd und Tanz. »The Blue Boy« von Thomas Gainsborough, entstanden 1770, heute in der Huntington Library in San Marino in Kalifornien, und »Der Morgenspaziergang« aus dem Jahr 1785, der in der Londoner National Gallery hängt, zählen zu den Meisterwerken der zweiten Hälfte des 18. Jahrhunderts. Der sehr präzisen Kunst Gainsboroughs sind die auch heute noch fesselnden detaillierten Einblicke in Mode und Gebaren der königlichen Familie unter Georg III. zu verdanken. Eines seiner Porträts zeigt Charlotte von Mecklenburg-Strelitz kurz vor ihrer Heirat mit Georg III. in einem mit Goldfäden durchwirkten Gewand und einer der Haarmode ihrer Epoche entsprechenden kunstvoll drapierten Frisur. Auch Joshua Reynolds und George Stubbs, der vor allem durch seine Pferdebilder berühmt wurde, der Landschaftsmaler John Constable, zu dessen herausragensten Werken »Die Kathedrale von Salisbury« gehört, und schließlich William Turner, dessen schon in die Abstraktion abgleitenden Bilder als Vorboten der Moderne gelten können, bilden künstlerische Höhepunkte der englischen Malerei zur Zeit der Personalunion.

Nicht zu vergessen die Architektur. Wer einmal die irische Hauptstadt Dublin besucht hat, kennt den Begriff der »Georgian Houses«: sehr gradlinig geschnittene Häuser, meist aus Backstein, mit Haustüren in leuchtenden Farben – die irische Variante der georgianischen Architektur, die sich durch ihre strengen Linien und ihre Anlehnung an klassische Vorbilder auszeichnet. Diese Häuser, von denen es im heutigen London ebenfalls noch zahlreiche Beispiele zu sehen gibt, waren sozusagen die englische Antwort auf den französisch geprägten Barock. Der Einfluss des Barock, der vom europäischen Kontinent Ende des 17. Jahrhunderts nach England importiert worden war, inspirierte Architekten wie John Vanbrugh und Nicholas Hawksmoor zum Bau großartiger Schlösser, darunter Blenheim Castle, der Besitz der Herzöge von Marlborough, oder opulenter

Kirchenbauten, darunter Christopher Wrens St. Paul's Cathedral in London.

Doch mit Beginn der Regierung der hannoverschen Könige ebbte der barocke Bauboom wieder ab. Eine wichtige Rolle spielten nun Architekten wie der Schotte Robert Adam oder der ebenfalls aus Schottland stammende William Chambers, der Somerset House in London erbaute und an der Gestaltung der Kew Gardens mitwirkte, und schließlich James Wyatt, der sich mit seinem Schaffen der Neugotik zuwandte und die Kathedralen von Salisbury und Denham zum Teil recht willkürlich, angeblich nach dem Vorbild der mittelalterlichen Gotik, renovierte. Zu den größten Architekten des ausgehenden 18. Jahrhundert rechnet man John Nash, zu dessen Bauwerken in London der vielbesuchte Marble Arch unweit des Buckingham Palace zählt. Dieser Triumphbogen wurde 1827 errichtet, also zehn Jahre vor Ende der Personalunion, und im achten Regierungsjahr von Georg IV.

Was aber geschah auf kulturellem Gebiet in derselben Zeit im Kurfürstentum Hannover? Was die Architektur betrifft, so entstanden dort viele ansehnliche Bauten, darunter das bereits erwähnte Wallmoden-Schlösschen, heute Georgenpalais. 1829 erbaute Hannovers bedeutender Baumeister Georg Ludwig Friedrich Laves das Wangenheimpalais, das Hannovers letztem König Georg V. als Residenz diente und heute das niedersächsische Wirtschaftsministerium beherbergt. Hannover konnte sich zwar nicht mit London messen, immerhin die Hauptstadt eines aufstrebenden Weltreiches und Zentrum weltweiten Handels und exotischer Importe. Aber der Geheime Rat Ernst Brandes, der von 1758 bis 1810 in Hannover lebte und als

Jurist und Politiker wirkte, meinte über die Stadt, die über ein solides Bildungsbürgertum verfügte:

> *Man hatte die höfische Etikette beibehalten, sich aber darin so gemütlich wie möglich eingerichtet. Für einen Angehörigen der »hübschen Familien« ist das Leben in Hannover in der zweiten Hälfte des 18. Jahrhunderts durchaus lebenswert.*[48]

Da Hannover selbst keine Universität besaß, schickte man die Söhne zum Studium nach Göttingen. Und immerhin gab es einen regen Austausch zwischen der Göttinger Universität und der Schweiz, aus der Ärzte, Naturkundler und Gelehrte kamen und auch in Hannover Halt machten. Männer wie Herder wirkten in Bückeburg und Lessing in Wolfenbüttel.

> *Je mehr sich bei Erforschung der Natur die Erfahrungen und Versuche häufen, desto schwankender werden die Theorien. Es ist aber immer gut, sie nicht gleich deswegen aufzugeben. Denn jede Hypothese die gut war, dient wenigstens, die Erscheinungen bis auf ihre Zeit gehörig zusammen zu denken und zu behalten. Man sollte die widersprechenden Erfahrungen besonders niederlegen, bis sie sich hinlänglich angehäuft haben, um es der Mühe wert zu machen ein neues Gebäude aufzuführen.*[49]

Den Mann, der diese Zeilen schrieb, verbindet man seit dem 18. Jahrhundert mit dem Begriff »Aphorismus«: Er war einer der herausragenden Gelehrten an der Göttinger Universität: Georg Friedrich Lichtenberg. Lichtenberg wurde 1742 in der Nähe von Darmstadt geboren. Seit seiner frühen Kindheit litt das siebzehnte Kind eines

Pfarrers unter einer Wirbelsäulenverkrümmung. Dank eines Stipendiums des hessischen Landgrafen kam der hochbegabte Junge 1763 zum Studium nach Göttingen. Er studierte Mathematik, Astronomie und Physik. Zu den Höhepunkten jener Jahre zählten für Lichtenberg zwei Englandreisen, bei denen er unter anderem den Erfinder und Konstrukteur neuartiger Dampfmaschinen, James Watt, kennenlernte. Diese »Bildungsreisen« prägten Lichtenberg stark. 1793 wurde der inzwischen weit über die Landesgrenzen hinaus hochgeschätzte Wissenschaftler, der als Experte für Astronomie und Experimentalphysik gefeiert wurde, in die Royal Society berufen. Nicht nur mit Geistesgrößen wie Goethe oder Kant korrespondierte Lichtenberg, nach dem im Übrigen 1935 ein Mondkrater benannt wurde. Er pflegte auch Freundschaft mit ganz anderen gesellschaftlichen Kreisen, darunter mit Caroline Mathilde, die von ihrem Mann, dem dänischen König geschieden, im Celler Schloss lebte. Lichtenberg besuchte die junge Königin gelegentlich. Berühmt wurde das 1799 in Göttingen verstorbene Universalgenie vor allem durch seine Aphorismen – die besondere Kunst eines rhetorisch knappen und umso aussagekräftigeren Sinnspruches als Kern umfassenderer Thesen mit philosophischem und kritischem Hintergrund. Diese Kunst, die Lichtenberg vollendet beherrschte, erlebte gegen Ende des 19. Jahrhunderts und zu Beginn des 20. Jahrhundert durch Oscar Wilde und Kurt Tucholsky eine neue Blüte. Hier ein paar Beispiele für Lichtenbergs Aphorismen aus seinen 1764 publizierten »Sudelbüchern«:

Bei einem großen Genie gehet das in einem Augenblicke vor, was oft bei einem andern ganze Stunden dauert. Ein gewisser Mensch, der eben keine großen Gaben hatte, hielt einen zum Betrug mit der Feder nachgemachten Druck eine ganze Stunde würklich dafür, andere sahen es im ersten Augenblick.

Es ist nicht so angenehm wenn uns andere von einem Taschen-Spieler erzählen, als ihn selbst zu sehen, weil uns bei dem ersten immer ein Grad von Unglauben zurückbleibt, oder wir denken, die erzählende Person sei nicht fein genug gewesen, wie sie die Sache betrachtet habe.

Die Furcht vor dem Tod, die den Menschen eingeprägt ist, ist zugleich ein großes Mittel, dessen sich der Himmel bedient, sie von vielen Untaten abzuhalten, vieles wird aus Furcht vor Lebensgefahr oder Krankheit unterlassen.[50]

Ein weiterer großer Dichter der zweiten Hälfte des 18. Jahrhunderts war Ludwig Christoph Heinrich Hölty, der 1748 in Mariensee am Steinhuder Meer geboren wurde, in Göttingen Theologie studierte und 1776 in der hannoverschen Leinstraße starb. Zu seinen elegischen Gedichten zählt auch das in fast jeder Anthologie mit deutschen Gedichten zitierte »Frühlingslied«:

Die Luft ist blau, das Tal ist grün,
die kleinen Maienglocken blühn
und Schlüsselblumen drunter;
der Wiesengrund ist schon so bunt
und malt sich täglich bunter.

Drum komme, wem der Mai gefällt,
und freue sich der schönen Welt

und Gottes Vatergüte,
die diese Pracht hervorgebracht,
den Baum und seine Blüte.[51]

Zwei von Höltys engsten Freunden noch aus seiner Göttinger Zeit waren Johann Heinrich Voss, der sich vor allem als Übersetzer der Epen Homers einen Namen machte, und Gottfried August Bürger. Bürger, ebenfalls in Mariensee geboren und 1794 in Göttingen verstorben, schuf Balladen wie »Lenore«, Liebesgedichte, heitere Verse und schließlich seine weltweit erfolgreichen Abenteuergeschichten des Lügenbarons von Münchhausen.

Zu den vielen Geistesgrößen, die entweder aus dem hannoverschen Teil der durch die Personalunion verbundenen Länder stammten und hier auch wirkten, oder in Großbritannien ihre Karriere verfolgten, gehört auch der Musiker und vor allem als Astronom berühmte William Herschel, der unter dem deutschen Namen Friedrich Wilhelm Herschel 1738 als Sohn eines Militärmusikers in Hannover geboren wurde. Nach der Besetzung Hannovers durch die Franzosen im Jahre 1757 flüchtete Herschel nach England, wo er zunächst als Musiklehrer arbeitete und sich intensiv mit den mathematischen Grundlagen der Musik befasste. Der Schritt von seinen Musiktheorien zur Mathematik und Astronomie war nicht weit. Bald erbaute er Fernrohre und Spiegelteleskope und entdeckte 1781 einen neuen Planeten, den Uranus. Das brachte ihm die Mitgliedschaft in der Royal Society ein. Wähend seiner Arbeiten zur Erkundung des Universums, zur Entdeckung von Sonnenflecken, Doppelsternen und Lichtspektren und zur Erforschung von Klimaschwankungen stand ihm seine Schwester Caroline zur Seite, die 1750 in Hannover zur Welt kam und ihren

Bruder auf all seinen Reisen begleitete. Dabei machte sich die 1848 im Alter von fast achtundneunzig Jahren verstorbene Astronomin, die nach dem Tod ihres Bruders Wilhelm nach Hannover zurückkehrte, selbst einen großen Namen als eigenständige Wissenschaftlerin. Nach beiden Astronomen, Bruder und Schwester, benannte man, wie auch im Falle von Lichtenberg, zwei Mondkrater.

All diese Forscher und Wissenschaftler sind wichtiger Teil der sich in fast allen Bereichen der Kultur, des Geisteslebens, der Politik, ja selbst der Wirtschaft seit dem späten 17. Jahrhundert allmählich verbreitenden Aufklärung, die der Philosoph Immanuel Kant mit wenigen Worten so definiert: »Aufklärung ist der Ausgang des Menschen aus seiner selbst verschuldeten Unmündigkeit. Unmündigkeit ist das Unvermögen, sich seines Verstandes ohne Leitung eines anderen zu bedienen.«[52]

In diesem Sinne schreibt auch Dorinda Outram in ihrem 2006 publizierten Werk »Aufbruch in die Moderne – Die Epoche der Aufklärung« über die Ideen, die sich im 18. Jahrhundert immer stärker in allen Bereichen durchsetzten:

> *Aufklärung war der Wunsch danach, dass menschliche Angelegenheiten von der Vernunft geleitet werden, anstatt durch Religion, Aberglauben oder Offenbarung; und der Glaube an die Kraft der menschlichen Vernunft die Gesellschaft zu verändern und das Individuum von den Fesseln der Tradition oder der willkürlichen Autorität zu befreien. All dies gestützt durch eine Weltanschauung, die zunehmend durch die Wissenschaft anstatt durch Religion oder Tradition bestimmt wird.*[53]

An dieser Stelle verdient es ein weiterer großer deutscher Aufklärer erwähnt zu werden: der 1752 in Bredenbeck bei Hannover geborene Adolf Freiherr Knigge. Auch er studierte in Göttingen, stand einige Jahre in Diensten des hessischen Landgrafen, kehrte zwischenzeitlich nach Hannover zurück, um sich um sein Gut Bredenbeck zu kümmern, lebte später in Frankfurt und starb 1796 in Bremen, wo auch sein Grabmal steht. Sein bedeutendes Werk »Über den Umgang mit Menschen«, erschienen 1788, ist ein heute noch lesenswerter Leitfaden über das Miteinander von Menschen aller Schichten, kein Buch, wie oft fälschlich behauptet, über Tischmanieren. Im vierundvierzigsten Kapitel seines Werkes geht Knigge auch auf den Umgang mit den »höheren« Schichten ein, mit Adligen, Fürsten und Königen, geradezu ein Paradebeispiel für die Ideen der Aufklärung kurz vor Ausbruch der Französischen Revolution:

Selbst im Überflusse und mit großen Erwartungen aufgewachsen, kenne ich recht gut die Vorteile und Nachteile einer reichen und vornehmen Erziehung. Meine nachherigen Schicksale aber, mein Aufenthalt an Höfen und der Umgang mit Menschen aller Art, das alles hat mich gelehrt, wie nötig es sei, denen, die nicht durch widrige Erfahrungen vollends ausgebildet werden, und die so selten reine, lautre, unparteiische Wahrheit hören, ohne Leidenschaft zu sagen, was ihnen so nötig ist zu hören. Viele von ihnen sind wahrlich herzlich gut; selbst die Schwächern haben oft manche Temperamentstugend, deren Wirkungen für die Welt viel wohltätiger werden können als die sanften Aufwallungen ärmerer und ohnmächtigerer Sterblicher. Sie haben von ihrer ersten Jugend an alle Muße und Gelegenheit, ihren Geist zu bilden, sich Ta-

lente zu erwerben, Welt und Menschen kennen zu lernen, haben Veranlassungen in Menge, Gutes zu tun, die Freuden der Wohltätigkeit zu schmecken. Ihr Charakter wird nicht niedergedrückt, verschoben durch Unglück und Mangel, durch die Notwendigkeit, sich zu schmiegen und zu beugen. Und wenn von einer Seite Schmeichelei sie leicht verderben kann, so ist von der andern der Gedanke, daß jede ihrer edeln Handlungen bemerkt wird und ihre Verirrungen oft noch der späten Nachwelt vorerzählt werden, ein Sporn mehr, groß und vortrefflich zu werden. Auch nützen viele von ihnen alle diese Triebfedern, und es ist ein Glück, an der Seite eines Fürsten zu leben und Einfluß auf ihn zu haben, der die Würde seines Standes kennt und sich seines hohen Berufs wert zeigt. Ich kenne deren einige, die es auch gewiß nicht übel aufnehmen, wenn man ihnen die Klippen zeigt, an welchen so viele von ihnen scheitern.[54]

Sicherlich wäre Knigge auch für Georg III. ein weiser Ratgeber gewesen und ein segensreiches Gegengewicht zum überbordenden Einfluss, den seine Mutter und deren engster Freund, der Earl of Bute, während seiner ersten Regierungsjahre auf ihn ausübten. Dieser riet dem in Sarah Lennox verliebten jungen Prinzen dringend von einer Hochzeit mit einer »Einheimischen« ab und legte ihm nahe, doch lieber eine deutsche Prinzessin zu heiraten. Es erwies sich, dass dieser Rat letzlich doch segensreich war. Georg, der im Jahre 1761 mit dreiundzwanzig Jahren Charlotte von Mecklenburg-Strelitz heiratete, lebte mit seiner Gattin so, als habe er das Kapitel über die Ehe in Knigges Werk gelesen und beherzigt:

Ich rate aus Gründen, die wohl jeder vernünftige Mensch selbst einsehen wird, auch nicht einmal an, daß Eheleute alle Geschäfte gemeinschaftlich treiben, sondern daß jeder seinen angewiesenen Wirkungskreis habe. Es geht selten gut im Hause, wenn die Gattin für ihren Gatten die Berichte ad Serenissimum entwerfen und er dagegen, wenn Fremde eingeladen sind, die Kapaune braten, Cremes machen und die Töchter ankleiden helfen muß. Daraus entsteht Verwirrung; man setzt sich dem Gespötte des Hausgesindes aus; der eine verläßt sich auf den andern, will sich aber dagegen in alles mischen, alles wissen – mit einem Worte, das taugt nichts.[55]

Kapitel acht
Der Traum vom Weltreich

Als Georg II. im Jahre 1760 recht plötzlich im Alter von dreiundsiebzig Jahren starb, tobte noch immer der Siebenjährige Krieg. Acht Jahre vor Georgs Tod war die Zeitrechnung in Großbritannien auf den gregorianischen Kalender umgestellt worden, was bedeutete, dass elf Tage gestrichen werden mussten und auf den 2. September gleich der 14. September folgte. Und damit wurde nun der 1. Januar, der eigentlich schon lange als Jahresbeginn galt, auch in England endgültig zum ersten Tag des jeweils neuen Jahres. Diese Verallgemeinerung des Kalenders, der ja in Kur-Hannover schon seit dem 17. Jahrhundert Gültigkeit besaß, erleichterte den Schriftverkehr und die Wirtschaftsplanungen, wobei das Fiskaljahr in Großbritannien bei seinem alten Jahresbegin, dem 6. April, blieb.

Kurz nach dem Tod seines Großvaters wurde der dritte Georg zum König gekrönt. Nach Königin Viktoria (1837–1901) und Königin Elisabeth II. (seit 1952) ist Georg III. mit insgesamt sechzig Regierungsjahren als offizieller Herrscher der britische König mit der längsten Regierungszeit, selbst wenn in den letzten Jahren seiner Herrschaft sein Sohn, der spätere Georg IV., für seinen schwerkranken Vater die Regentschaft übernahm.

Als Georg III. den Thron bestieg, befand sich das Land noch im Krieg, der, wie bereits dargestellt, seine Auswirkungen bis nach Nordamerika und in viele weiter entfernte Teile der Welt hatte. Während Georgs langer Regierungszeit brach die Französische Revolution aus, verlor Großbritannien seine amerikanischen Kolonien – außer den Besitztümern in Kanada – und entwickelte sich gleichzeitig zum größten Kolonialreich der Neuzeit. In Georgs Zeit auf dem Thron fallen die Entdeckungsreisen eines James Cook ebenso wie der Beginn der napoleonischen Kriege und die Anfänge der industriellen Revolution in Großbritannien. Für sein Kurfürstentum auf deutschem Boden hatte der in London geborene und mit der englischen Sprache aufgewachsene König nicht viel übrig. Bei seiner Eröffnungsrede vor dem Parlament 1761 betonte er: »I glory in the name of Britain« (Ich bin stolz, Brite zu sein). Und so setzte er während seiner langen Regierungszeit keinen Fuß auf deutschen Boden. Im Gegenteil – er hatte seinem Berater und langjährigen Vertrauten Lord Bute noch wenige Jahre zuvor anvertraut, dass »dieses schreckliche Kurfürstentum [...] stets vom Lebensmark unseres armen Landes gezehrt hat«. Doch ganz gleichgültig war ihm das Stammland seiner Familie offensichtlich doch nicht. Immerhin verwalteten fähige Männer wie von Münchhausen, von Behr, von Alvensleben und von Lenthe das Kurfürstentum, dessen wirtschaftliche Stabilität auch zu den Prioritäten der Regierung Georgs III. zählte – wahrscheinlich um zu vermeiden, dass weiterhin »der Lebensmark Großbritanniens« aufgezehrt würde. Und natürlich war es auch ein wichtiger Teil von Georgs Prestige, dass das Ursprungsland seiner Familie kein Armenhaus wurde. So erhielt Hannover 1778 die noch heute international renommierte Tierärztliche Hochschule. Die Georgstraße und der Georgsplatz in der niedersächsischen Landeshauptstadt sind nach dem dritten Georg benannt worden.

Betrachtet man das politische und wirtschaftliche Umfeld sowie die wirtschaftlichen Möglichkeiten der in Personalunion verbundenen Territorien, klafft natürlich zwischen beiden Ländern ein gewaltiger Abgrund. Auf der einen Seite steht das aufstrebende Weltreich Großbritannien, das seit dem 17. Jahrhundert durch seine global operierenden »Companies« und seine stetig wachsende Flotte sich zwar noch viele Jahre mit der Konkurrenz der Niederländer, Spanier und Franzosen herumschlagen musste, letztlich aber dann auf Jahrzehnte »die Wellen regierte«. Auf der anderen Seite sieht man Kur-Hannover, das oft zum Spielball der Weltmächte wurde, immer wieder unter französische Besatzung geraten. Innerhalb Deutschlands spielte es zwar durchaus als Kurfürstentum eine Rolle, diese konnte sich aber keinesfalls mit der Großbritanniens messen. Im Kurfürstentum war die Landwirtschaft bis ins 19. Jahrhundert hinein der ökonomische Hauptpfeiler, und der Harzer Bergbau galt schon seit dem frühen Mittelalter als eine der wichtigsten Einnahmequellen der Welfen.

James Watt, ein aus Schottland stammender Ingenieur und Erfinder, besuchte für Forschungszwecke die Clausthaler Gruben Dorothea und Carolina. Dort erhielt er Anregungen für seine technischen Verfeinerungen an der von Thomas Newcomen um 1712 entwickelten ersten funktionsfähigen Dampfmaschine, deren Erfindung und Nutzung zu den Meilensteinen der Industriellen Revolution zählt. Watt selbst sah sein Wirken allerdings kritisch und schrieb 1781: »Es gibt nichts Törichteres im Leben als das Erfinden. Ich bin jetzt fünfunddreißig Jahre alt und habe der Welt noch nicht für fünfunddreißig Pfennige genützt.«[56]

Auch die englische Wirtschaft stütze sich auf den Bergbau und die Landwirtschaft. Aber darüberhinaus konnte sich das Inselreich seiner weltweiten Handelsbeziehungen, vor allem durch die Aktivitäten der »Companies«, bedienen. Die älteste, die East India Company (EIC), geht auf das Jahr 1600 zurück. In den ersten Jahren waren vor allem die Portugiesen entscheidende Rivalen der auf Handelsprodukte wie Tee, Gewürze und Textilien spezialisierten Handelskompanie. 1611 gründete die EIC eine Niederlassung in Masulipatnam an der Koromandelküste im südöstlichen Indien, um den Einkauf von Textilien für Südostasien zu organisieren. Im 18. Jahrhundert wurde vor allem der Teehandel mit China, seit Beginn des 17. Jahrhunderts eine der Haupteinnahmequellen der Niederländer, zu einem der profitabelsten Handelsprodukte der EIC. 1669 hatten die Briten den Niederländern das Handelsmonopol abgerungen. Nicht nur der Teekonsum stieg in Großbritannien sprunghaft an, zwischen 1713 und 1720 importierte die Kompanie rund einundzwanzig Millionen Pfund Tee nach Europa. Knapp zehn Jahre später waren es schon über siebenunddreißig Millionen Pfund des neuen Modegetränks, das später zum Synonym für englische Lebensart werden sollte. »Have a cup of tea« als Lösung für alle Sorgen, war vor dem Siegeszug des Kaffees im 20. Jahrhundert ein geflügeltes Wort. Heute allerdings steht nicht mehr Großbritannien an der Spitze der Teeländer, sondern Paraguay, das selbst Irland, einst das »Mutterland der Teetrinker«, überflügelt hat.

Der Handel mit China entwickelte sich rasant. Bald kam eine Fülle anderer Güter hinzu. Vor allem sorgte der Opiumhandel, der in der ersten Hälfte des 18. Jahrhunderts immer mehr an Bedeutung gewann, für das wirtschaftliche Erstarken der East India Company. Der immer weiter forcierte englische Opiumhandel – das Opium stammte großteils aus Indien und wurde dann als Handelsgut in China gegen andere Waren eingelöst – führte schließlich im 19. Jahrhundert zu den Opiumkriegen (1839–1842 und 1856–1860) mit China. Das Reich der Mitte wehrte sich gegen den erzwungenen Opiumkauf und erließ radikale Gesetze dagegen.

Zu einem wichtigen Element in der Globalisierung der britischen Handelsbeziehungen war bereits im 17. Jahrhundert der Einsatz von Sklaven geworden, die als billige Arbeitskräfte auf den Plantagen in der Karibik und in Amerika dienten. In den Kolonien der Neuzeit lösten Sklaven im Verlauf des 17. und 18. Jahrhunderts vermehrt Leibeigene oder Tagelöhner auf den Besitzungen ab. »Zwangslohnarbeiter« mussten nur für eine bestimmte Zeit ihre Strafe oder Schulden abarbeiten und konnten dann wieder ein eigenes Leben in Freiheit führen. Da sich der Genuss von Tabak im 17. Jahrhundert immer größerer Beliebtheit erfreute, die Anbauflächen in Nordamerika, vor allem in Virginia, dementsprechend wuchsen, erschien der Gedanke, diese durch schwarze Sklaven aus Afrika bewirtschaften zu lassen, für viele Großgrundbesitzer zunehmend attraktiver. Auch die Plantagen in der Karibik benötigten Sklaven, um die dort anfallenden Arbeiten bewältigen zu können.

Zu Beginn des 18. Jahrhunderts bestand die Bevölkerung Virginias zu zehn Prozent aus Sklaven, wenige Jahrzehnte später aus vierzig Prozent. Alle Nationen, die weltweit Kolonien besaßen, bauten ihren Reichtum auf den billigen Arbeitskräften auf, die in Afrika meist von arabischen Sklavenhändlern entweder von afrikanischen Stämmen erworben oder mit Gewalt geraubt worden waren. Siebzig Prozent der Sklaven schufteten im Zuckerrohranbau in der Karibik und in den britischen Kolonien Nordamerikas, die anderen auf Kaffee-, Baumwoll- und Tabakplantagen.

Das Geld aus den Kolonien war ein wichtiger Grundstock für die Wirtschaft Großbritanniens. Und als nach dem Ende des Siebenjährigen Krieges Großbritannien unter der Last der Kriegsausgaben stöhnte, versuchte man, einen Teil des Geldes durch Steuererhöhungen in den Kolonien wieder einzutreiben. Die Kolonien in Nordamerika aber wollten ihre Eigenständigkeit behaupten, und so begannen sie um 1770 gegen die Finanz- und Wirtschaftsübermacht des Mutterlandes zu rebellieren. Nach ersten Boykotten 1770 kam es 1773 zu dem Ereignis, das als »Boston Tea Party« in die Geschichte einging: dreihundertzweiundvierzig Kisten mit Tee, die von der East India Tea Company nach Boston befördert worden waren, wurden von als Indianer verkleideten Rebellen in das Hafenbecken geworfen. Zwei Jahre später brach dann der Amerikanische Unabhängigkeitskrieg aus. Die Briten hatten zuvor hart auf die Unruhen in Boston reagiert und verabschiedeten 1774 die »Intolerable Acts«, die eine Reihe strenger Sanktionen gegen die dreizehn Kolonien in Neuengland beinhaltete. Von da an gab es kein Halten mehr. Am 23. März 1775 hielt der prominente Anwalt Patrick Henry eine Ansprache vor der Provinzversammlung in Virginia, deren feurige Worte »Give me liberty or give me death« (Gib mir die Freiheit oder den Tod) die Stimmung gegen Großbritannien noch mehr anheizten. Im April kam es zu ersten Kämpfen in Lexington und Concorde. George Washington, Grundbesitzer in Mount Vernon, erhielt den Oberbefehl über die Armee der Aufständischen. Auf der Seite der Briten kämpften dreißigtausend, meist aus Deutschland rekrutierte beziehungsweise von ihren Landesherrn an die Briten »verkaufte« Soldaten. Der Landgraf von Hessen-Kassel, Friedrich II., verdiente sich eine stattliche Summe durch den »Verkauf« von Soldaten an die britische Armee und wurde damit zum reichsten Fürsten Deutschlands. Auch Braunschweig-Wolfenbüttel stellte mit viertausend Soldaten ein recht ansehnliches Regiment zur Verfügung. Kur-Hannover entsandte fünf Regimenter, die allerdings in Gibraltar eingesetzt wurden, um dadurch dort stationierte britische Verbände für Nordamerika freizubekommen. Der durch Heirat mit dem britischen Königshaus verwandte Herzog von Ansbach und Anhalt-Zerbst entsandte ebenfalls Hilfstruppen nach Nordamerika.

Auf der Gegenseite stand der preußische Offizier Friedrich-Wilhelm von Steuben, 1730 in Magdeburg als Sohn eines Offiziers geboren. Er diente im Siebenjährigen Krieg, durchlief eine steile militärische Karriere und lernte 1777 in Paris Benjamin Franklin kennen. Dieser überzeugte den ehrgeizigen jungen Offizier, nach Amerika zu gehen und dort in den Unabhängigkeitskrieg als Streiter für die Loslösung der amerikanischen Kolonien vom englischen Mutterland mitzuwirken. Steuben gilt als der militärische »Vater« der amerikanischen Unabhängigkeit, organisierte er doch die Armee der »Aufständischen« und gab ihr mittels preußischen Drills ausreichend Struktur, um sich gegen die Briten erfolgreich zu wehren. Dank seiner taktischen Strategie siegten die von ihm befehligten Kontinentaltruppen 1778 bei Monmouth und 1781 bei Yorktown. Obgleich sicherlich auch persönliche Gründe hinter dem Entschluss Steubens standen, Europa zu verlassen und sein militärisches Glück in der Fremde zu suchen – man munkelte, er habe aufgrund einer drohenden Anklage wegen seiner Homosexualität, damals als »Sodomie« bezeichnet, Europa verlassen wollen –, war er doch zweifelsohne eine der wichtigsten Figuren in diesem Kampf. Von ihm stammt der schöne Satz: »Als ich mein Schwert zur Verteidigung dieser Staaten zog, tat ich es mit dem Entschluss, dass nur der Tod mich zwingen solle, es niederzulegen.«[57]

Noch heute findet im Gedenken an Friedrich-Wilhelm von Steuben, der 1794 in der Nähe von New York starb, alljährlich im September in New York die Steubenparade statt.

Doch nicht alle Siedler votierten für die Unabhängigkeit. Zwanzig Prozent der Kolonialisten waren gegen eine Loslösung vom Mutterland und verließen nach dem Ende des Unabhängigkeitskrieges die ehemaligen Kolonien, um entweder in andere Teile des Weltreichs, darunter Kanada, aufzubrechen oder nach England zurückzukehren. Im Frieden von Paris 1783 endete dieser Krieg, in den auch Frankreich und Spanien involviert waren. Großbritannien verlor alle Besitzungen im Gebiet der heutigen USA, die sich vom Mississippi bis zu den Großen Seen ausdehnten, Florida fiel zurück an Spanien, und nur Kanada, seit Mitte des 18. Jahrhunderts Teil des British Empire, blieb ihm erhalten. Rund fünfzigtausend Loyalisten flohen dorthin, um eine neue Heimat zu finden. Für Großbritannien bedeutete der Sieg der »Rebellen« und die damit verbundene

Trennung der zunächst dreizehn Kolonien, zu denen dann in rascher Folge immer mehr Gebiete im Osten, Süden und schließlich im Westen dazukamen, einen herben Verlust. Die Unabhängigkeitserklärung vom 4. Juli 1776 wurde später zum Vorbild für viele andere Staaten, beeinflusste die Französische Revolution, hatte aber auch durchaus in Großbritannien selbst ihre Wirkung. Für König Georg III. war sicherlich der Wortlaut der zweiten Hälfte dieser Erklärung ein Schlag ins Gesicht:

Die Geschichte des jetzigen Königs von Großbrittannien ist eine Geschichte von wiederholten Ungerechtigkeiten und gewaltsamen Eingriffen, welche alle die Errichtung einer absoluten Tyranney über diese Staaten zum geraden Endzweck haben. Dis zu beweisen, wollen wir der unpartheyischen Welt folgende Facta vorlegen:

Er hat seine Einstimmung zu den heilsamsten und zum Oeffentlichen Wohl nöthigsten Gesetzen versagt.

Er hat seinen Guvernörs verboten, Gesetze von unverzüglicher und dringender Wichtigkeit heraus zu geben, es sey dann, daß sie so lange keine Kraft haben solten, bis seine Einstimmung erhalten würde; und wenn ihre Kraft und Gültigkeit so aufgeschoben war, hat er solche gänzlich aus der Acht gelassen.

Er hat sich geweigert andere Gesetze zu bekräftigen zur Bequemlichkeit von grossen Districten von Leuten, wofern diese Leute das Recht der Repräsentation in der Gesetzgebung nicht fahren lassen wolten, ein Recht, das ihnen unschätzbar, und nur Tyrannen fürchterlich ist.

Er hat Gesetzgebende Körper an ungewöhnlichen, unbequemen und von der Niederlage ihrer öffentlichen Archiven entfernten Plätzen zusammen berufen, zu dem einzigen Zweck, um sie so lange zu plagen, bis sie sich zu seinen Maaßregeln bequemen würden …

… Auf jeder Stufe dieser Drangsale haben wir in den demüthigsten Ausdrücken um Hülfe und Erleichterung geflehet: Unsere wiederholten Bittschriften sind nur durch wiederholte Beleidigungen beantwortet worden. Ein Fürst, dessen Character so sehr jedes einen Tyrannen unterscheidendes Merkmal trägt, ist unfähig der Regierer eines freyen Volkes zu seyn.

Auch haben wir es nicht an unserer Achtsamkeit gegen unsere Brittische Brüder ermangeln lassen: Wir haben ihnen von Zeit zu Zeit Warnung ertheilt von den Versuchen ihrer Gesetzgebung eine unverantwortliche Gerichtsbarkeit über uns auszudehnen. Wir haben ihnen die Umstände unserer Auswanderung und unserer Niederlassung allhier zu Gemüthe geführt. Wir haben uns zu ihrer angebornen Gerechtigkeit und Großmuth gewandt, und sie bey den Banden unserer gemeinschaftlichen Verwandtschaft beschworen, diese gewaltsamen Eingriffe zu mißbilligen, welche unsere Verknüpfung und unsern Verkehr mit einander unvermeidlich unterbrechen würden. Auch sie sind gegen die Stimme der Gerechtigkeit und Blutsfreundschaft taub gewesen. Wir müssen uns derohalben die Nothwendigkeit gefallen lassen, welche unsere Trennung ankündigt, und sie, wie der Rest des menschlichen Geschlechts, im Krieg für Feinde, im Frieden für Freunde, halten.

Indem wir, derohalben, die Repräsentanten der Vereinigten Staaten von America, im General-Congreß versammlet, uns wegen der Redlichkeit unserer Gesinnungen auf den allerhöchsten Richter der Welt berufen, so Verkündigen wir hiemit feyerlich, und Erklären, im Namen und aus Macht der guten

Leute dieser Colonien, daß diese Vereinigten Colonien Freye und Unabhängige Staaten sind, und von Rechtswegen seyn sollen; daß sie von aller Pflicht und Treuergebenheit gegen die Brittische Krone frey- und losgesprochen sind, und daß alle Politische Verbindung zwischen ihnen und dem Staat von Großbrittannien hiemit gänzlich aufgehoben ist, und aufgehoben seyn soll; und daß als Freye und Unabhängige Staaten sie volle Macht und Gewalt haben, Krieg zu führen, Frieden zu machen, Allianzen zu schliessen, Handlung zu errichten, und alles und jedes andere zu thun, was Unabhängigen Staaten von Rechtswegen zukömmt. Und zur Behauptung und Unterstützung dieser Erklärung verpfänden wir, mit vestem Vertrauen auf den Schutz der Göttlichen Vorsehung, uns unter einander unser Leben, unser Vermögen und unser geheiligtes Ehrenwort.[58]

Auch im Britisch-Amerikanischen Krieg von 1812 bis 1814, immer noch während der sechzigjährigen Regierungszeit Georgs III., konnte diese Scharte nicht ausgewetzt werden. Obgleich es der britischen Armee auch hier, wie schon rund fünfunddreißig Jahre zuvor, immer wieder gelang, die amerikanische Miliz zu schlagen, beendete der Frieden von Gent die Scharmützel mit ihren fast zwanzigtausend Kriegsopfern und stellte den »Status quo ante bellum«, den Zustand vor Ausbruch des Krieges, wieder her.

Trotz der Loslösung der amerikanischen Kolonien von Großbritannien war der Traum vom Weltreich nicht ausgeträumt. Im Gegenteil: Indien, Afrika, die Karibik, Neuseeland und Australien sowie zahlreiche Inselwelten, die James Cook auf seinen drei großen Reisen zwischen 1768 und 1780 entdeckt und erforscht hatte, gehörten zu einem

Herrschaftsbereich, in dem, ähnlich wie im von Kaiser Karl V. im 16. Jahrhundert beherrschten Heiligen Römischen Reich Deutscher Nation, »die Sonne niemals untergeht«.

James Cook, der auf seinen Expeditionen die Grenzen der bekannten Welt auslotete, war keine Einzelerscheinung seiner Zeit. Denn im Rahmen der Expansionsbestrebungen der neuen Imperien, an deren Spitze sich bald Großbritannien setzte, wagten sich natürlich auch immer wieder Forscher und Entdecker auf die Weltmeere, um mit friedlichen Absichten Flora und Fauna, fremde Völker und bis dahin unentdeckte Territorien zu erkunden. Dass dabei die bisher nicht bekannten Gebiete im Namen der jeweiligen Monarchen in Besitz genommen wurden, gehörte meist dazu.

James Cook, der Sohn eines Tagelöhners, dem keinesfalls die große Karriere in die Wiege gelegt worden war, war eine Ausnahmeerscheinung. Er wurde am 7. November 1728 in Yorkshire als achtes Kind geboren. Mit achtzehn Jahren schlug er eine seemännische Laufbahn ein und erlebte Jahre später in Kanada die Kämpfe des Siebenjährigen Krieges mit. Schon früh empfand der Mann, der seine Kindheit in einem armseligen Cottage verbracht hatte, den Wunsch, zu beweisen, dass Herkunft allein nicht ausschlaggebend für Erfolg sein müsse. Sein Motto lautete: »Mein Ehrgeiz bringt mich nicht nur dahin, wo bisher kein Mann war, sondern auch dorthin, wohin, wie ich glaube, kein anderer Mann je gelangen wird.«[59]

Zu Cooks Begleitern auf seiner zweiten Südsee-Reise zählte Georg Forster, 1754 in der Nähe von Danzig geboren. Forster, Sohn eines naturwissenschaftlich interessierten Vaters, des Pfarrers Johann Reinhold Forster, war unter anderem in St. Petersburg aufgewachsen und kam als Zwölfjähriger nach London. 1772 stachen Vater und Sohn gemeinsam mit James Cook in See. Johann Forster, auch in England inzwischen ein renommierter Wissenschaftler, hatte bei der Admiralität durchsetzen können, dass sein erst siebzehnjähriger Sohn ihn als Zeichner begleiten durfte. Auf dieser drei Jahre währenden Reise in die Südsee fertigte der junge Forster nicht nur Skizzen von Pflanzen, Tieren und Menschen an, sondern machte sich auch Notizen, die er 1777 unter dem Titel »Reise um die Welt« veröffentlichte. Die Reise auf der »Resolution« führte Cook und seine Begleiter nach Tahiti, zu den Tonga-Inseln und nach Neuseeland. Es war eine Reise voller Strapazen, Abenteuern und faszinierenden Begegnungen mit Menschen und unerforschten, exotischen Landschaften:

> *Wir wurden neun elende lange Nächte in der See herumgeworfen, ohne daß Schlaf in unsere Augen kam, und wir gaben beinahe alle Hoffnung auf, an dieser Küste je wieder vor Anker zu gelangen. Endlich erreichten wir am l. November die Cook-Straße. Das Wetter blieb zwar noch immer unbeständig und wurde uns von neuem zuwider, als wir an das auf der nördlichen Insel gelegene Kap Terra Witti herankamen, doch glückte es uns, am 2. in eine Bucht einzulaufen. Die Küste bestand aus schwarzen, unfruchtbaren Bergen, die sehr hoch, fast ohne Holz und Buschwerk waren und in langen, säulenförmigen Felsen in die See hinausragten. Die Bai selbst schien weit ins Land hineinzugehen und ließ uns vermuten, daß das Land, auf dem Kap Terra Witti liegt, vielleicht eine Insel sei. So kahl und öde aber diese Insel auch aussah, so war sie doch bewohnt, denn wir lagen noch keine halbe Stunde vor*

Anker, als schon verschiedene Kanus ans Schiff kamen. Die Leute gingen in alte lumpige Mäntel gekleidet. Der Rauch, dem sie in ihren niedrigen Hütten ständig ausgesetzt sind, und der Schmutz, der sich vermutlich von ihrer Jugend an auf der Haut festgesetzt hatte, bewirkte, daß sie häßlich gelbbraun aussahen und daß man ihre wahre Farbe nicht feststellen konnte. Den Winter hindurch hatten sie sich vielleicht oft mit halbfaulen Fischen begnügen müssen, diese ekelhafte Nahrung aber und das ranzige Öl, womit sie sich das Haar einschmierten, hatten ihren Ausdünstungen einen so unerträglichen Gestank mitgeteilt, daß man sie schon von weitem wittern konnte. Sie brachten einige Fischangeln und gedörrte Krebsschwänze mit und nahmen unsere Eisenwaren und tahitisches Tuch sehr gierig dagegen. Kapitän Cook schenkte ihnen ein paar Hühner, die sie zur Brut behalten sollten, allein es ist schwerlich anzunehmen, daß diese Wilden auf Viehzucht bedacht sein könnten.[60]

Georg Forster gilt als der Begründer der modernen Reiseliteratur, dessen Veröffentlichungen bis in unsere Zeit hinein auch andere Reiseautoren wie Richard Arnold Bermann, der unter dem Pseudonym Arnold Höllriegel bekannt wurde, und Bruce Chatwin in der ersten beziehungsweise zweiten Hälfte des vergangenen Jahrhunderts beeinflusste. Forsters eigene Expeditionspläne scheiterten allerdings an verschiedenen Widrigkeiten. Stattdessen folgte er einem Ruf an die Universität Mainz, wo er zu den Mitbegründern der »Mainzer Republik« zählte, die 1793 in der geistigen Nachfolge der Französischen Revolution in dem von französischen Truppen besetzten Gebiet entstand. Zu Forsters Zielen gehörte unter anderem die Durchsetzung des Gedankens der Pressefreiheit, »die endlich innerhalb dieser Mauern herrscht, wo die Buchdruckerpresse erfunden ward«.

Die Umsetzung dieses hehren Gedankens allerdings endete bereits 1793 mit dem Abzug der französischen Truppen, die Pressefreiheit wich wieder der Zensur, und Georg Forster starb im Jahr darauf mit noch nicht einmal vierzig Jahren in einer kleinen Pariser Wohnung an einer Lungenentzündung. Forsters umfassende Sammlung an ethnografischen Objekten wie Masken, Waffen, Schmuck und Alltagsgegenständen, die er gemeinsam mit seinem Vater in der Südsee zusammengetragen hatte, ist heute in der Cook-Forster-Sammlung im Völkerkundlichen Museum in Göttingen zu sehen.

James Cook starb am 14. Februar 1779 auf seiner dritten großen Expedition auf Hawaii. Der wohl berühmteste Seefahrer der Neuzeit, nach dem in allen Regionen, die er erkundete, Straßen, Plätze und geografische Orte benannt wurden, tat das Seinige, um den Traum vom globalen Einfluss durch die englische Krone zu realisieren.

Mach' nur einmal das, von dem andere sagen,
dass du es nicht schaffst,
und du wirst nie wieder auf deren Grenzen achten müssen.

Dieses Zitat von James Cook dokumentiert nicht nur seine eigene Geisteshaltung, sondern spiegelt auch wider, was damals in dem wachsenden Weltreich zur treibenden Kraft wurde: Der Wille, nicht mehr nur nach der alten Devise einer »balance of power«, dem Gleichgewicht der Mächte, zu leben, sondern selbst an der Spitze dieser Mächte zu stehen und so das Gleichgewicht nach eigenen Regeln zu gestalten.

Dass wenig später ein Korse namens Napoleon Bonaparte all dies wieder in Frage stellen würde, konnten weder James Cook noch die britische Admiralität noch der regierende König Georg III. im Jahre 1779 ahnen. Dabei sollte es nur wenige Jahre dauern, bis ganz Europa erneut in Flammen stand, das Kurfürstentum Hannover wie schon einige Jahrzehnte zuvor unter französische Besatzung geriet, und sich Großbritannien sogar mit seinem einstigen Rivalen Holland zusammenschloss, um der »napoleonischen Gefahr« Herr zu werden.

Im Übrigen war diese Epoche der napoleonischen Kriege eine Glanzzeit der englischen Karikaturisten, die in den Figuren dieses weltpolitischen Schachspiels dankbare Themen fanden und ihren Spott nicht nur über den eher kleinwüchsigen Bonaparte ausschütteten, sondern auch über alle anderen am Spiel der Mächte beteiligten Politiker, allen voran stand Georg III., dessen Spitzname »Farmer George« auch schon früher Anlass zu manch satirischem Kommentar gegeben hatte. Dass der Monarch auch noch an einer schweren Krankheit litt, die ihn immer wieder »außer Gefecht« setzte, war zwar bedauernswert, schützte ihn aber nicht vor der spitzen Feder der Spötter.

«

Kapitel neun
Der Vater seines Volkes – Georg III., »Farmer George«

Georg Wilhelm Friedrich, der älteste Sohn von Friedrich, dem Prinzen von Wales, war gerade zwölf Jahre alt, als sein Vater 1751 starb. Insgesamt neun Kinder hatten Friedrich und seine Frau Augusta von Sachsen-Gotha-Altenburg, wobei die jüngste Tochter Caroline Mathilde erst fast zwei Monate nach dem Tod ihres Vaters zur Welt kam. Früh stand fest, dass der Enkel Georgs II. den Thron erben würde. Der Junge war im Norfolk House in London, sozusagen in der Verbannung, geboren worden, da das gespannte Verhältnis zwischen Georg II. und seinem ältesten Sohn, wie zuvor erwähnt, dazu geführt hatte, dass dessen Familie außerhalb der königlichen Mauern leben musste. Georg Wilhelm Friedrich bestieg als Georg III. im Jahre 1760 mit zweiundzwanzig Jahren den Thron. Er war der erste aus dem Haus Hannover stammende König der Personalunion, der nicht im Kurfürstentum geboren worden war und dessen Liebe und Aufmerksamkeit seinem englischen Erbe galt. Der junge König wurde in der Öffentlichkeit mit Freundlichkeit begrüßt. Er galt, wenn auch nicht als schöner, so doch als attraktiver Mann, groß, blond mit sehr heller Haut und mit auffallend blauen Augen. Vergleicht man allerdings die Porträts des Monarchen von Allan Ramsay aus dem Jahr 1761 mit zum Beispiel dem Porträt von Johann Georg Ziesenis aus dem Jahre 1770, das im

Historischen Museum in Hannover hängt, so sieht man bereits drastische Veränderungen. Der recht stattliche junge Mann veränderte sich in diesen knapp neun Jahren zu seinen Ungunsten – das Gesicht wirkt aufgedunsen, die ohnehin prominenten Augen, ein genetisches Erbe der Welfen, wirken verquollen. Bereits 1765 hatte Georg, der in späteren Jahren immer häufiger erkrankte, eine kürzere Krankheitsphase durchlaufen. Der junge König war damals gerade vier Jahre mit Charlotte von Mecklenburg-Strelitz verheiratet und hatte mit ihr bereits die ersten drei der insgesamt fünfzehn Kinder, darunter den Erstgeborenen Georg, den späteren Georg IV. und, als drittes Kind, Wilhelm, der der letzte König der Personalunion werden sollte. Obgleich Georg in England aufgewachsen war und besser Englisch als Deutsch sprach, gab es auch für ihn keine andere Wahl, als sich eine deutsche Prinzessin als Frau zu suchen. Darin unterstützte ihn, wie an anderer Stelle bereits ausgeführt, John Stuart, Earl of Bute, der Georg überzeugte, nicht seine Jugendliebe Lady Sarah Lennox, die von Karl II. und seiner Mätresse Louise de Kerouaille abstammte, zu heiraten. Sophie Charlotte hatte nicht einmal auf der Liste der jungen Damen gestanden, die für eine königliche Heirat in Frage gekommen wären. Aber dann entschied Georg sich ausgerechnet für sie, die aus einem eher unbedeutenden Herzogtum stammte und wenig von Hofintrigen und politischen Verflechtungen ahnte. Die Siebzehnjährige wurde im September 1761 an den englischen Hof eingeladen, wo sie dem kritischen Blick einiger Hofschranzen aufgrund ihrer wenig modischen Kleidung, ihrer für damalige Schönheitsvorstellungen zu dunklen Hautfarbe, die sogar Anlass für Gerüchte war, unter Sophie Charlottes Vorfahren seien »Afrikaner« gewesen, und ihrer breiten Nasenflügel eher »hässlich« erschien. Zudem konnte die junge Frau kein Wort Englisch, was sich aber sehr schnell ändern sollte, da Sophie Charlotte die Sprache bald erlernte, wenn auch mit sehr starkem deutschen Akzent. Dennoch fand die Hochzeit bereits am Tag der ersten Begegnung von Georg und Sophie Charlotte am 8. September statt, zwei Wochen später folgte die Krönung. Und sicherlich hatte Georg mit seiner Prinzessin aus dem kleinen Fürstentum keine schlechte Wahl getroffen. Seine Schwester Augusta, die 1764 Herzogin von Braunschweig wurde, schrieb ihrem Bruder: »Je mehr ich von der Welt sehe, desto glücklicher bin ich, dass sie [Sophie Charlotte] in England ist. Denn keine dieser Damen wäre für Dich die Richtige gewesen.«[61]

Das junge Paar schien wirklich füreinander geschaffen zu sein. Frances oder auch Fanny Burney, die sich in den achtziger Jahren des 18. Jahrhunderts durch Romane wie »Evelina« und »Cecilia« einen Namen als Autorin machte, diente eine Zeit lang als Hofdame bei Charlotte und schrieb gut zwanzig Jahre nach der raschen Hochzeit der beiden: »Das Verhalten der beiden zeigt das herzlichste Vertrauen und Glück.«[62]

In Zeiten, da die Könige oft mehr Nachkommen von ihren Geliebten als von ihren angetrauten Ehepartnern hatten, war die Beziehung zwischen Georg und Sophie Charlotte fast außergewöhnlich. Die beiden waren durch ihre tiefe Religiosität und ein eisernes Pflichtgefühl verbunden. Zudem sorgte sich Sophie Charlotte stets aufopfernd um die labile Gesundheit ihres Mannes, bei dem die ersten Anzeichen der Krankheit, die ihn in späteren Jahren zunehmend schwächte und seinen Verstand immer stärker in Mitleidenschaft zog, schon nach wenigen Ehejahren aufgetreten waren. Dabei kann diese Ehe mit einem zwar eher freundlichen, aber dennoch von seinem Amt und von den schwierigen politischen Umständen in jener Zeit belasteten König nicht einfach gewesen sein. Doch Sophie Charlotte gehörte nicht zu der Gattung Frauen, die sich selbst bemitleiden. Und Trost fand sie vor allem in den eher schwierigen ersten fünf Jahren ihrer Ehe, da sie am englischen Hof noch eine Fremde mit nur geringen Sprachkenntnissen war, in der Musik. Der junge Mozart gab für sie bei seinem Besuch in London 1764 ein Konzert, und Johann Christian Bach, das elfte und jüngste Kind der Bach-Familie, kam 1762 nach London, wo er bis zu seinem Tod im Jahre 1782 lebte. Er hinterließ große Schulden; Königin Sophie Charlotte, die einst gemeinsam mit ihm musiziert hatte, kam für seine Schulden auf und zahlte seiner Witwe, der Sängerin Cecilia Grassi, eine lebenslange Rente. Mit ihrem Mann teilte sie aber auch die Liebe zum Landleben. Sophie Charlotte fühlte sich, unterstützt von »Farmer George«, motiviert, die prächtigen Gärten von Kew, heute ein Teil von Richmond bei London, weiter ausbauen zu lassen. Bei aller Bescheidenheit, die beiden eigen war, sparte Georg nicht, wenn es um die bildende Kunst ging. Für ihn bedeutete deren Förderung eine wichtige Aufgabe. Er liebte vor allem Historiengemälde und Porträts und unterstützte Künstler wie Thomas Gainsborough und Allan Ramsey, für die das königliche Paar mehr als einmal Modell saß. Zu seinen zahlreichen Erwerbungen zählen Werke von Canaletto und von Jan Vermeer. Die »Royal Academy«, heute noch eine der herausragenden Ausstellungsorte in London, wurde durch die königliche Kunstbegeisterung gefördert. Georgs allergrößte Leidenschaft allerdings galt dem Sammeln von Büchern. Vor allem das Sammeln von Land- und Seekarten, darunter auch viele auf seinen Befehl hin neu erstellte Karten von landwirtschaftlich nutzbaren Regionen in Norddeutschland und von Städteansichten, zählte zu seinen liebsten Beschäftigungen. Im Laufe der Zeit trug er für seine Sammlung mehr als fünfundsechzigtausend Bücher, Manuskripte und Karten zusammen, darunter ein Exemplar der Gutenberg-Bibel und eine Erstausgabe von Chaucers »Canterbury Tales« aus der zweiten Hälfte des 14. Jahrhunderts. Von 1774 bis zum Tod des Königs im Jahre 1820 verwaltete Frederick Barnard den stetig wachsenden Bestand der Bibliothek, die heute Teil der British Library ist und mit hundertfünfzig Millionen Druckerzeugnissen zu den größten Bibliotheken der Welt gehört.

Es scheint recht erstaunlich, dass der König in diesen Jahren Muße für private Passionen hatte, da zunächst der Siebenjährige Krieg auch für die beiden durch die Personalunion verknüpften Länder eine Bedrohung und Belastung bedeuteten. Hinzu kamen der Verlust der Kolonien in Nordamerika und die napoleonischen Kriege des ausgehenden 18. und frühen 19. Jahrhunderts. Unterstützt durch seine Frau und vor allem durch seine Minister, allen voran William Pitt, der 1783 mit erst vierundzwanzig Jahren Premierminister wurde, überstand der König die Stürme jener Zeit. Zwar verziehen ihm einige englische Historiker bis in die siebziger Jahre des 20. Jahrhunderts hinein den Verlust der amerikanischen Kolonien nicht, selbst wenn dies an anderer Stelle wieder wettgemacht wurde und Kanada immerhin einen stattlichen territorialen Gewinn ausmachte. Doch inzwischen verfährt man wesentlich milder mit diesem König, der, wie jüngere wissenschaftliche Untersuchungen ergaben, wahrscheinlich an einer seltenen Stoffwechselerkrankung litt, der Porphyrie. Zu Lebzeiten schätzten ihn, trotz der gelegentlich wenig freundlichen Karikaturen, die im Umlauf waren, viele Bürger wegen seiner ehelichen Treue und seiner Abneigung gegen jeden übertriebenen Pomp – eine seltene Tugend in royalen Zirkeln und eine, die sein Sohn Georg nicht mit ihm teilte.

Die Regierungszeit Georgs III. ist gekennzeichnet durch dramatische Umbrüche und Veränderungen. Früher als in den meisten anderen Ländern des alten Kontinents begann sich in England die Industrielle Revolution durchzusetzen. Neue Märkte und neue technische Möglichkeiten wurden dank der Erfindung der Dampfmaschine zu Beginn des 18. Jahrhunderts erschlossen. Dass diese »Revolution« in Großbritannien früher einsetzte, lag an besonderen historischen Umständen: Zum einen herrschte in England selbst – abgesehen von den schottischen Aufständen – eine lange Friedensperiode, zum anderen gab es reichliche Kohlevorkommen, keine Zollschranken innerhalb der Insel und aufgrund der Veränderungen in der Landwirtschaft überschüssige Arbeitskräfte. Ein dank religiöser Motivation stark engagiertes Bürgertum, das nach Wohlstand strebte, beförderte den technischen Fortschritt. Joyce Appleby spricht in ihrem Buch »Die unbarmherzige Revolution« nicht von einer »industriellen Revolution«, sondern von einer »Evolution«, bedingt durch eine Reihe wichtiger ökonomischer Entwicklungen. Nicht zuletzt sieht die Autorin einen wichtigen Grund für das unaufhaltsame Fortschreiten der Industrialisierung darin, *dass das System der (damals üblichen) Lohnfertigung ein Zwischenschritt im Übergang der ländlichen Bevölkerung zur modernen Arbeiterkasse war, der zugleich wachsende Familiengrößen hervorbrachte. Es war nicht mehr notwendig, die Gründung einer Familie so lange aufzuschieben, bis man ein Stück Land besaß. Die expandierende industrielle Wirtschaft gab den Häuslern die Möglichkeit, früher zu heiraten. Die früheren Eheschließungen wiederum zogen steigende Geburtenraten nach sich.*[63]

In England schritt diese »Evolution« im 18. Jahrhundert in der Tat sehr schnell voran. Es entstand eine völlig neue gesellschaftliche Schicht, die dem alten Adel und den Großgrundbesitzern Konkurrenz zu machen begann. Großbritannien übernahm die Führung in der Textilindustrie und bei den Wollspinnereien, einem bis ins 20. Jahrhundert wichtigen Wirtschaftszweig. Die Schattenseite dieser Entwicklung waren die Verarmung der Landbevölkerung, das rasche Wachsen der Elendsviertel in den Großstädten durch die starke Zuwanderung vom Land und die damit verbundenen Probleme wie Krankheit und Verbrechen.

In Deutschland dagegen dauerte es bedeutend länger, bis sich die technischen Neuerungen und die damit verbundenen gesellschaftlichen Umstrukturierungen durchsetzten. Erst zu Beginn des 19. Jahrhunderts und verstärkt ab 1830 folgte auch Deutschland dem englischen Vorbild. Die Entwicklung der beiden »Partner« der Personalunion strebte immer mehr auseinander, so sehr auch der Versuch unternommen wurde, die politische Einheit zu wahren. Untersuchungen über die Folgen des Siebenjährigen Kriegs im Kurfürstentum zeigen zum Beispiel, dass hier die Sterberate aufgrund von Krankheiten in Folge von Mangel und Entbehrung stark anstieg, was zu einem Rückgang der Bevölkerungszahlen führte, die sich erst langsam wieder normalisierten. Aber auch hier wirkten Erneuerer wie Jürgen Christian Findorff, der dem Teufelsmoor in der zweiten Hälfte des 18. Jahrhunderts mittels neuer Entwässerungstechniken fünfundsechzig Dörfer abrang, oder der Arzt Albrecht Daniel Thaer aus der Gegend von Celle, der sich für eine Verbesserung der Lebensbedingungen auf dem Lande stark machte. Sie stehen für fortschrittliches Denken und den Aufbruch in die Moderne.

Georg III. musste eine Fülle von innen- und außenpolitischen Krisen durchlaufen. Whigs und Tories rangelten um die Macht im Parlament, William Pitt der Ältere, Führer der Whigs, diente dem König von 1766 bis 1768 als kraftvoller Premierminister, der aber, durch häufige Gichtanfälle geschwächt, sich nicht immer seiner schwierigen Aufgabe voll widmen konnte. Später übernahm sein Sohn William Pitt der Jüngere zweimal das Amt des Premierministers und war vor allem während der zunehmenden geistigen Absenzen Georgs der eigentliche Regent. Zu Pitts großen Augenblicken zählte 1792 die schier endlose Debatte im Parlament über die Abschaffung des Sklavenhandels. William Wilberforce, ein entschiedener Gegner des Sklavenhandels, hatte den Antrag eingebracht, der zu einer fast vierundzwanzigstündigen Debatte im Unterhaus führte. Der erschöpfte Pitt plädierte am Ende der Sitzung nachts um drei Uhr erfolgreich dafür, »die Afrikaner endlich wieder als Menschen zu betrachten«. Daraufhin beschloss das Parlament, den Sklavenhandel schrittweise abzuschaffen. 1808 wurde diese unmenschliche Praxis endgültig verboten, 1833 in den Kolonien abgeschafft. Pitt war 1806 mit den Worten: »Oh my country«[64] im Alter von siebenundvierzig Jahren gestorben. Das Ende des Krieges gegen Napoleon, der nach 1806 in seine entscheidende Phase eintrat, erlebte er nicht mehr mit.

Der ehemalige Erste Konsul der Republik und seit 1804 als selbstgekrönter Kaiser der mächtigste Mann im französischen Staat forderte durch seine Expansionspolitik in Mitteleuropa den »Vierten Koalitionskrieg« heraus, der 1806 begann und bis 1814 dauerte. Zugleich brachen auch in den ehemaligen nordamerikanischen Kolonien wieder Kämpfe aus, aus denen Großbritannien dann endgültig als Verlier ausschied.

Im Jahre 1800 war Irland mit dem Königreich vereinigt worden. Als aber Georg III. die Versprechen für die lange überfällige Emanzipation, die Pitt den irischen Katholiken für ihre Unterstützung gegeben hatte, nicht einhalten wollte, trat Pitt 1801 zurück. Doch schon 1804 kehrte er, unterstützt von Charles James Fox, einem ebenfalls wortgewaltigen und gerissenen Politiker, in sein Amt zurück, da der Frieden von Amiens zwischen Frankreich, Großbritannien, Spanien und den Niederlanden, der die kolonialen Machtverhältnisse zwischen den Gegnern neu ordnen sollte, nur knapp dreizehn Monate gehalten hatte.

Vom Siebenjährigen Krieg zu den Kämpfen um die amerikanische Unabhängigkeit, von der Französischen Revolution von 1789 bis 1799, als deren Folge zahlreiche Vertreter der Aristokratie nach England geflüchtet waren, bis hin zum Ausbruch des Krieges gegen Napoleon 1792 lagen das Königreich und das Kurfürstentum ständig im Schussfeld der weltpolitischen Auseinandersetzungen.

Die volle Wucht dieser Kriege traf Hannover natürlich stärker als England. 1803 besetzten die Franzosen erneut das Kurfürstentum und forderten von den Bürgern die Verpflegung von fast zweitausenddreihunert Personen und dazu beinahe vierhundert Pferden. Was die Bevölkerung Hannovers aber vor allem verärgerte, war das Verbot des seit dem 15. Jahrhundert urkundlich verbürgten Schützenfestes, das noch heute als größtes Ereignis seiner Art gilt und in jedem Juli für zehn Tage mehrere Millionen Besucher aus aller Welt nach Hannover auf den Schützenplatz lockt. 1805/1806 waren dann die Preußen Herren der Stadt, mussten aber nach der Schlacht von Jena und Auerstedt erneut den Franzosen weichen. Die Wirtschaft stagnierte auch aufgrund der von den Alliierten, vor allem durch das Königreich Großbritannien, verhängten Kontinentalsperre, die Einwohnerzahl ging zurück, und 1810 wurde das Kurfürstentum zudem noch Teil des 1807 für Napoleons Bruder gegründeten Königreichs Westfalen. Hauptstadt des Königreichs war Kassel, Hannover rangierte nur als Verwaltungssitz des Allerdepartments und erhielt eine für die gesamte Region zuständige Polizeidirektion.

Zu den wenigen Männern, die aus dieser Zeit ihren Nutzen zogen, zählte Johann Egestorff, der 1803 eine Kalkbrennerei am Lindener Berg pachtete und einer der ersten führenden Industriellen Hannovers wurde. Ihm kam dabei die von den Franzosen propagierte Gewerbefreiheit entgegen. Erfolgreich war auch der Bäckermeister Johann Gerhard Helmcke, der von 1750 bis 1824 lebte, und durch die Expansion seines Korn- und Mehlhandels Reichtümer erwirtschaftete, die er durch Grundstücksgeschäfte ergänzte. Er gilt als der »Retter der Herrenhäuser Allee« in Hannover. Als die Bäume an der Allee geschlagen werden sollten, um damit die Pflichtzahlungen an die Franzosen zu finanzieren, kaufte der einstige Bäckermeister die gesamte Allee und ließ die Bäume stehen.

Zu den französischen Offizieren, die es während der »Franzosenzeit« als Besatzer in diese Region verschlug, zählte auch Marie-Henri Beyle, genannt Stendhal (1783–1842), der vor allem durch seine Romane »Rot und Schwarz« und »Die Kartause von Parma« berühmt wurde. In seinen 1892 posthum erschienenen »Bekenntnissen eines Ich-Menschen« schildert er seine Eindrücke von Norddeutschland, die insgesamt wenig schmeichelhaft erscheinen:

Am 13. November 1806 kam ich in einem Ländchen von 200.000 Einwohnern an, das durch seinen Fürsten berühmt ist. Das Herzogtum Braunschweig ist anscheinend das bekannteste aller kleinen deutschen Fürstentümer.

Man stelle sich eine große, nach Norden abfallende, lehmige Ebene mit Sandinseln vor, dann hat man ein Bild von diesen sechzig Stunden im Umkreis großen Lande. Indes gibt es ein paar Erhebungen: den Elmwald, wo wir auf die Hirschjagd gegangen sind, und das Assegebirge, wo ich zwei angenehme Tage verbracht habe. Aber zumeist Schmutz und Kälte, das war mein gewöhnlicher Eindruck seit den sechzehn Monaten meines Hierseins.

Man darf nicht glauben, der 52. Breitengrad, unter dem Braunschweig liegt, mache sich durch 15–20 Grad Reaumur und schönen Sonnenschein geltend. Das Wetter war meist viel unangenehmer; es ist dauernd veränderlich. Das Ther-

mometer sinkt nie unter 7 Grad unter Null, aber Schnee und Sonnenschein wechseln fünf- bis sechsmal am Tage. Von weitem sieht man eine stahlgraue Wolke anziehen; die Sonne verbirgt sich, es schneit. Die Wolke zieht vorüber, die Sonne scheint wieder, die Dächer tropfen, und zwei Stunden darauf ist kein Schnee mehr zu sehen.

Es regnet viel. Die Wege sind sieben Monate im Jahre durch Schlamm grundlos. Es gibt keinen Frühling; mit Verwunderung sieht man die Blätter in der kalten Winterluft sprießen. Niemals jene samtweiche, für zarte Lungen so wohltätige Luft; niemals jene Abende, wo man nur für das Glück lebt, eine milde Luft einzuatmen. Daß dies Wetter hier so selten ist, verleidet mir das Land besonders …[65]

Nach der Völkerschlacht bei Leipzig im Jahre 1813 zogen sich die Franzosen zurück, und anstelle des schwer erkrankten Georg III., der ohnehin niemals sein Kurfürstentum besucht hatte, kam das neunte Kind aus dessen Ehe mit Sophie Charlotte von Mecklenburg-Strelitz, Adolphus Frederick, Herzog von Cambridge, in die Stadt. Der mit Auguste von Hessen-Kassel verheiratete Herzog blieb bis zum Ende der Personalunion im Jahre 1837 zunächst als Militärgouverneur, seit 1831 Vizekönig in Hannover, und erfreute sich im Gegensatz zu seinem Bruder, dem 1837 zum König von Hannover gekrönten Ernst August, großer Beliebtheit. An den leutseligen und lebensfrohen Sohn Georgs III., dessen Ururenkelin König Elisabeth II. ist, erinnert ein plattdeutscher Trinkspruch: »Pitsche, pitsche, pitsche, der Herzog von Cambridsche. Hei kümmt, hei kümmt, hei kümmt, ob hei noch einen nümmt? Hei nümmt noch einen … na denn man prost!«

Die Kriege gegen Napoleon, zu deren größten Triumphen für die Briten die legendäre Seeschlacht bei Kap Trafalgar im dritten Koalitionskrieg am 21. Oktober 1805 gerechnet wird, als Admiral Horatio Nelson unter Verlust seines eigenen Lebens die französisch-spanische Armada schlug, gingen aber auch an Großbritannien nicht spurlos vorüber. Am 18. Juni 1815 beendete die Schlacht bei Waterloo, auch genannt die Schlacht bei Belle Alliance, in der die vereinigten britischen, preußischen und holländischen Truppen den aus seiner Verbannung auf Elba entflohenen Kaiser vernichtend schlugen, die Ära Napoleons. Es waren vor allem die englischen und preußischen Armeen unter General Wellington und Feldmarschall Gebhard von Blücher, die gemeinsam dieses weltbewegende Ereignis entschieden. Der Trinkspruch Blüchers nach der siegreichen Schlacht war wohl von politischer Erfahrung und einer dumpfen Vorahnung geprägt: »Mögen die Federn der Diplomaten nicht wieder verderben, was das Volk mit großen Anstrengungen errungen!«[66]

Beim Wiener Kongress 1814/15, auf dem Europa nach der Verbannung Napoleons auf die unter britischer Herrschaft stehende Insel Sankt Helena im Südatlantik neu geordnet wurde, kassierte man viele der ursprünglich durchaus positiven Errungenschaften der Französischen Revolution wieder. Die Personalunion profitierte zunächst von den Entscheidungen des Kongresses und gewann an Bedeutung. Die alte Souveränität wurde wieder hergestellt und Hannovers Status als Königreich, der etwas forciert zustandegekommen war, bestätigt. Noch immer regierte offiziell Georg III. Doch längst war der König aus gesundheitlichen Gründen nicht mehr in der Lage, die

Staatsgeschäfte selbst zu lenken, das hatte der Prince of Wales übernommen.

Es ist oft über diese Krankheit, die auch als »the madness of King George« bezeichnet wird, spekuliert worden. In seinem Theaterstück »The Madness of King George«, das im Jahre 1788 spielt, versucht der Dramatiker Alan Bennett auf unterhaltsame Weise die mentalen Irrungen und physischen Beeinträchtigungen des Königs darzustellen. Das Stück erlebte 1992 seine Premiere und wurde zwei Jahre später von Nicholas Hytner verfilmt. In »King George – Ein Königreich für mehr Verstand«, wie der Film auf Deutsch heißt, geht es um all die politischen Verflechtungen und Probleme, die der zunehmend schwache Gesundheitszustand Georgs verursachte. Zwischenzeitlich sollte er wegen seiner gelegentlichen Wahnvorstellungen sogar in eine Nervenheilanstalt eingewiesen werden. Die beiden mächtigsten Politiker William Pitt und Charles Fox versuchen, das Schlimmste für das Königreich zu verhindern, jeder auf seine Art. Fox unterstützt den Anspruch des Kronprinzen Georg auf die Regentschaft während der Krankheit des Vaters und plädiert sogar für einen Rücktritt des Königs »zum Wohle des Volkes«. Pitt dagegen bemüht sich, dass der beim Volk beliebte König nicht ins Abseits geschoben wird und andere politische Kräfte im Land die Oberhand gewinnen. Es kommt zu einem Kräftemessen zwischen Fox und dem Prince of Wales auf der einen Seite und William Pitt, unterstützt von der Königin, auf der anderen. Der Film zeigt trotz komödiantischer Einschübe den König zwischen Wahn und Wirklichkeit und dokumentiert eindrücklich, wie in der Politik im Grunde jeder seine eigenen Interessen verfolgt, selbst wenn diese angeblich »dem Wohl des Volkes und der

Nation« dienen. Er wirft aber auch einen liebevollen Blick auf das innige Verhältnis des königlichen Paares, das sich privat stets mit »Mr. und Mrs. King« anredete, selbst in den Momenten, da Georg sich nicht mehr sicher sein kann, wer er eigentlich ist und ob die Stimme, die er zu hören glaubt, das Flüstern der ihn umgebenden Hofschranken ist oder nur in seinem Kopf existiert. In der Tat durchlitt Georg III. 1788 den ersten schweren Anfall seiner Krankheit, erholte sich aber dann wieder, so dass er am 23. April 1789 bei einem Dankgottesdienst für seine Genesung in der St. Paul's Cathedral anwesend sein konnte.

Die These, dass der König an der Porphyrie litt, schien über Jahrzehnte die logischste Erklärung für seine Anfälle mit Symptomen wie Magenkrämpfe, Kopfschmerzen und Lichtempfindlichkeit zu sein. Diese Stoffwechselerkrankung, die mit der Störung des Aufbaustoffs des roten Blutfarbstoffs Hämoglobin einhergeht und auch zu psychotischen Ausfällen führt, ist erblich bedingt. Es scheint, dass Maria Stuart, die ferne Ahnin des späteren Königs, bereits daran gelitten hatte. Inzwischen aber haben weitere Untersuchungen und Nachforschungen ergeben, dass das Krankheitsbild doch nicht ganz so einheitlich zu erklären ist, wie man glaubte. Der britische Arzt Peter Gerrard vermutet zum Beispiel, dass Georg III. an schweren psychischen Störungen litt, unter anderem verursacht durch sein allzu enges Verhältnis zu seiner Mutter, Augusta von Sachsen-Coburg-Altenburg und dem frühen Verlust des Vaters.

Doch auch das sind nur Thesen. Tatsache ist, dass der König zwar immer wieder gezwungen war, sich aufgrund seines Zustandes nach Kew Palace bei Richmond zurückzuziehen, aber, da von Haus aus diszipliniert und fleißig,

Georg kehrte stets wieder zu seinen Aufgaben zurück. Daran änderte auch nichts, dass in der konstitutionellen Monarchie Großbritanniens, in der der König sich an die vom Parlament verabschiedeten Gesetze halten musste und im Lauf der Zeit immer mehr Machtbefugnisse an den Premierminister übergegangen waren, viele Entscheidungen, außer der Ernennung seiner Minister, nicht mehr in seiner Kompetenz lagen. Allein die Präsenz des Königs und sein Wille, dem Wohl des Volkes zu dienen, hatte große, nicht nur symbolische Bedeutung und brachte ihm Anerkennung bei Hof und beim Volk ein. In seiner 1972 erschienenen Biografie zitiert John Brooke den König mit den Worten:

> *Ich gebe nicht vor, irgendwelche besonderen Fähigkeiten zu haben, aber ich werde nicht nachgeben in meinem Bemühen, die Freiheit, das Glück und den Ruhm meiner Länder und all ihrer Einwohner zu erhalten und meine Pflicht gegenüber Gott und meinem Nächsten in vollem Umfang zu erfüllen.*[67]

Für seine irischen Untertanen, die im Jahre 1800 durch Vermittlung von William Pitt nun offiziell dem Vereinigten Königreich angehörten, zeigte der König allerdings weniger Verständnis. Denn zu den großen Ängsten des streng protestantischen Georg III. gehörte, dass die Katholiken wieder allzu große Macht und nachhaltigen Einfluss gewinnen könnten. Es hatte durch die beiden »Catholic Relief Acts« von 1778 und 1791 erste Erleichterungen für die Katholiken in England gegeben: Katholiken durften wieder über Grundbesitz verfügen, in die Armee eintreten, zudem auch eigene Gotteshäuser haben und die Messe nach römisch-katholischem Ritus vollziehen. Doch die unmittelbaren Folgen davon waren 1780 die sogenannten »Gordon Riots«, die Unruhen fundamentalistischer Protestanten. Mehr als zweihundertfünfzig von ihnen wurden von der Armee getötet. Georg blieb in der Folgezeit, erschüttert über diese heftige Reaktion auf die »Relief Acts«, reserviert gegenüber der katholischen Mehrheit in Irland. Und so verzögerte sich die von Pitt den Iren unter der Hand versprochene tiefergreifende Emanzipation der Katholiken noch beträchtlich. Einer der wichtigsten Verfechter der katholischen Sache in Irland war der 1746 in Dublin geborene Politiker Henry Grattan, der viele Jahre im Irish House of Commons saß und es sich zur Aufgabe gemacht hatte, für die Katholiken in seiner Heimat mehr Rechte zu erkämpfen. Aber es sollte nach Grattans Tod im Jahre 1820 noch geraume Zeit ins Land gehen, ehe diese einst im »Act of Supremacy« König Heinrichs VIII. und der damit verbundenen Trennung von der Kirche in Rom verwurzelten, ständig schwelenden religiösen Konflikte auch für das Parlament und das öffentliche Leben in Großbritannien gelöst werden konnten.

Bis zum Jahre 1810, dem Jahr, in dem der »gute König«, wie Georg III. vom Volk auch genannt wurde, sein fünfzigjähriges Thronjubiläum feierte und dabei seinen letzten großen öffentlichen Auftritt hatte, ging es mit seiner Gesundheit hin und her. Auf zwanzig Jahre verteilt, war Georg III. in unterschiedlichen Abständen insgesamt nicht länger als sechs Monate »unzurechnungsfähig«, aber häufiger indisponiert. Kurz nach den großen Feiern zu seinem Thronjubiläum 1810 jedoch begann seine Gesundheit rapide zu schwinden. Er konnte aufgrund von

Katarakten in den Augen fast nichts mehr sehen, und ihn quälten schwere Rheumaanfälle. Erneut, aber nun sehr viel konkreter, tauchte die Frage auf, ob nicht sein Sohn Georg August Friedrich ihn ablösen sollte. Der Prince of Wales, inzwischen schon fast fünfzig Jahre alt, hatte ein außerordentlich schlechtes Verhältnis zu seinem Vater – was ja bei den hannoverschen Königen Tradition zu sein schien. Keiner von ihnen hatte sich mit seinem designierten Nachfolger gut verstanden. Und dies setzte sich nun auch im Fall von Georg III. und »Prinny«, dem langjährigen Prince of Wales, fort. Im Oktober 1810 übernahm der Kronprinz schließlich die Regentschaft für Georg III., der sich nun völlig nach Windsor Castle zurückzog. Dort verschlechterte sich sein Zustand zusehends. Er wurde allmählich taub, verbrachte seine Tage meist nur mit einem Schlafrock bekleidet und sprach oft stundenlang ohne Unterbrechung wirres Zeug. Er bekam in diesen letzten Jahren seines Lebens auch nicht mehr mit, dass Hannover genau hundert Jahre nach Beginn der Personalunion Königreich geworden war, und dass durch die Beschlüsse des Wiener Kongresses das Weltreich, das er sechzig Jahre nominal regiert hatte, wieder um einige Territorien gewachsen war. Der offizielle Titel Georgs III. lautete nach 1814: »George the Third, by the Grace of God, of the United Kingdom of Great Britain and Ireland King, Defender of the Faith«. Bis 1801 hatte der König noch den theoretischen Anspruch auf die britische Herrschaft über Frankreich im Titel geführt, ließ ihn aber nach der Vereinigung Großbritanniens mit Irland fallen. Doch erst 1820 verschwand der Titel »König von Frankreich« endgültig aus den offiziellen Dokumenten.

Am 23. Januar 1820 verstarb Edward Augustus, Herzog von Kent und Strathearn, der 1767 als viertes Kind Georgs und Sophie Charlottes zur Welt gekommen war, an einer Lungenentzündung. Edward hinterließ seine Frau Viktoria, geborene Prinzessin von Sachsen-Coburg-Saalfeld und verwitwete Fürstin zu Leiningen, die er 1818 in Amorbach im Odenwald geheiratet hatte. Der jüngere Bruder der Fürstin bestieg 1831 als Leopold I. den belgischen Thron. Am 24. Mai 1819 hatten Edward und Viktoria eine Tochter bekommen, Alexandrina Viktoria, die 1837 als Königin Viktoria die Nachfolge von Wilhelm IV. in Großbritannien antrat. Als Edward starb, lag Georg III. selbst schon auf dem Sterbebett. Bei ihm war sein Lieblingssohn Friedrich Augustus, Herzog von York und Albany, der mit einer preußischen Prinzessin verheiratet war, aber keine Nachkommen hatte. Zum Zeitpunkt seines Todes am 29. Januar war ihm nicht bewusst, dass seine Frau Sophie Charlotte bereits am 18. November in Kew Gardens verstorben war. Königin Sophie Charlotte, vom Volk stets verehrt, hatte in einer Art Bilanz ihres Lebens als Königin und Ehefrau Georgs beteuert, dass sie stets vor allem zum Wohl ihrer Kinder gehandelt habe. In ihren letzten Monaten hatte sie beträchtlich an Leibesfülle zugenommen und wirkte nach Aussagen von Zeitgenossen wie eine »einsame, kranke und verlorene Frau«. Ihre viertausend Bände umfassende private Büchersammlung und ihre zahlreichen Schmuckstücke, die sie mit Leidenschaft gesammelt hatte, wurden zum Ausgleich von Schulden versteigert – Schulden, die nicht zuletzt ihr ältester Sohn Georg angehäuft hatte, der künftige König von Großbritannien und Hannover.

Kapitel zehn
Ein Mann der Gegensätze – Georg IV.

Ich blicke auf sein Leben zurück und erinnere mich nur an eine Verbeugung und an ein Grinsen. Ich versuche mich an Einzelheiten zu erinnern und sehe Seidenstrümpfe, Wattierungen, Stärke, einen Mantel mit Fröschen und einem Fellkragen, einen Stern und ein blaues Band, ein unglaublich parfümiertes Taschentuch, eine von Truefitts besten nussbraunen Perücken – stark pomadisiert – , ein Gebiss und einen großen schwarzen Stock, eine Unterweste, noch mehr Unterwesten und dann – nichts.[68]

So beschrieb der englische Schriftsteller William Makepeace Thackeray mit knappen Worten den Prince of Wales und späteren König Georg IV. Dieses eher harsche Urteil, das Christopher Sinclair-Stevenson in seinem Buch »Blood Royal – The Illustrious House of Hanover« zitiert, wurde aber nicht zu jeder Zeit von jedermann geteilt. In den Augen mancher Zeitgenossen war der Mann, der mit achtundfünfzig Jahren nach Jahrzehnten als Kronprinz das Erbe seines Vaters antreten konnte, zwar ein eitler, leichtsinniger Mann, der nur seinem Vergnügen huldigte und für seine ehrgeizigen Absichten lebte. Andere aber bezeichnen Georg IV., der sich selbst gerne als »führenden Gentleman Europas« sah, als »feinsinnigen Ästheten und Förderer der Künste«, als intelligent, witzig und geistreich. In Filmen und Romanen wird er fast immer als eitler, fauler und vergnügungssüchtiger Lebemann dargestellt, so in »King George – Ein Königreich für mehr Verstand«, in der britischen Comedyserie »Black Adder« in der ihn der als »Dr. House« berühmt gewordene Hugh Laurie als eitlen Dummkopf porträtiert, oder in dem 1954 gedrehten Film »Beau Brummell« von Curtis Bernhardt. »Beau Brummell«, wie George Bryan, der langjährige Freund des Kronprinzen aufgrund seines modebewussten Auftreten genannt wurde, hatte viele Jahre einen starken Einfluss auf den Prinzen. Georg interessierte sich ohnehin weniger für die Politik als für das Schöne und alles, was damit im weiteren Sinn verbunden war, vor allem für Frauen.

Wer aber war dieser vierte Georg auf dem englischen Thron, der von 1811 bis zum Tod seines Vaters als Regent, danach von 1820 bis 1830 als König herrschte? Nach wie vor gehen die Meinungen über ihn weit auseinander. Antonia Fraser, die für Georg III. eine sehr positive Bilanz zieht und ihn als »guten Menschen und guten König« beschreibt, schildert Georg IV. in ihrem Werk »The Lives of the Queens and Kings of England« folgendermaßen:

> *Als junger Mann war der Prinz außerordentlich gut aussehend und charmant. Er war hoch gewachsen und würdevoll im Auftreten, und Mrs. Perdita Robinson gehörte zu den vielen Damen, die dem Zauber seiner Person, seinem unwiderstehlichen Lächeln und seiner melodiösen, aber auch männlichen Stimme nicht widerstehen konnten. Doch seine Neigung zu opulenten Mahlzeiten und Trinkgelagen veränderte dieses Bild allmählich. Mit Ende Dreißig hatte Georg*

sich in eine abstoßende Figur verwandelt, wie sie der Karikaturist Gillray in seiner Zeichnung »›Ein Genusssüchtiger‹ leidet an den Qualen seiner Verdauung« widergibt. Dieses Bild zeigt Georg nach einer ausgedehnten Mahlzeit im Carlton House. Sein gewaltiger Bauch platzt aus der Hose, und sein gerötetes Gesicht ist wie bei einem Schlaganfall verzerrt.[69]

Nicht nur James Gillray, der sich vor allem durch seine bitterbösen Karikaturen zu Napoleon, aber auch zu den Politikern jener Jahre wie William Pitt einen Namen machte, fand in dem Prince of Wales ein dankbares Objekt. Zu den bekannten Flugblättern aus den achtziger Jahren des 18. Jahrhunderts zählt ein mit »Anonymous« unterzeichnetes Blatt, das den liebestollen Prinzen in eindeutiger Umarmung mit Maria Fitzherbert zeigt. Der junge Mann hatte sich unsterblich in die zweifache Witwe verliebt und die katholische Irin ohne Zustimmung seines Vaters 1784 geheiratet – ein Skandal in mehrfacher Hinsicht. Schon mit sechzehn Jahren hatte der lebenslustige Prinz erste Affären, darunter mit der Schauspielerin, späteren Schriftstellerin Mary Robinson, deren Unterhalt den Prinzen hoch verschuldete. Noch skandalöser erschien es, dass er die fünf Jahre ältere, verwitwete Maria Fitzherbert stürmisch umwarb und schließlich sogar heiratete. Dies widersprach dem »Act of Settlement« von 1701, der unter der Androhung des Ausschlusses von der Thronfolge die Heirat eines Mitglieds des Königshauses mit einem katholischen Partner untersagte. Zudem missachtete der junge Prinz, damals gerade zweiundzwanzig Jahre alt, auch noch ein von seinem Vater erlassenes Gesetz: Der selbst sehr sittenstrenge Georg III. hatte aufgrund mehrerer skandalöser

Verstöße gegen »Anstand und Sittlichkeit« seiner eigenen Brüder Henry und Wilhelm Henry im Jahre 1772 durch den »Royal Marriages Act« das Verbot jeder Heirat von Mitgliedern des Königshauses vor Vollendung des fünfundzwanzigsten Lebensjahres ohne die Einwilligung des Monarchen bewirkt. Die Heirat seines ältesten Sohnes, der seit seinem sechszehnten Lebensjahr ständig gegen den Vater rebellierte und sich mit den oppositionellen Whigs, vor allem mit Charles James Fox, immer wieder gegen die Interessen des Königs verschworen hatte, war für Georg III. völlig untragbar. Da Mrs. Fitzherbert sich geweigert hatte, die Mätresse des jungen Prinzen zu werden, hatte der verliebte Prinz sie geheiratet. In der Auseinandersetzung um diese »Eheschließung«, die nach kanonischem Recht durchaus gültig war, wenn auch nicht unter den Gesichtspunkten des »Act of Settlement« und des 1772 erlassenen Gesetzes, gipfelte die schon lange schwelende Abneigung zwischen Vater und Sohn. So hatte der König seinem Sohn nicht zu dessen einundzwanzigstem Geburtstag, wie normalerweise üblich, eine Erhöhung der Bezüge gewährt. Als Folge verschuldete sich der Prinz immer hoffnungsloser. Er gab nicht nur Unsummen für Essen, Trinken und Frauen wie Mrs. Fitzherbert aus, sondern auch für Mode und Kunst. Sein Berater in Modefragen war George Bryan Brummell, dessen extravagante Frisuren zu Beginn des 19. Jahrhunderts stilbildend waren und von Dichtern wie Lord Byron kopiert wurden. Georg III. bewilligte dem Sohn schließlich die Summe von fünfzigtausend Pfund und überließ ihm Carlton House, eine elegante Stadtvilla an der Pall Mall, die zu Beginn des 18. Jahrhunderts erbaut und von der Witwe Friedrich Ludwigs, Augusta von

Sachsen-Anhalt, bewohnt worden war. Der junge Prinz ließ das Haus durch den Architekten Henry Holland völlig neu gestalten und mit zahlreichen Kunstwerken und kostbaren Möbeln ausstatten. Als die Umbauarbeiten beendet waren, wurde das großzügige neoklassizistische Haus mit Versailles verglichen. Allerdings verschuldete sich der Prinz im Zuge der Umbauarbeiten noch mehr.

In dieses Bild vom Prinzen, der sich gerne mit Pomp und Luxus umgab, passt auch die berühmte goldene Kutsche, die er 1783 für seine erste Parlamentseröffnung anfertigen ließ. Diese Kutsche wurde mehrfach umgebaut und modifiziert. Das reich vergoldete Fahrzeug, das in späteren Jahrzehnten noch durch Krone und Krönchen weiter verziert wurde, ist so etwas wie ein Symbol für die nach all den Wirren und Kriegen der napoleonischen Ära noch immer bestehende Verbindung zwischen den beiden Teilen der Personalunion. Die Kutsche kam, in viele Teile zerlegt, 1814 in das neu gegründete Königreich Hannover und wurde dort wieder zusammengebaut. Aber erst 1821 besuchte der frisch gekrönte König Georg IV. das Stammland seiner Vorfahren und fuhr einen Teil der Strecke aus der Stadt hinaus nach Herrenhausen – in die Stadt hinein hatte er nach zeremoniellen Bestimmungen hoch zu Ross reiten müssen. Mit großem Jubel begrüßte die Bevölkerung den König, der als erster englischer Monarch nach sechsundsechzig Jahren royaler »Besuchspause« nach Hannover kam. Die goldene Kutsche gehört heute zu den prunkvollen Leihgaben des Hauses Hannover an das Historische Museum Hannover und zieht die Besucher magisch an, so auch in der großen Landesausstellung 2014 zum dreihundertsten Jubiläum der Personalunion als

Mittelpunkt und Titelgeber der Schau »Eine Kutsche und zwei Königreiche«. Benutzt wurde diese Staatskarosse nach 1821 nicht mehr, sondern zierte den Marstall, wo sie stets sorgfältig gehegt und gepflegt wurde. Erst in den späten dreißiger Jahren des 20. Jahrhunderts, kurz vor Kriegsausbruch, diente das Gefährt bei Filmaufnahmen als prächtiges Dekorationsstück.

Doch ehe die goldene Kutsche im neuen Königreich zum Einsatz kam, spitzte sich in England noch zu Lebzeiten des alten Königs die Situation weiter zu. Das ohnehin angespannte Verhältnis zwischen Vater und Sohn erlebte einen weiteren Tiefpunkt, als Georg III. 1788 seinen ersten schweren Krankheitsschub erfuhr. Der junge Prinz ergriff die Gelegenheit beim Schopfe, alles daran zu setzen, um mehr Macht und Einfluss an sich zu reißen. Dieser Versuch aber misslang, und danach schien der Ruf des ehrgeizigen Prinzen noch stärker beschädigt. Seine Versuche, in der Oppositionspolitik Fuß zu fassen, blieben eher kläglich. Umso mehr konzentrierte er sich auf seine anderen Leidenschaften – auf Pferderennen –, wobei er 1791 nach einem Wettskandal seine eigenen Pferde verkaufen musste und sich anschließend der Kunst widmete, zu der er auch die Mode rechnete. Ein weiterer Anstieg seiner ohnehin schon immensen Schulden war die Folge seines Lebensstils. Aus rein finanziellen Zwängen stimmte er einer Heirat mit seiner Cousine Caroline von Braunschweig zu. Obgleich er noch immer eine Beziehung zu Mrs. Fitzherbert hatte, bedeutete dies für ihn keinen Hinderungsgrund, weitere Geliebte zu haben, darunter die ehrgeizige Lady Jersey, die sich große Hoffnungen gemacht und einige Jahre starken Einfluss auf den Prinzen ausgeübt hatte.

Doch um seine Schuldenlast abzuschütteln, musste Georg in diese Eheschließung einwilligen. Ihm war letztlich egal, wen sein Vater für ihn auswählte, denn »... eine verdammte deutsche Frau ist so gut wie die andere«[70], lautete sein wenig charmanter Kommentar. Und leider fiel die Wahl auf eine Frau, der eine überaus unglückliche Rolle in dieser »Heiratsfarce« zukam. Lord Malmesbury reiste nach Braunschweig, um die sechsundzwanzigjährige Tochter von Herzog Karl Wilhelm Ferdinand und seiner Frau Augusta von Hannover, der Schwester Georgs III., nach England zu begleiten. Caroline war das dritte der insgesamt sieben Kinder des braunschweigischen Herzogspaares. Drei ihrer Brüder galten als schwachsinnig, und nur der jüngere Bruder Friedrich-Wilhelm, der 1802 Marie von Baden heiratete, kam als Nachfolger des Vaters in Frage. Carolines älteste Schwester Augusta heiratete 1780 Friedrich II. von Württemberg, die jüngste Schwester starb im Alter von einem Jahr. Lord Malmesbury beschrieb die junge Braut des englischen Thronfolgers als »fröhlich und gutherzig, allerdings ohne viel eigenem Urteilsvermögen, schwatzhaft und voller warmer Gefühle und nichts, um sie zu steuern«[71].

Die junge Frau war nicht mit großer Schönheit gesegnet und von eher kindlichem Gemüt, was von vornherein keine gute Ausgangssituation für diese Ehe bildete, zumal Georg sich meist in ältere, reife Frauen verliebt hatte. Und so kam es tatsächlich gleich zu Anfang der Ehe, die am 8. April 1795 im St. James Palace geschlossen wurde, zu einem ersten Eklat. Beim Anblick seiner Braut, die kaum ihrem recht hübschen Porträt glich, das Georg im Vorfeld der Verlobung erhalten hatte, verlangte der Bräutigam nach einem Glas Brandy, um den »Schock« zu überwinden. Das Gerücht besagt, dass er sich nach der Hochzeit dermaßen betrunken habe, dass er die Nacht im Vollrausch unter dem Kamingitter des Schlafzimmers zubrachte. Dennoch wurde neun Monate später die Tochter Charlotte Augusta geboren, die zunächst mit dem Prinz von Oranien verlobt war, dann aber 1816 Prinz Leopold von Sachsen-Coburg heiratete, den späteren König von Belgien. Schon nach einem Jahr Ehe verstarb die junge Prinzessin mit erst einundzwanzig Jahren bei der Geburt ihres Sohnes, einer Totgeburt. Leopold heiratete 1832 Marie von Orleans, mit der er vier Kinder hatte, und arrangierte 1840 die Ehe zwischen seinem Neffen Albert von Sachsen-Coburg und seiner Nichte Viktoria, der jungen Königin von England.

Die Geburt der kleinen Prinzessin Charlotte Augusta, damals an zweiter Stelle der Thronfolge nach ihrem Vater Georg, markierte zugleich auch das Ende dieser Ehe zwischen dem Prinzen und seiner Frau. Im Temperament glichen sie sich sogar, da beide aufbrausend und launisch waren. Doch Caroline neigte zur Vulgarität und legte nur wenig Wert auf ihre Erscheinung und noch weniger auf ihre Hygiene, während der Prinz jeder Modetorheit verfiel. Ihre gegenseitige Abneigung, vor allem Georgs Hass auf seine Frau, geriet fast schon zu einer Art Besessenheit. »Ich würde lieber Kröten und Schlangen über mein Essen krabbeln sehen, als mit ihr an einem Tisch zu sitzen«[72], schrieb er. Wenig schmeichelhaft sind auch die Bezeichnungen für Charlotte: Mit »Miststück, gefühllose Feindin«[73] und ähnlichen Ausdrücken bedachte er die junge Frau, die er immer mehr aus seinem privaten und politischen Leben zu drängen versuchte. Caroline selbst führte ein unglückliches Leben mit Hofdamen, die gegen sie intrigierten, darunter Lady Jersey, die Geliebte ihres Mannes, und fühlte sich durch die Hofetikette eingeengt und kontrolliert. Drei Monate nach der Geburt der Tochter begann sie dagegen zu rebellieren. Georg III. verwahrte sich gegen eine Trennung seines Sohnes von Caroline, in deren Zwistigkeiten er eine »Privatsache« sah, und schließlich zog die junge Frau daraus ihre Konsequenzen: Sie siedelte nach Montague House in dem kleinen Ort Blackheath fünf Meilen außerhalb von London über, wo sie die nächsten sechzehn Jahre lebte.

Während der Prince of Wales sich 1796 offiziell von seiner Frau trennte und in einem Testament verfügte, dass Caroline im Falle seines Ablebens nur einen einzigen Schilling und keinen Penny mehr erben würde, weiter seinem lockeren Leben frönte, etliche Geliebte hatte, aber auch bis Anfang des neuen Jahrhunderts mit Maria Fitzherbert ein eheähnliches Verhältnis unterhielt, kontrollierte er Caroline auf Schritt und Tritt. Caroline wandte sich auf ihre ganz eigene, für damalige Zeiten unkonventionelle Art gegen diese Bevormundung. Sie erzählte grobe Witze, aß für ihr Leben gerne Zwiebeln, trank Bier und zeigte beim Tanzen mehr Bein als damals sittlich. Sie flirtete mit gut aussehenden Männern, was dazu führte, dass man ihr Affären mit mehreren dieser Herren nachsagte, darunter mit dem Maler Thomas Lawrence. Zudem kümmerte sie sich nebenher um arme Waisenkinder, die sie auf ihre Kosten bei Pflegefamilien unterbrachte. Und gerade das führte zu einem erneuten Skandal. 1802 adoptierte sie den wenige Monate alten Säugling William Austin, der aus einer Arbeiterfamilie stammte. Der Junge wurde von Caroline in Montague House persönlich umsorgt. Und sofort dichtete ihr die Gerüchteküche an, sie sei die leibliche Mutter des Kindes. Lady Douglas, eine ehemalige Freundin Carolines, trug das Gerücht weiter an den Herzog von Sussex, den jüngeren Bruder Georgs. Und schließlich drang das Gerücht auch an Georgs Ohr. Daraufhin folgte eine Untersuchung des Privatlebens von Caroline, die in die Annalen der britischen Geschichte als »Delicate Investigation« einging. Eine vierköpfige Kommission unter Leitung von Lord Grenville sollte herausfinden, ob die Prinzessin außereheliche Beziehungen pflegte und was an den Gerüchten um den kleinen »Williken«, wie Caroline das Kind liebevoll nannte, wahr sei. Zwar konnte keiner der Verdachtsmomente erhärtet werden, und Caroline wurde lediglich aufgrund ihres losen Mundwerks und ihrer burschikosen Art ermahnt. Doch Georg III. glaubte nicht recht an das Ergebnis der Untersuchung, und vor allem Königin Sophie Charlotte wandte sich von der Schwiegertochter ab.

Die vereinsamte Prinzessin redete sich ein, der kleine William Austin sei in Wirklichkeit ein preußischer Prinz, der im Kindbett vertauscht worden sei, hielt sich selbst für eine begnadete Musikerin und holte zwei heimatlose italienische Musikanten in ihren Haushalt, mit denen sie musizierte. 1806 kam dann ihre Mutter auf der Flucht vor den napoleonischen Truppen, die das Herzogtum Braunschweig besetzt hatten, an den Hof ihres Bruders, Georgs III. Der Herzog von Braunschweig war im Kampf gegen die Truppen Napoleons im Alter von zweiundsiebzig Jahren heldenhaft gefallen. Georg empfing seine

Schwester mit großer Freundlichkeit und Aufmerksamkeit, und eine Zeitlang profitierte auch Caroline davon. Als aber der Prince of Wales 1811 die Regentschaft für seinen Vater übernahm, verschlechterte sich ihre Situation erneut. Denn Georg, der sich von Caroline scheiden lassen wollte, befahl eine Wiederaufnahme der »Delicate Investigation«, die zwar erneut nur erbrachte, dass Caroline zum Flirten neigte und ihr Lebensstil nicht hoffähig war, sie aber keine Affären hatte – im Gegensatz zu ihrem Mann, der eine Geliebte gegen die nächste austauschte. Eine Scheidung aber wäre nur dann möglich geworden, wenn eheliche Untreue bei beiden Ehepartnern hätte nachgewiesen werden können. Die Öffentlichkeit, vor allem die sehr liberale Presse, unterstützte in all diesen kritischen Momenten die Prinzessin, da Georg sich keiner besonderen Zuneigung erfreute. Vor allem erboste die Bevölkerung, dass er seiner immer noch rechtlich angetrauten Frau keinerlei Rolle bei Hof zukommen ließ. Wie Jane Robins in ihrem fesselnden Buch »Rebel Queen« über die Ereignisse rund um die »Delicate Investigation« unter dem Titel vermerkt, schlug sich unter anderem auch die Schriftstellerin Jane Austen, die von 1775 bis 1817 lebte und seit 1811 als bedeutende Literatin gefeiert wurde, auf die Seite der unglücklichen Caroline:

> *Arme Caroline von Braunschweig. Ich werde sie unterstützen, so lange ich kann, weil sie eine Frau ist und weil ich ihren Ehemann hasse – aber ich kann ihr kaum vergeben, dass sie sich als »anhänglich und zugeneigt« gegenüber diesem Mann bezeichnet, den sie doch verachten muss – und das angeblich bestehende Verhältnis zwischen ihr und Lady Oxford ist*

natürlich schlecht. Ich weiß nicht, was ich davon halten soll. Müsste ich die Unterstützung der Prinzessin aufgeben, wäre ich doch entschlossen, die Meinung zu vertreten, dass sie sich achtbar verhalten hätte, wenn der Prinz sie nur von Beginn an anständig behandelt hätte.[74]

Betroffen von diesen endlosen Streitigkeiten war auch die Tochter Charlotte. Zermürbt vom Zwist mit Georg IV. um die Erziehung der Tochter, die zu der Zeit noch mit dem niederländischen Prinzen verlobt war, begab sich Caroline 1814 auf eine langgeplante Reise durch Europa, Nordafrika und in das Heilige Land. Ihr erstes Reiseziel war Braunschweig. Der Aufenthalt bei ihrem Bruder Friedrich-Wilhelm, dem Herzog von Braunschweig, der wenig später bei Waterloo fallen sollte und mit dem Beinamen der »Schwarze Herzog« als Volksheld verehrt wurde, verlief sehr angenehm. Dann ging die Reise ganz in der Tradition der »Grand Tours« weiter. Schon Mitte des 18. Jahrhunderts war es in bestimmten Kreisen üblich gewesen, sich auf eine ausgedehnte Reise auf den Kontinent zu begeben, vornehmlich mit dem Ziel Italien. Aber auch der Rhein und Süddeutschland erfreuten sich bei den Dichtern der englischen Romantik wie Shelley, Byron oder Keats großer Beliebtheit. Caroline reiste auch dann noch weiter, als sich die erschreckende Nachricht verbreitete, dass Napoleon von Elba geflohen und auf dem Rückweg nach Paris sei. Und schon kamen wieder Gerüchte auf, dass sie eine Affäre mit Bartolomeo Pergami habe, einem gut aussehenden italienischen Baron, den sie in Mailand als Kurier anheuerte. Seine Schwester, Gräfin Oldi, trat ebenfalls in den Dienst Carolines, die am Comer See die Villa d'Este erwarb. 1816 trat Caroline dann in Begleitung Pergamis ihre lange Reise um das Mittelmeer an. Mit von der Partie war auch ihr Adoptivsohn William Austin.

Ihre Aktivitäten blieben nicht unbeobachtet. Zu den Männern, die Georg IV. auf seine Frau angesetzt hatte, gehörte der streng konservative Graf Ernst Friedrich Herbert zu Münster (1766–1839), dessen Vater schon dem zweitältesten Sohn Georgs III., dem letzten Osnabrücker Fürstbischof, Friedrich August Herzog von York und Albany, gedient hatte. Graf Münster wurde im neu geschaffenen Königtum Hannover zum Minister ernannt. Er selbst hatte zusammen mit Augustus Friedrich, dem Herzog von Sussex, dem sechsten Sohn Georgs III., in Göttingen studiert. Es war damals durchaus üblich, dass man die englischen Prinzen zum Studium nach Göttingen schickte. Münster, der längere Zeit in London lebte und eine steile Karriere machte, hatte sich schon einmal im Dienste der Krone bewährt. Damals wurde er beauftragt, den Herzog von Sussex von Rom nach England zurückzuholen. In Rom hatte, wie bereits dargelegt, Augustus Friedrich gegen den »Royal Marriage Act« von 1772 verstoßen und im April 1793 in Rom heimlich Lady Augusta Murray, Tochter des 4. Earl of Dunmore aus der französischen Stuart-Linie, geehelicht. Obgleich die Ehe 1794 annulliert wurde, heiratete der Herzog Lady Augusta noch ein zweites Mal, auch diesmal ohne königlichen Konsens. Er hatte zwei Kinder mit ihr, und nach dem Tod von Lady Augusta schloss er 1831, erneut ohne königliche Erlaubnis, die Ehe mit Cecilia Underwood, die später von Königin Viktoria zur Herzogin von Inverness ernannt wurde.

Der 1792 in den Grafenstand erhobene Ernst Friedrich von Münster zählte zu den herausragenden Vertretern Hannovers beim Wiener Kongress, der sich für die Interessen Hannovers stark machte und sich auch im Vorfeld für das Kurfürstentum engagiert hatte. Er errang sich dort hohe Verdienste bei der Durchsetzung von großen Gebietsgewinnen für Hannover. Münster führte bis 1831 die Regierungsgeschäfte in Vertretung der Krone in Hannover, wurde dann aber durch den zum Vizekönig ernannten Adolph Friedrich, Herzog von Cambridge, ersetzt. Während seiner Amtszeit konnte sich Münster auf die Vertreter des hannoverschen Adels stützen. Zwar verrichtete er einen Großteil seiner Tätigkeit von London aus, doch wählte er auch einen Wohnsitz im Kurfürstentum und späteren Königtum Hannover – das einstige Kloster Derneburg im Landkreis Hildesheim. Er übernahm es 1814. Mit Hilfe des bedeutenden Architekten Georg Ludwig Friedrich Laves, der ebenfalls in Göttingen studiert hatte und als Architekt und Städteplaner das Stadtbild von Hannover durch zahlreiche Bauten entscheidend prägte, ließ Münster das Kloster nach Jahren der Verwüstung durch Kriegsschäden wieder auf- und zum Schloss umbauen. Zwischen 1975 und 2006 lebte und arbeitete hier der Künstler Georg Baselitz.

Dass Prinzessin Caroline auf ihrer Reise nach Italien auch in Münsters Auftrag beobachtet wurde, lag an dem Pflichtbewusstsein des Ministers gegenüber dem englischen Thron. Und in der Tat hatten die satirischen Künstler in England bald wieder genügend Stoff für bissige Karikaturen, als durchsickerte – das Gerücht wurde vor allem von dem ebenfalls durch Italien reisenden Lord Byron in die Welt gesetzt –, dass Caroline eine Affäre mit dem etwas zwielichtigen Pergami habe. Eine Karikatur aus dieser Zeit zeigt zum Beispiel die beiden gemeinsam in einer Badewanne, ein anderes Blatt von George Cruikshank lässt eine winzige rundliche Caroline neben einem lang aufgeschossenen Pergami durch den Regen stapfen – ein eher sonderbares Paar, was nicht nur daran lag, dass der Italiener gut vierzehn Jahre jünger als Caroline war. Während die Karikaturisten nun auch neben dem Prinzregenten seine Frau als Zielscheibe für ihre spöttischen Zeichnungen hatten, reiste Caroline unverdrossen zusammen mit Pergami und ihrer Entourage ins Heilige Land und gründete dort den St.-Carolinen-Orden mit Pergami als Großmeister. Es scheint nicht nur böse Verleumdung zu sein, dass Caroline und Pergami »in einem eheähnlichen Verhältnis« lebten. Ihre kostspielige Odyssee dauerte noch bis 1820 mit Zwischenstationen in Italien und in Frankreich. Als Georg III. starb, war Caroline als die noch immer legitime Frau des neuen Königs zweifelsohne in rechtlichem Sinne Königin. Doch der neue König Georg wollte Caroline auf keinen Fall als Königin bei der Krönung an seiner Seite haben. Als Caroline endlich nach England zurückkehren wollte, versuchte man sie durch eine erhebliche Summe Geldes davon abzuhalten, englischen Boden zu betreten. Sie lehnte das sehr großzügig bemessene Angebot ab und landete am 5. Juni 1820 in Dover. Der Empfang für die Frau, die so viele Jahre in der Fremde geweilt hatte, hätte nicht herzlicher sein können, zumindest von Seiten der Bevölkerung, die nach wie vor wenig Sympathien für Georg IV. hegte. Der britische Historiker Mark Hichens zitiert in seinem Buch »Wives of the Kings of England« den Chronisten Charles Grevelle, der den triumphalen Einzug von Caroline nach London schildert: »Kutschen, Wagen und Reiter begleiteten ihre Kutsche auf dem gesamten Weg. Überall empfing man sie mit der größten Begeisterung. Frauen winkten mit ihren Taschentüchern und die Männer jubelten ihr zu.«[75]

In London aber begann sich die Situation bald zu ändern. Erneut wurden gegen sie Anklagen wegen ehelicher Untreue erhoben, belegt durch Zeugenaussagen, vor allem ihrer Dienerschaft in Italien. Die Dokumente, die in zwei großen grünen Taschen aufbewahrt und im Oberhaus als Beweismaterial vorgelegt wurden, führten zu dem »Pain and Penalty Bill«, das die Auflösung der Ehe von Georg IV. und Caroline bewirken sollte. Die Königin erklärte, sie habe in der Tat einmal in ihrem Leben einen Ehebruch begangen: Mit Georg, der ja der Mann von Maria Fitzherbert war, als sie ihn kennenlernte. Während des Prozesses genoss sie noch die weitgehende Zustimmung des Volkes. Doch wenig später begann ihr Stern zu sinken. Sie wurde zwar von den Vorwürfen des Ehebruchs freigesprochen – trotz aller gegenteiligen Beweise. Doch verscherzte sie sich die Sympathien bei der Krönung ihres Mannes, als sie gewaltsam Einlass in die Westminster Abbey erzwingen wollte und dort randalierte.

Nichts ist trügerischer als die Zuneigung der Massen, deren Sympathie nun zu Gunsten Georgs vor allem aufgrund seiner zur Volksbelustigung mit größtem Pomp veranstalteten Krönungsfeierlichkeiten umschlug. Die Menge, die noch kurz zuvor Caroline zugejubelt hatte, verspottete sie. Schwer gekränkt und gesundheitlich angeschlagen, zog sich Caroline zurück. Nur wenige Wochen später starb Caroline von Braunschweig, Königin von

Großbritannien und Irland und Königin von Hannover am 7. August 1821 im Alter von dreiundfünfzig Jahren an einer kurzen heftigen Krankheit, deren Ursachen nicht eindeutig sind – es könnte Krebs gewesen sein, wobei eine Zeitlang auch gemunkelt wurde, man habe sie vergiftet. Ihr Mann war zu der Zeit auf einer Reise durch Irland, und nichts hätte ihn weniger beeindrucken können, als die Nachricht vom Tod Carolines. Sie hatte verfügt, dass sie in Braunschweig begraben werden wollte. Die Überführung des Sarges durch London geriet zu einer Massendemonstration mit Pro und Contra für die unglückliche Frau, die vielleicht an der Seite eines anderen, liebevolleren Mannes ihre besseren Eigenschaften hätte entwickeln können. Ihr Grab befindet sich im Dom zu Braunschweig neben dem ihres Vaters. Der Tod Carolines wurde von politischen Beobachtern »als Segen« empfunden, war sie doch durch Worte wie »Alle Klassen finden in mir eine Helferin bei der Durchsetzung ihrer Freiheitsansprüche und eine überzeugte Vertreterin ihrer Rechte«[76] eine Ikone der radikalen Opposition geworden und dadurch auch immer wieder zum Auslöser für Unruhen und Polarisierungen der öffentlichen Meinung. Weder als Königin von England noch von Hannover hatte sie eine Rolle spielen dürfen.

Sieben Jahre vor seiner Krönung zum König des Vereinigten Königreichs, am 26. Oktober 1814, hatte Georg, damals noch Regent für seinen Vater, Hannover zum Königreich erklärt:

> … *Nachdem im Pariser Frieden, mit Unserer Zustimmung, von den vorzüglichsten Mächten Europas beschlossen worden ist, die ehemalige Verfassung des Deutschen Reichs ihrer Form*

nach nicht wieder herzustellen, sondern an deren Stelle einen Bundes-Verein unter allen unabhängigen Deutschen Staaten zu errichten, der dem Zwecke der Sicherstellung des gemeinschaftlichen Vaterlandes gegen auswärtige Feinde und gegen die Missbräuche der Willkür im Innern entsprechen möge […] *Wir haben demnach in Erwägung aller dieser Umstände Uns entschlossen, Unsere Deutschen Staaten, unter Erbittung des Göttlichen Segens, zu einem Königreiche zu erheben, und für denselben den Titel eines Königs von Hannover anzunehmen* […] *so befehlen Wir nunmehr allen Unseren treuen Untertanen und den Landes-Behörden, von nun an künftig in allen zu erlassenden Verfügungen und Schreiben, statt des alten Titels, sich des nachstehenden zu bedienen: »König des vereinigten Reichs Großbritannien und Irland, auch König von Hannover, Herzog von Braunschweig und Lüneburg etc.«*

Gegeben Carlton House den 26sten Oktober des 1814ten Jahrs, Unsers Herrn Vaters Majestät Regierung im Fünf und Fünfzigsten.[77]

Nach seiner glanzvollen Krönung zum König 1821 bereiste Georg IV. im August desselben Jahres Irland und kam dann nach Hannover, wo er mit großer Begeisterung begrüßt wurde. Das einstige Kurfürstentum Hannover war dank der Neuordnung Europas durch den Wiener Kongress von 1815 durch folgende Territorien erweitert worden: das Stift Hildesheim, Ostfriesland, das nördliche Eichsfeld, Goslar und Teile des Emslandes. Hannover rangierte damit an Platz vier der Staaten des neuen Deutschen Bundes.

Georg sollte noch sieben Jahre ohne Königin an seiner Seite über seine beiden Königreiche regieren. Zweifelsohne war der vierte König Georg ein Mann der Gegensätze, verhasst von den einen, bewundert von allen, die den Künsten nahe standen. Und er war ein Mann, der in einer Zeit der großen wirtschaftlichen, sozialen und politischen Umbrüche viele Jahre auf seine Chance gewartet hatte. Zu seiner Zeit begann der Übergang des alten Königtums in einem noch stark absolutistisch geprägten europäischen Umfeld in eine neue Zeit – ein langer Weg. In Großbritannien erlebte Georg IV. den Aufstieg einer neuen Gesellschaft und eine Veränderung der Monarchie noch bewusst mit. Erstaunlich war, dass sein Besuch im rebellischen Irland, in dem Georg III. aufgrund seiner strikten Ablehnung der Katholiken verhasst gewesen war, zum Erfolg geriet. Georg IV. stieß hier durchaus auf Zustimmung. Immerhin war er der erste britische Monarch, der das Land nach Richard I. im 14. Jahrhundert, also nach gut vierhundertfünfzig Jahren, wieder besuchte. Auch sein Besuch in Schottland, dem zuletzt Karl II. gute hundertfünfzig Jahre zuvor eine königliche Visite abgestattet hatte, brachte ihm Sympathien ein.

Vielleicht hätte der König, der in seinen letzten Jahren ein weniger verschwenderisches und bescheideneres Leben, umgeben von früheren Geliebten und alten Freunden, zu führen versuchte, durchaus das Zeug zur Größe gehabt. Immerhin galt er als einer der wichtigsten Förderer der Kunst und Kultur in seiner Epoche. Aber die lange Wartezeit, bis er selbst politische Verantwortung übernehmen durfte, und der Umstand, dass er sich 1788 durch seinen Ehrgeiz zu falschen Entscheidungen hinreißen ließ, das komplizierte Verhältnis zu seinem Vater, die unglückliche Wahl seiner Ehefrau, seine fatale Neigung zur Verschwendungssucht und zur Maßlosigkeit haben ihn sicherlich so mancher Chance auf Ansehen und Popularität beraubt. Georg IV. starb am 26. Juni 1830 im Alter von siebenundsechzig Jahren. Begraben wurde er am 15. Juli in der St. Georgskapelle in Windsor Castle.

Nie ist ein Mann weniger von seinen Mitmenschen betrauert worden als dieser verstorbene König. Welche Augen haben um ihn geweint? Welches Herz hat aus selbstloser Trauer um ihn geseufzt? [...] *wenn er auch nur einen Freund, einen ergebenen Freund egal aus welcher Schicht hatte, dann beteuern wir, dass wir niemals seinen Namen vernommen haben*[78],

lautete der harsche Nachruf in der »Times«.

Dem gegenüber aber steht das Urteil des französischen Politikers Charles Maurice de Talleyrand, der nach dem Tod Georgs IV. bemerkte: »König Georg IV. war un grand grand seigneur. Es gibt keine anderen mehr wie ihn.«[79]

Kapitel elf
Zeiten des Übergangs

Nichts ist flüchtiger als die menschlichen Gefühle. Nahezu zwei Jahre hatte ich gearbeitet, nur um etwas zu schaffen, dem ich Leben einflößen könnte. Dazu hatte ich mich also meiner Ruhe und Gesundheit beraubt! Mit der ganzen Glut meines Herzens hatte ich mich nach der Vollendung gesehnt, und nun war die Schönheit des Traumes verblichen, unsäglicher Schrecken und Ekel erfüllten mich. Unfähig, den Anblick meines Geschöpfes noch länger zu ertragen, rannte ich aus dem Laboratorium und in mein Schlafzimmer, wo ich auf- und abging, da ich keine Ruhe finden konnte. Schließlich aber kam doch eine entsetzliche Müdigkeit über mich und ich warf mich auf mein Lager, vollkommen angekleidet, und hoffle auf einige Zeit Vergessenheit zu finden. Es war umsonst! Wohl schlief ich, aber die furchtbarsten Träume quälten und ängstigten mich. Mir war, als sähe ich Elisabeth in der Blüte ihrer Jugend und Gesundheit in den Straßen von Ingolstadt dahinschreiten. Überrascht und erfreut eilte ich ihr nach und schloß sie in die Arme. Aber kaum hatte ich ihr den ersten Kuß auf die Lippen gedrückt, als sie fahl wurde wie eine Tote; ihre Züge veränderten sich und ich hielt den Leichnam meiner Mutter in den Armen. Ein Leichentuch umhüllte sie, in dessen Falten ekle Würmer krochen. Ich fuhr entsetzt auf; kalter Schweiß rann mir über die Stirn, meine Zähne klapperten und meine Glieder zitterten. Und da – da stand im bleichen, gelblichen Lichte des Mondes, das durch die Fenstervorhänge drang, das Ungeheuer, das ich geschaffen. Es hielt den Bettvorhang mit einer Hand zurück und stierte mich mit seinen Augen an, wenn man überhaupt von Augen reden kann. Es öffnete seine Kinnladen und stieß einige unartikulierte Laute aus, während sich die Haut seiner Wangen unter einem häßlichen Grinsen runzelte. Ob es gesprochen hat, kann ich nicht sagen, denn ich hörte es nicht, weil ich davonrannte, als es die Hand nach mir ausstreckte, und die Treppe hinuntereilte. Ich suchte Zuflucht im Hofe des von mir bewohnten Hauses. Dort ging ich bis zum Morgen auf und nieder, aufs tiefste erregt, und lauschte auf jeden Laut, der sich aus dem Hause vernehmen ließ. Mir war es, als müßte der häßliche Dämon nahen, dem ich so leichtsinniger Weise Leben verliehen hatte.[80]

Als Mary Shelley im Jahre 1818 die Geschichte des Wissenschaftlers Viktor Frankenstein und seines Geschöpfes unter dem Titel »Frankenstein – oder der moderne Prometheus« veröffentlichte, regierte der spätere Georg IV. anstelle seines inzwischen fast blinden und der Welt weitgehend entrückten Vaters. Mary Shelleys Roman entstand aufgrund einer Wette zwischen ihr, ihrem späterem Mann, dem Dichter Percy Shelley, dem damals schon notorisch berühmten Lord Byron und dem jungen Arzt und Schriftsteller John Polidori, wer von ihnen die beste Horrorgeschichte verfassen könne. Die kleine Gruppe hielt sich damals in der Schweiz auf. Polidori schrieb die Vampir-Erzählung »The Vampyre«, die fünfundsiebzig Jahre später Bram Stoker zu seinem Klassiker »Dracula« inspirierte. Mary Shelley wählte in ihrem Werk über die tragische Beziehung eines Wissenschaftlers zu seiner Schöpfung einen in den literarischen Traditionen des 18. Jahrhunderts verwurzelten Erzählstil, der Elemente von Ich-Erzählung, Briefroman und Tagebüchern miteinander vermischt. Ihr Roman gilt als Klassiker der Gothic-Literatur, eines mit der dunklen englischen Romantik verwandten Genres. Auf den ersten Blick erscheint der Roman als eine dramaturgisch exzellente Horrorgeschichte. Aber dieser »Frankenstein« ist sehr viel mehr. Der Roman übt Kritik an einer seelenlosen Wissenschaft, die allein dem Ehrgeiz und der Befriedigung menschlichen Forscherdrangs Genüge tut. Zugleich basieren Teile des Romans, der in den Eisgebieten des hohen Nordens spielt, auf Berichten über die den Entdeckungsreisen von James Cook, der 1778 durch die Beringstraße gesegelt war, und Otto von Kotzebue, der 1816 und 1817 in nördliche Regionen aufbrach. Auch der britische Admiral John Ross hatte in dieser Zeit den Versuch unternommen, sich in die polaren Eiswelten vorzutasten und die legendäre Nordwestpassage zu entdecken.

Nicht nur politisch und wirtschaftlich war diese Zeit seit dem Ende der napoleonischen Kriege eine Ära der Übergänge und Neuanfänge. Es mangelte nicht an einer bunten Bandbreite an literarischen Ideen und an Gedanken über Staat und Gesellschaft in der Nachfolge von Adam Smith, der in der zweiten Hälfte des 18. Jahrhunderts durch Schriften wie »Der Wohlstand der Nationen« zum Vorreiter der klassischen Nationalökonomie geworden war. In dieser Zeit erstarkte auch das schottische Nationalbewusstsein wieder. Dichter wie Robert Burns und vor allem Sir Walter Scott (1771–1832), der als »Vater« des historischen Romans gilt, veröffentlichten Werke, in denen direkt oder indirekt die moralische und historische

Berechtigung für die englische Vorherrschaft in Frage gestellt wird. Scotts Ritterroman »Ivanhoe«, erschienen 1820, als Georg die Regentschaft für seinen Vater übernahm, mag zwar auf den ersten Blick ein Roman über die Auseinandersetzung zwischen Sachsen und Normannen im Mittelalter vor dem Hintergrund der Kreuzzüge zur Zeit Richards III. sein, ist aber letztlich eine herbe Kritik an Missständen im Vereinigten Königreich, nicht zuletzt beeinflusst durch die Behandlung der Schotten und Iren unter der Regierung Georgs III.

So heißt es in »Ivanhoe«:

> *Ein Umstand, dem es zum großen Teile zuzuschreiben war, daß der hohe Adel ein so tyrannisches Wesen treiben durfte und daß seine niederen Klassen in so arge Bedrängnis geraten waren, lag in den Folgen, die die Eroberung des Herzogs von der Normandie mit sich brachte. In vier Geschlechtern hatte sich weder das feindliche Blut der Normannen und der Angelsachsen vermischen, noch hatten sich durch gleiche Sprache, gleiche Ziele und Interessen zwei feindliche Stämme miteinander verschmelzen können, denn auf der einen Seite machte sich stets der Stolz und der Dünkel des Siegers geltend, und auf der anderen hatten die Folgen der Niederlage denn doch zu tiefe Wunden geschlagen.*[81]

1817 starb Jane Austen, deren Romane, erschienen zwischen 1811 und 1817, heute noch als Höhepunkte der Belletristik des frühen 19. Jahrhunderts und der Regency-Epoche gelten. Die Schriftstellerin, die nichts von Georg IV. hielt und Partei für Caroline ergriff, veröffentlichte neben ihren Romanen auch eine selbstironische Kurzgeschichte mit dem Titel »Cassandra«, die aus zwölf Kapitelüberschriften mit einer jeweils kurzen Inhaltsangabe besteht. Mit wenigen ironischen Sätzen skizziert die Autorin im Prinzip die Handlung eines ihrer eigenen Romane, in denen meist verarmte Damen aus guter Familie nach dem geeigneten Mann suchen, für die in Ermangelung der nötigen finanziellen Mittel aber gleichzeitig die Chancen sinken, je eine gute Partie machen zu können. Geld regiert die Welt, und das war zu Zeiten Jane Austens auch nicht anders als in den Jahrhunderten davor und danach.

Dank der zahlreichen Verfilmungen der Romane von Jane Austen kann man sich ein recht gutes Bild von der Mode und dem Leben in England um 1800 machen, von den stattlichen Landsitzen der »landed gentry«, der Grundbesitzer, den einfacheren Landhäusern, in denen die verarmte Verwandtschaft der Lords haust, von den Cottages der Landbevölkerung, von den Festen auf dem Land und in der schon damals großen Metropole London, von der Mode, der Musik und den Umgangsformen. Die Mode schrieb den Damen keine Reifröcke mehr vor, sondern man trug griechischen Vorbildern nachempfundene, schmal geschnittene Kleider mit hoch angesetzter Taille. Diese Epoche zwischen 1811 und 1820, in der aufgrund der industriellen Revolution und dem damit verbundenen Aufstieg neuer Schichten aus den bisher eher in der unteren Mittelschicht angesiedelten Klassen das Geld sich neu verteilte und die Landwirtschaft immer mehr in den Schatten der Industrie trat, trägt den Namen »Regency«. Die Epoche wurde benannt nach dem damaligen Prinzregenten Georg. Gute hundert Jahre später zeichnete die englische Schriftstellerin Georgette Heyer in rund vierzig

Romanen, die zwischen 1921 und 1972 erschienen, ein spannendes und sehr detailreiches Bild dieser Epoche. Nach dem Vorbild William Thackerays schildert sie in ihrem Roman »Barbara und die Schlacht von Waterloo« detailreich und fundiert die entscheidenden Momente der Schlacht, wobei sie dieses historische Drama mit einer romantischen Liebesgeschichte zwischen einem britischen Offizier aus dem Hochadel und einer jungen Frau aus guter Familie verbindet.

Georgette Heyer versteht es auch in ihren heute leider fast vergessenen Romanen, ein fesselndes Porträt der rasch wachsenden Hauptstadt London mit ihren reichen Vierteln, aber auch mit den vielen Elendsquartieren, dem Nebeneinander von Glanz und Schmutz zu entwerfen. Denn schon im 18. Jahrhundert war London, wie es auch Henry Fielding in »Tom Jones« darstellt oder Daniel Defoe in »Moll Flanders«, bereits eine Stadt voller Schatten, bevölkert von bettelarmen Menschen, von Dieben und Gaunern, von Geldeintreibern und Hasardeuren, von Opportunisten und gestrandeten Existenzen, die vom Land in die Stadt getrieben worden waren. Die Literatur und die Karikatur haben diesen Grauzonen des aufstrebenden Weltreichs Denkmale gesetzt und dem oft oberflächlichen höfischen Glamour und Lebensstil den Spiegel der Realität entgegengehalten. Charles Dickens setzte dann fünfzig Jahre später in seinen Romanen noch einen weiteren Akzent mit seinen Schilderungen der Auswirkungen von gesellschaftlicher Heuchelei und Missachtung von Menschenwürde und Freiheit.

Hannover erlebte in diesen Jahren eine nicht unähnliche Entwicklung, selbst wenn die Stadt sich aufgrund ihrer sehr viel geringeren Einwohnerzahl nicht mit London messen konnte. Aber auch hier entstanden in der Altstadt Elendsviertel, und die wohlhabenden Hannoveraner zogen lieber in die Außenbezirke, wo sie in blühenden Gartenlandschaften wohnen konnten. Immerhin besaß Hannover bereits vor der preußischen Hauptstadt Berlin eine Gasbeleuchtung, die um 1824 ihren Betrieb aufnahm. Das Stadtbild begann sich auch durch die Bauten von Laves zu verändern. So schuf er den Waterlooplatz, noch heute eine imposante Fläche inmitten des modernen Hannover, und baute das Leineschloss aus, heute Sitz des niedersächsischen Landtags. Als Georg IV. im Jahr 1821 sein neues Königtum besuchte, hatte Laves eigentlich zu diesem Zweck einen steinernen Triumphbogen errichten wollen. Es blieb aber bei einer hölzernen Ehrenpforte. Noch heute erinnern Häuser und Plätze an den großen hannoverschen Baumeister.

Insgesamt war es eine, auch durch die Förderung seitens des Prince of Wales, künstlerisch sehr fruchtbare Zeit, vor allem in England. Zu den großen Dichtern dieser Zeit zählt George Gordon Byron, der 1824 im griechischen Freiheitskampf gegen die Türken als Freiwilliger teilnahm und an den Folgen einer schweren Unterkühlung in Messalongi mit erst sechsunddreißig Jahren starb. Er wurde berühmt durch Werke wie »Childe Harolds Pilgramage« (1811) und »Manfred« (1817) und galt aufgrund seiner Eskapaden und sexuellen Amoral als literarisches Enfant terrible seiner Zeit. Doch zweifelsohne besaß der Dichter, der auf seinen zahlreichen Reisen auch Deutschland besuchte und vom Rhein schwärmte, ein besonderes Charisma. 1815 erschien eine Sammlung mit Gedichten, darunter

Balladen und Liebeslyrik wie das berühmte Gedicht »Sie wallt in Schönheit«:

Sie wallt in Schönheit wie die Nacht,
Wenn wolkenlos die Sterne ragen;
Was Hell und Dunkel lieblich macht,
Wird dir ihr Aug' und Antlitz sagen,
Wo sich ein holder Licht entfacht,
Als wenn die Himmel heiter tagen.

Ein Schatten mehr, ein Strahl davon
Würd' jene hohen Reize schwächen,
Die aus der Flechten Rabenton
Und aus der Miene Zauber sprechen,
Wo Lichtgedanken künden schon,
Aus welchem reinen Haus sie brechen.

Und auf der Wange, die so blüht,
Und auf der Stirne steht geschrieben,
Im Lächeln, das ins Herz uns glüht,
Daß sie nur voll von Tugendtrieben,
Daß mild und friedlich ihr Gemüth,
Und Unschuld athme nur ihr Lieben.[82]

Byron ist ein Vertreter der englischen Romantik, die sich fast zeitgleich mit der deutschen Romantik der Naturschönheit, dem Zauber der Vergangenheit, Gefühlen und Sensibilität, aber auch den Abgründen der Seele und der Emotionen widmet. Seit dem Ende des 18. Jahrhunderts vertraten Dichter wie Samuel Taylor Coleridge, William Blake, William Wordsworth, Percy Bysshe Shelley und

John Keats diese literarische Richtung, die, ähnlich wie ihr deutsches Pendant mit Novalis, Eichendorff, Tieck, Heine Hauff und Uhland, bis etwa 1850 andauerte und ihre Ergänzung in der Malerei und in der Musik fand.

Wie in Mary Shelleys »Frankenstein« wehrten sich die Dichter und Künstler des Regency, darunter der mit der späteren Königin Caroline befreundete Maler Thomas Lawrence und die Architekten Henry Holland und John Sloane, gegen die Verfremdung der Landschaft und der Städte durch den Vormarsch der Industrie. Sie versuchten wie die Romantiker, die Magie der Natur als Gegenentwurf zu einer Zeit der zunehmenden »Gesichtslosigkeit« für die Nachwelt zu bewahren.

In Deutschland begann um 1815 das rund dreißig Jahre währende Zeitalter des Biedermeier, eine Epoche der Rückbesinnung auf bürgerliche Tugenden, auf die Pflege von Haus und Heim, verbunden mit der Sehnsucht nach der Idylle auch als Antwort auf die langen Jahre der napoleonischen Kriege. Die Mode, die auf dem Kontinent um 1800 »Empire« hieß, aber dem Regency vergleichbar war, veränderte sich im Biedermeier und wurde wieder strenger, und Korsett und Reifrock kehrten zurück. Weihnachten wurde als Fest in der heutigen Form etabliert und von Königin Viktorias Mann, Albert von Sachsen-Coburg-Gotha, nach England »importiert«. Ein Ruch von Spießigkeit umgibt diese Epoche zwischen 1815 und 1848, die in Versen wie dem kleinen Gedicht von Ludwig Pfau verspottet wird:

Schau, dort spaziert Herr Biedermeier
und seine Frau, den Sohn am Arm;

sein Tritt ist sachte wie auf Eier,
sein Wahlspruch: Weder kalt noch warm.[83]

Diesem »Tritt wie auf Eier« folgten wenig später neue Zeiten der Unruhe und des Umbruchs – manchem wird da das Biedermeier in der Rückschau wie eine Oase erschienen sein.

Noch während des Biedermeier kam ein neuer König auf den englischen Thron, der letzte Vertreter der Personalunion. Wilhelm IV., der dritte Sohn Georgs III., der seinem Bruder Georg IV. 1830 als König folgte, hatte nie damit gerechnet, jemals den englischen Thron zu erben. Der Herzog von Wellington, seit 1828 Premierminister, stellte 1830 fest: »Dies ist keine neue Regierung, sondern eine neue Dynastie.«[84] Was der Herzog meinte, der ja 1830 noch nicht ahnen konnte, dass knapp sieben Jahre später mit Viktoria tatsächlich eine neue Dynastie beginnen würde, war, dass Wilhelm sein Amt ganz anders betrachtete als dies sein zwei Jahre älterer Bruder Georg getan hatte. Der, obgleich ein Herrscher der Zeitenwende, hatte dem Königtum noch ein gewisses barockes Flair verliehen, welches Wilhelm gänzlich fremd erschien.

»Sailor Bill« war der drittgeborene Sohn von Georg III. und Sophie Charlotte von Mecklenburg-Strelitz. Da er ziemlich weit hinten auf der Liste der potentiellen Thronfolger stand, sah er seine Zukunft in anderen Aufgaben ohne die Bürde des höchsten Amtes. Der bei seiner Krönung im Juni 1830 schon fast fünfundsechzigjährige Wilhelm, seit 1818 verheiratet mit Adelheid von Sachsen-Coburg-Meiningen, war von seinem Vater als dreizehnjähriger Junge zur See geschickt worden. Ähnlich wie sein ältester

Bruder versuchte er früh gegen diesen übermächtigen Vater zu rebellieren, zu dem auch er kein besonders gutes Verhältnis hatte. Wilhelm diente zunächst als Schiffsjunge und lernte früh die eher rauen Manieren der Seeleute. Er war bei der Seeschlacht von Gibraltar im Jahr 1780 dabei und später in den amerikanischen Kolonien, wobei er alles tat, was von ihm verlangt wurde, und keine Privilegien erfuhr. Fast wäre er bei seiner Mission in Nordamerika während des Unabhängigkeitskrieges entführt worden, doch der Plan schlug fehl. Der junge Wilhelm konnte fluchen und trinken, und seine Manieren ließen zu wünschen übrig. Georg III. schickte seinen wilden Sohn, den er für »leichtsinnig« hielt, 1783 für zwei Jahre nach Hannover, wo sein älterer Bruder Friedrich, Herzog von York und Albany, residierte, der schon im Alter von wenigen Monaten Fürstbischof des Hochstifts Osnabrück geworden war. Seit dem Westfälischen Frieden von Münster und Osnabrück im Jahre 1648 ging das Bistum wechselweise an einen katholischen oder protestantischen Bischof. Friedrich musste keinerlei kirchliche Funktionen erfüllen, sondern das reichsfreie Bistum verwalten. Im Jahre 1802, noch ein Jahr vor dem Reichsdeputationshauptschluss, in dem die territorialen Zuständigkeiten in Deutschland neu verteilt wurden, trat Friedrich das Hochstift an das Kurfürstentum Hannover ab, dem es dann 1814 tatsächlich offiziell zugesprochen wurde. Friedrich war seit 1767 mit Friederike Charlotte von Preußen verheiratet. Die Ehe blieb kinderlos.

Für den jüngeren Bruder Georgs IV. erwies sich das kleinstädtische Hannover nicht als geeigneter Ort, um sich die Seemannsmanieren abzugewöhnen. Im Gegenteil. Er suchte seine Vergnügungen in diversen Bordellen, was sein öffentliches Ansehen nicht unbedingt vermehrte. Als Wilhelm 1785 in sein eigentliches Element, zur Marine, zurückkehrte, hinterließ er mindestens ein Kind in Hannover und erinnerte sich später nur ungern an »dieses verdammte Land, die billigen Kartenspiele und die dicken Schuhe«[85].

Eine Zeitlang fühlte er sich als Seeoffizier zufrieden. Sein bester Freund bei der Marine wurde der spätere Held von Trafalgar, Horatio Nelson, der von Wilhelm sagte: »Wilhelm ist als Marineoffizier besser als die meisten anderen, und wenn es um das Befolgen von Befehlen und um den Respekt gegenüber seinen Vorgesetzten geht, lässt sich kaum ein anderer Offizier mit ihm vergleichen.«[86] Aber insgeheim genügte Wilhelm das alles nicht. Er hatte keine besondere Aufgabe zu erfüllen, er besaß keine besonderen Titel, und er fühlte sich bei der Vergabe von Aufträgen und Adelstiteln übergangen. Im Jahr 1789, inzwischen Vizeadmiral der Flotte, erhielt Wilhelm dann doch noch seinen eigenen Herzogtitel, nach dem er schon Jahre gestrebt hatte. Er wurde zum Duke of Clarence and St. Andrews und zum Earl of Munster ernannt. Die Jahre danach zeigten, dass es Wilhelm nicht gegeben war, ein ehrgeiziger oder gar charismatischer Politiker zu werden. Als man ihm das Kommando über ein eigenes Schiff in den Kriegen gegen Frankreich verweigerte, reagierte er, indem er sich mal für den Krieg, mal gegen ihn aussprach. In seiner Familie war er zwar wohlgelitten, aber man hielt ihn insgesamt für eher töricht. Sein Spitzname lautete dementsprechend »Silly Billy«. Doch neben all seinen Fehlern besaß Wilhelm im Grunde einen durchaus liebenswürdigen und warmherzigen Charakter, auch waren ihm romantische

Gefühle nicht fremd. Als sehr junger Mann hatte auch er gegen das Gesetz seines Vaters verstoßen, nur mit Einwilligung des Monarchen und des Parlaments zu heiraten, indem er im August 1791 heimlich in einer Waldkapelle bei Pyrmont die 1768 in Hannover geborene Marianne Caroline Dorothee von Linsingen ehelichte, Tochter eines kurhannoverschen Generals. Von dieser Heirat erfuhren sowohl die Eltern Carolines sowie Georg III. erst ein Jahr nach der Vermählung. Und sofort betrieben beide Seiten die Auflösung dieser Ehe. Und wieder einmal spielte das Geld eine Rolle. Wilhelm, wie seine Brüder stets hoch verschuldet, beugte sich dem Diktat des Vaters. Die Ehe wurde wieder aufgelöst. Caroline heiratete einige Jahre später einen Arzt, der ihr nach einem schweren Anfall, bei dem sie als Scheintote bereits in einem Sarg lag, das Leben rettete. Mit ihrem Mann zog sie nach Mähren und starb 1815.

Wilhelm hatte nach diesem Fehlschlag nicht mehr die Absicht, in den Stand der Ehe zu treten. Doch er war durchaus ein Familienmensch. Das bewies er in den zwanzig Jahren seiner quasi ehelichen Verbindung mit der irischen Schauspielerin Dora Jordan, die als Dorothea Bland in Waterford geboren wurde und schon früh eine Bühnenkarriere anstrebte. Wilhelm lernte die erfolgreiche Schauspielerin 1791 kennen. Da hatte sie bereits drei Kinder aus einer ihrer recht zahlreichen früheren Affären mit Sir Richard Ford, der sie aber nicht heiraten wollte. Die warmherzige, charmante Dorothea eroberte das Herz des mit seiner politischen Karriere unzufriedenen jungen Herzogs, mit dem sie seit 1791 als seine Mätresse zusammen lebte. Die beiden hatten zehn Kinder, die den Nachnamen Fitzclarence erhielten. Neun dieser Kinder erlebten das Erwachsenenalter. In einer Karikatur von James Gillray aus dem Jahre 1797 sieht man den recht beleibten Herzog von Clarence als Kutschpferd vor einen Kinderwagen gespannt, in dem drei seiner Sprösslinge sitzen und eines davon die Peitsche schwingt, »La Promenade en Famille« heißt der Titel dieser satirischen Zeichnung, die einiges über Wilhelm und seine Ergebenheit gegenüber seiner Geliebten und ihren gemeinsamen Sprösslingen aussagt. Im Übrigen ist einer der Nachfahren aus dieser Beziehung der britische Politiker David Cameron.

Wilhelm erwies sich in der Tat als liebevoller Vater und verhältnismäßig treuer »Ehemann«. Er verehrte Dorothea als »eine der vollkommensten Frauen auf dieser Welt«, sie schätzte an ihm seine Güte und Großzügigkeit. Das Glück der beiden hielt bis zum Jahre 1811. Da wurde klar, dass, sollte dem Könighaus kein legitimer männlicher Erbe geboren werden, die Personalunion aufgrund der unterschiedlichen Erbfolgerechte nach mehr als hundert Jahren auseinanderbrechen würde. Doch die Suche nach einer passenden Frau aus dem deutschen Adel, wie es bei den Welfen Sitte war, erwies sich zunächst als erfolglos. 1818 starb seine Mutter Caroline, die schon lange unglücklich darüber gewesen war, dass ihr Sohn keine standesgemäße Frau geheiratet hatte. Da wurde es ernst für Wilhelm. Denn die Aussicht, selbst König zu werden, rückte in greifbare Nähe. Dazu brauchte er eine »ordentliche« Frau mit der Hoffnung, doch noch legitime Erben in die Welt zu setzen.

Mit seiner Karriere war es nicht ganz so gut gelaufen, wie er sich das vorgestellt hatte. Zwar hatte Wilhelm 1827 endlich wieder Morgenluft gewittert, als er ein Amt zugesprochen bekam, das für ihn geschaffen worden war, das des

Lord High Admirals. Doch schon nach einem Jahr verlor er das Amt wieder aufgrund seines taktischen Ungeschicks und seines Willens, sich über alle Regeln hinwegzusetztten und Reformen einzuführen, die zwar nötig waren, aber auf diplomatischem Wege wohl besser umgesetzt worden wären. Diplomatie jedoch war nicht die Stärke Wilhelms, dafür seine Liberalität. Diese bewies er, indem er sich für die Emanzipation der Katholiken, schon lange ein delikates und heikles Thema, einsetzte. Vor allem Irland war und blieb ein Vulkan. 1803 brach dort, nur fünf Jahre nach der letzten Rebellion im Jahre 1798 unter der Führung des Anwalts Theobald Wolfe-Tone, erneut ein Aufstand los, diesmal unter Robert Emmett. Georg III. hatte der Emanzipation der Katholiken einen Riegel vorgeschoben, den auch Georg IV. nicht löste. Als dann später, unter der Regierung Königin Viktorias in den 1840er Jahren, Irland aufgrund der Kartoffelfäule in seine größte wirtschaftliche Krise geriet, die zur Auswanderung Tausender von Iren nach Amerika führte, zeigte sich, dass dieses Land, wie schon Jonathan Swift gut hundert Jahre zuvor konstatiert hatte, nicht eher Frieden mit England würde finden können bis es in seine Eigenverantwortlichkeit entlassen würde. Aber bis dahin sollten noch einmal fast achtzig Jahre vergehen.

Unterstützt wurde Wilhelm IV. in diesen unruhigen Jahren durch seine Ehefrau Adelheid, denn tatsächlich hatte Wilhelm dann wider Erwarten in Adelheid von Sachsen-Meiningen eine geeignete Gattin gefunden, obgleich es bei der Brautschau und bei der anschließenden Heirat am 11. Juli 1818 nicht gerade romantisch zuging. Im selben Jahr heirateten auch seine Brüder Adolph Friedrich, Herzog von Cambridge, der eine hessische Prinzessin ehelichte, und Eduard August, Herzog von Kent und Strathearn, der Victoire von Sachsen-Coburg-Saalfeld zur Frau nahm. Auch Letzterer hatte fast dreißig Jahre eine Mätresse gehabt, Julie de St. Laurent, mit der er glücklich gewesen war, und auch er fühlte sich mehr oder minder genötigt zu heiraten, damit die Thronfolge gesichert bliebe. Dass Eduard dann doch eine legitime Verbindung einging, erwies sich für Großbritannien als Glücksfall. Denn das einzige Kind aus dieser Ehe, Viktoria, wurde im Jahr 1836 Herrscherin des Vereinigten Königreichs und später sogar Kaiserin von Indien. Und auch die inzwischen achtundvierzigjährige Prinzessin Elizabeth, das siebte Kind Georgs III., heiratete in diesem Jahr. Allerdings blieb ihre Ehe mit dem Landgrafen Friedrich von Hessen-Homburg aus Altersgründen ohne Nachkommen. Friedrich VI., der die englische Königstochter vor allem aus finanziellen Gründen geheiratet hatte – ihre Apanage sorgte für Tilgung seiner Schulden und für die Mittel, sein Schloss in Bad Homburg gründlich sanieren zu lassen –, starb bereits 1829, Elizabeth 1840 in Frankfurt am Main.

Auch die Ehe zwischen Wilhelm und Adelheid war zunächst eine Zweckehe. Immerhin war der dreiundfünfzigjährige Herzog von Clarence achtundzwanzig Jahre älter als seine Braut. Doch bald erwies sich diese Ehe als Glücksgriff für Wilhelm, selbst wenn Adelheid und er keine lebensfähigen Nachkommen hatten. Innerhalb eines einzigen Jahres verloren sie zwei Kinder. Ihre erste Tochter wurde zu früh geboren und überlebte nur wenige Tage, dann folgten mehrere Fehlgeburten, und die zweite Tochter, die 1820 lebendig und gesund zur Welt kam, starb mit wenigen Monaten an einem Infekt. 1822 und 1824 gebar Adelheid noch jeweils Zwillingspärchen, die aber nur wenige Stunden alt wurden. Doch jenseits dieser Tragödien wurde die Ehe erstaunlich glücklich. Adelheid, auf Englisch Adelaide, sei eine der meist unterschätzten englischen Königinnen gewesen, schreibt Mark Hichens in seinem Werk über die Königinnen von England zur Zeit des Hauses Hannover. Wilhelm selbst schwor sich, »das arme unschuldige junge Ding nicht schlecht zu behandeln«[87]. Und dieses Wort hielt er während der insgesamt neunzehn Jahre dauernden Ehe, die mit seinem Tod im Jahre 1837 endete. Nach einem Zwischenspiel in Hannover zu Beginn der Ehe verbrachte er die meiste Zeit mit Adelheid auf seinem Anwesen Bushey und führte ein eher bescheidenes Leben. Adelheid gelang es sogar, die Finanzen im Griff zu behalten. Als König kehrte Wilhelm nicht mehr nach Hannover zurück und überließ die Geschäfte vor Ort weiterhin seinem Bruder, der dort als Generalgouverneur residierte. Wilhelm war, anders als sein verstorbener Bruder Georg, kein Liebhaber der Künste, hielt sie eher für überflüssigen Schnickschnack und gab sein Geld lieber für andere Dinge aus. Während seiner Regierungszeit verschenkte er den Großteil der umfassenden Gemäldesammlung Georgs an die National Gallery, entließ die teuren französischen Köche seines Bruders und machte sich durch seine informelle, direkte und ein wenig raue Art beim Volk beliebt.

Als Georg IV. 1830 starb, zeigte Wilhelm aufrichtige Trauer, da er seinen älteren Bruder durchaus geliebt hatte. Dennoch war seine Aufregung und Freude, ein Amt zu übernehmen, auf das er nicht einmal in seinen kühnsten Träumen zu hoffen gewagt hätte, überwältigend groß. Der inzwischen vierundsechzigjährige neue Monarch fühlte sich von seinem Status so sehr beschwingt, dass er in den ersten Tagen seiner Regierung in einer offenen Kutsche durch die Straßen »seiner« Hauptstadt sauste, ein breites Grinsen im Gesicht. »Und wer ist jetzt der törichte Willi?«[88], fragte er, sich auf seinen alten Spitznamen »Silly Billy« beziehend, als ihm die engsten Ratgeber des Privy Council huldigten. Fast widersprach dieser ungeschminkten Freude die zunächst geäußerte Order des neuen Königs, auf eine öffentliche Krönung zu verzichten. Als Wilhelm aber einsah, dass er nicht um eine Krönung umhinkommen werde, sollte sie in bescheidenem Rahmen stattfinden. Seine Bescheidenheit bewies er auch, als er anstatt mit teuren Kutschen durch die Stadt zu fahren lieber lange Spaziergänge durch London unternahm. Fürsorglich gedachte er auch seiner neun überlebenden Kinder aus der langjährigen Beziehung zu Dorothea Jordan und ernannte den ältesten Sohn zum Earl of Munster. Zu Beginn seiner Regierungszeit schien dieser neue König alles richtig zu machen. Der britische Historiker Fitzgerald Molloy, der eine Biografie unter dem Titel »The Sailor King« über Wilhelm IV. publizierte, zitiert die Schriftstellerin Charlotte Williams-Wynn, deren Onkel William Grenville 1806 und 1807 Premierminister gewesen war: »Der König hat bis jetzt jede nur mögliche Anstrengung unternommen, um populär zu sein und bei jeder Gelegenheit einen guten und freundlichen Eindruck bei jedermann zu hinterlassen.«[89]

Aber auch Wilhelm musste erleben, dass alles vergänglich ist – vor allem Popularität. Die erste Parlamentswahl nach dem Tod Georgs fand 1830 noch vor der Krönung des designierten Königs statt. Kurz zuvor hatten die sogenannten »Swing Riots« Großbritannien erschüttert. Landarbeiter in

Kent und East Anglia hatten Dreschmaschinen zerstört, um ihrem Unmut Ausdruck zu verleihen, dass bei den Agrarreformen immer mehr Arbeitskräfte durch Maschinen ersetzt wurden. Die zunehmende Verarmung der Landbevölkerung führte zu einer Abwanderung vieler Landbewohner in die rasch aufstrebenden Städte Birmingham, Manchester, Liverpool und natürlich London. Der Name »Swing Riots« verdankt sich einer fiktiven Gestalt, die unter dem Namen Captain Swing Drohbriefe an die lokalen Politiker und Grundbesitzer, Pfarrer und Verwaltungsangestellte verfasste. Ein weiterer Hintergrund für die Proteste der Landbevölkerung war, dass neuerdings Weideflächen abgegrenzt und durch Zäune in geschlossene Einheiten umgewandelt wurden. Das bewirkte, dass die ärmeren Landleute, die vielleicht nur ein oder zwei Kühe besaßen, nicht mehr wie früher ihr Vieh auf die Weiden treiben durften, die eigentlich zum Besitz von Großbauern und Gutsbesitzern gehörten. Die Swing Riots führten dazu, dass die Löhne für die Landarbeiter gehoben, die Abgaben an die Kirche gesenkt wurden. Dennoch blieb ein bitterer Nachgeschmack, da sich die Gutsbesitzer durch die Aufrührer ernstlich bedroht fühlten. Man stellte deshalb mehr als zweitausend Protestler, darunter neben Landarbeitern auch kleine Handwerker aus ländlicher Umgebung, zwischen 1830 und 1831 vor Gericht. Zweihundertzweiundfünfzig von ihnen wurden zum Tode verurteilt, allerdings kamen davon »nur« neunzehn tatsächlich an den Galgen, fast sechshundertfünfzig Aufrührer mussten ins Gefängnis und knapp fünfhundert wurden nach Australien deportiert.

Diese Protestbewegung fand ihre Fortsetzung mit der Forderung nach der Einführung des schon lange geplanten

»Reform Act« für die Reformen des Wahlrechts, das allzu lange einer Minderheit vorbehalten gewesen war. Das Unterhaus lehnte die Reform im ersten Durchgang ab. Erneut brachen heftige Unruhen aus, und der König musste selbst eingreifen, als es im Parlament zu Ausschreitungen kam. Neuwahlen wurden ausgerufen, und schließlich unterzeichnete Wilhelm, inzwischen gekröntes Oberhaupt des Vereinigten Königreichs, 1832 den Antrag. Der »Reform Act« fügte den bislang vierhundertvierzigtausend Wahlberechtigten noch einmal zweihunderttausend Neuwähler hinzu. Wählen durften alle, die ein Haus besaßen oder ein Haus gemietet hatten, das mit zehn Pfund Steuern im Jahr veranschlagt wurde, und die diese Steuern selbst abführten. Doch auch diese Reform brachte Unruhe, da sich nun ein anderer Teil der Bevölkerung, die in den »Boroughs«, kleineren Ortschaften, das Wahlrecht besessen hatte, ausgeschlossen fühlte. Wilhelm IV. geriet sozusagen geradewegs in ein Hornissennest wachsender Unruhen, die in den vierziger Jahren sich zur »Chartistenbewegung« entwickelten und schon zu Wilhelms Regierungszeit 1835 unter den Arbeitern begannen:

> *Der Chartismus* [...] *ist keine politische Frage, wobei es sich darum handelt, daß ihr das Wahlrecht bekommt usw.; sondern der Chartismus, das ist eine Messer- und Gabel-Frage, die Charte, das heißt gute Wohnung, gutes Essen und Trinken, gutes Auskommen und kurze Arbeitszeit*[90],

erklärte einer der Anführer der Bewegung, ein Geistlicher namens Joseph Rayner Stephens. Es ging dabei unter anderem um Reduzierung der täglichen Arbeitszeit, um die

Erneuerung des Wahlrechts mit der Forderung, dass alle Männer über einundzwanzig Jahren wählen durften, und um die Einführung von Gewerkschaften. Den Höhepunkt erreichte diese Bewegung in den späten vierziger Jahren, ebbte dann aber um 1850 wieder ab. Frauen allerdings blieb das Wahlrecht weiterhin verwehrt.

Wahrscheinlich hatte sich Wilhelm IV. seine Aufgabe etwas leichter vorgestellt. Und das Strahlen, das er nach seiner Berufung zum Nachfolger seines Bruders Georg im Gesicht getragen hatte, war ihm längst im grauen Licht der Realität vergangen. Doch in einem Land, das sich inzwischen zu einem Weltreich entwickelt hatte und in dem alte Traditionen und konservatives Denken auf den Ruf nach Reformen und auf die rasanten Umbrüche in Industrie und Landwirtschaft prallten, konnte es nicht gemäßigt zugehen. Zwar kam es nach den napoleonischen Kriegen und den letzten Kämpfen in den ehemaligen amerikanischen Kolonien außenpolitisch einige Jahrzehnte nicht mehr zu großen internationalen Auseinandersetzungen, selbst wenn es in Portugal, Spanien und Frankreich gärte und sich in der Ferne die ersten dunklen Wolken des späteren Konflikts mit dem Osmanischen Reich zusammenzogen: Griechenland war im Begriff, unterstützt von zahlreichen Freiwilligen aus ganz Europa, sich von der langen Herrschaft der Türken zu befreien.

Innenpolitisch rumorte es umso mehr. Eine Zeitlang verlor der ursprünglich so beliebte Wilhelm an Ansehen, vor allem weil man ihm unterstellte, seine Sturheit verhindere den »Reform Act«. Aber nach 1832 glätteten sich die Wogen wieder. Wilhelm intervenierte selten in Fragen der Außenpolitik, unterstützte aber den Witwer seiner Nichte

Charlotte, Leopold von Sachsen-Coburg-Saalfeld, der als erster belgischer König 1831 den Thron bestieg. Belgien war als südlicher Teil des Vereinigten Königreichs der Niederlande im Gegensatz zum calvinistisch geprägten Norden fast ausschließlich katholisch. Es hatte sich von den Niederlanden getrennt und ein eigenes Königtum proklamiert. König Leopold I., der trotz seiner Herrschaft über ein katholisches Land im Übrigen selbst nicht zum Katholizismus konvertierte, unterstützte später wiederum seinen Neffen Albert bei seiner Brautwerbung um die junge Viktoria, die Nichte von Wilhelm IV.

Nach Hannover kam Wilhelm zwar nicht mehr selbst, aber er setzte dort liberalere Gesetze durch, was zur Entlassung von Graf Münster führte, dem langjährigen getreuen, jedoch allzu konservativen Verwalter. Dafür übernahm Wilhelms Bruder, bisher Generalgouverneur, als Vizekönig die Aufgaben, die Münster zuvor wahrgenommen hatte. 1833 unterschrieb Wilhelm nach längeren Streitereien mit dem Fürsten Metternich, der den als Spätfolge der Französischen Revolution und durch die von Napoleon eingeführten Gesetze in Deutschland erwachten Freiheitsgedanken zu beschneiden versuchte, eine freiheitlichere Verfassung für Hannover. Sie gewährte auch den Arbeitern gewisse Rechte. Die ständische Generalsteuerkasse und die königliche Generalkasse wurden zu einer einheitlichen Staatskasse zusammengelegt. Unterstützt wurde Wilhelm dabei von einem der einflussreichsten englischen Politiker der ersten Hälfte des 19. Jahrhunderts, Henry John Temple, dem dritten Viscount Palmerston. Unter Wilhelm IV. leitete Lord Palmerston das Außenministerium. Palmerston wurde 1855 und 1859 unter Viktoria zweimal

Premierminister. Die Karriere des 1784 geborenen, einer irischen Familie entstammenden Mannes begann bereits 1806 unter der Herrschaft von Georg III. und setzte sich erfolgreich unter Georg IV. fort. Palmerston gehörte zu den Tories und war über fast zwanzig Jahre eine stabile Größe in wechselvollen Zeiten.

Die Reformen Wilhelms IV. für sein deutsches Königtum, wurden vom wesentlich konservativeren König Ernst August nach der Auflösung der Personalunion 1837 sofort widerrufen. Schon einen Tag nach seiner Ankunft in Hannover beurlaubte dieser neue König von Hannover die Ständeversammlung, erklärte das 1833 von Wilhelm IV. erlassene hannoversche Staatsgrundgesetz für erloschen, das aus dem Königreich Hannover eine konstitutionelle Monarchie nach dem Vorbild des Vereinigten Königreichs gemacht hatte, und erklärte stolz: »Ich habe dieser Demokratie die Flügel gestutzt.«[91] Damit waren die letzten Brücken zwischen den beiden einstigen durch die Personalunion verbundenem Königreiche abgebrochen. Das Vereinigte Königreich und Hannover gingen eigene politische und verfassungsrechtliche Wege.

Wilhelms restliche Regierungsjahre standen oft im Schatten der innerpolitischen Auseinandersetzungen zwischen Whigs und Tories, zwischen Persönlichkeiten wie Lord Grey und Lord Melbourne. Das Vergnügen, das Wilhelm zunächst an seinem Amt empfunden hatte, wich mehr und mehr der Desillusion. Der ständige Streit um Reformgesetze, um die Machtbefugnisse des Parlaments, zwischen Unterhaus (House of Commons) und dem Oberhaus (House of Lords) zehrten an den Kräften des inzwischen siebzigjährigen Monarchen. Und auch familiäre Probleme belasteten ihn. Mit seinem ältesten Sohn aus seiner Beziehung zu Dorothea Jordan, den er zum Earl of Munster ernannt hatte, verband ihn nach alter Welfentradition kein gutes Verhältnis mehr, Dorothea Jordan selbst hatte England aufgrund drückender Schuldenlasten verlassen und starb 1816 arm und vereinsamt in Paris. Eine weitere Sorge, die Wilhelm umtrieb, war der Gedanke an seine Nachfolge. Da kein direkter männlicher (legitimer) Erbe existierte, war klar, dass Wilhelms Nichte Viktoria, einzige Tochter des 1820 verstorbenen Edward, Herzogs von Kent, in Großbritannien regieren würde. Im Königreich Hannover galten dagegen die noch im alten salischen Recht verwurzelten Gesetze, die eine weibliche Thronfolge ausschlossen, so lange es noch einen älteren männlichen Thronanwärter gab.

Wilhelm IV. und seine Frau Adelheid, nach der die Stadt Adelaide in Südaustralien benannt wurde, schätzten ihre intelligente, eigenwillige Nichte Viktoria sehr. Doch ihre Mutter, die verwitwete Herzogin Victoire, empfand für ihren Schwager nur wenig Sympathie. Sie verbot ihrer Tochter, den Einladungen ihres Onkels an den Hof Folge zu leisten, da dies ein »Vipernnest des Lasters«[92] sei, eine doch eher kühne Anschuldigung. Denn so raubeinig Wilhelm auch sein mochte, so war er doch ein Mann mit moralischen Prinzipien. 1836 zog die Herzogin ohne die Erlaubnis des Königs im Kensington Palast ein und übernahm dort mehrere Zimmerfluchten. Der Streit zwischen ihr und dem König drohte zu eskalieren, zumal die Herzogwitwe unter dem Einfluss von Sir John Conroy stand, einem aus Irland stammenden Offizier. Das Gerücht besagte, der ehrgeizige und machthungrige Conroy sei der

Liebhaber Victoires. Was auch immer daran stimmen mochte oder nicht, Tatsache blieb, dass er wohl plante, als Graue Eminenz für die Regentschaft der Herzogin bereitzustehen, falls Wilhelm sterben sollte, ehe Viktoria achtzehn Jahre und damit alt genug für die Thronfolge sein würde. Auch nachdem Viktoria 1837 den Thron bestiegen hatte, versuchte Conroy seine machthungrigen Pläne mit Hilfe der jungen Monarchin durchzusetzen und von ihr die Unterschrift unter ein Dokument zu erlangen, das ihm eine besondere Rolle im königlichen Haushalt übertragen hätte. Doch sein Plan schlug fehl, da Viktoria die Unterschrift verweigerte. Danach verringerte sich sein Einfluss schnell. Er blieb aber, obgleich er keine Funktion bei Hofe mehr innehatte, dort noch präsent und diente weitere zwei Jahre der verwitweten Herzogin als Berater und Freund.

Wilhelm IV. erkrankte im Juni 1837. Bei seinem letzten öffentlichen Auftritt anlässlich eines Essens mit mehr als hundert Gästen äußerte der schwerkranke König lautstark den Wunsch, er wolle noch so lange leben, bis Viktoria selbst regieren könne. Sein Wunsch wurde erfüllt. Am 22. Mai feierte Viktoria ihren achtzehnten Geburtstag, am 20. Juni starb Wilhelm IV., umsorgt von seiner Frau, die nicht von seiner Seite wich. Die Nachrufe auf den König zeigten, dass er trotz mancher Krise, die er während seiner nur sieben Jahre Regierungszeit bewältigen musste und trotz der Wankelmütigkeit der öffentlichen Meinung durchaus kein unbeliebter König gewesen war. In der »Times« war zu lesen, dass er zwar kein überragendes Talent besessen noch sich durch Kultiviertheit ausgezeichnet habe, dafür aber durch »Pflichterfüllung,

Aufrichtigkeit und erfüllt von dem Ideal von Recht und Gerechtigkeit«[93] sei.

Das ist kein schlechtes Zeugnis für den letzten König der Personalunion zwischen England und Hannover, die mit der Thronbesteigung Georgs I. im Jahre 1714 begonnen hatte und am 1837 mit dem Tod Wilhelms IV. endete. Allein Lord Palmerston äußerte sich eher unzufrieden über das Ende dieser Verbindung, die immerhin hundertdreiundzwanzig Jahre überdauert hatte. Seiner Meinung nach hatte Hannover das wesentlich größere Großbritannien in vielerlei Hinsicht innen- und außenpolitisch ausgenutzt und behindert. Das allerdings entspricht kaum den historischen Tatsachen und sicherlich hätte Wilhelm IV. Einspruch erhoben. Kurz vor seinem Tod hatte er als Rektor der Universität Göttingen zur Hundertjahrfeier ihrer Gründung durch Georg II. die Aula gestiftet. Ihm zu Ehren heißt der Platz vor der Aula Wilhelmsplatz, und das dort zu seinen Ehren errichtete Denkmal ist die einzige Statue eines englischen Königs in Deutschland.

Wenn die Wege der beiden Königreiche sich auch 1837 offiziell trennten, so war es zunächst noch dieselbe Familie, die in London und Hannover regierte. Auch Viktoria stammte ja aus dem Haus Hannover. Sie aber heiratete am 10. Februar 1840 ihren Vetter Albert von Sachsen-Coburg-Gotha, dessen Name nun zum Familiennamen des königlichen Hauses wurde. Erst im Jahre 1917, während des Ersten Weltkriegs, änderte König Georg V., der 1865 geborene Enkel Viktorias, den deutschen Familiennamen in das englische Windsor – ein Name, der schon lange mit der englischen Geschichte eng verbunden war. Aufgrund der starken anti-deutschen Stimmung in Großbritannien während des Krieges gewann dieser als neuer Familienname der königlichen Familie an Bedeutung. Als Kaiser Wilhelm II. von dieser Namensänderung erfuhr, spottete er, er werde sich nun nicht mehr Shakespeares »Lustige Weiber von Windsor«, sondern die »Lustigen Weiber von Sachsen-Coburg-Gotha« ansehen.

Wer hätte gedacht, dass zweihundert Jahre nach dem Beginn der Personalunion sich die durch Heirat engverwandten königlichen Vettern und Cousinen in einen Weltkrieg hineinreißen lassen würden, der alles in Frage stellte und vieles zerstörte, was jahrhundertelang als gängige Norm und dauerhaftes Wertesystem gegolten hatte …

Epilog

... Ich ging durch das Herrenhäuser Thor, dessen vergoldete Spitzen mir schon in meiner Jugend so gar besondere Dinge zu erzählen wussten; durch die Lindenallee, deren Dunkel und Einsamkeit und Kühle seitdem noch zugenommen; in diese herrschaftlichen Gärten von Herrenhausen, in denen Georg I., König von England und Kurfürst von Hannover, seine so vielen vergnügten und ruhigen Stunden verlebte und sich tausendmal wohler fühlte als in Kensingtongardens und Saint James' Park und Hamptoncourt und allen anderen Schlössern und Gärten Englands, und wohin er sich, so oft es ihm nur möglich, begab in Begleitung seiner beiden Mätressen Melusina von Schulenburg, genannt ‚die Kletterstange', und Sophie von Kielmansegg, genannt ‚der Elefant', von denen er im ersten Jahre seiner gnädigen Regierung die eine zur Herzogin von Munster in der irischen und zur Herzogin von Kendall in der englischen Peerage, die andere zur Gräfin von Darlington gemacht hatte. Vieles, vieles hat sich verändert im Laufe der Jahre, ist gebaut worden, ist verfallen und hat Neuem Platz gemacht. Noch steht das kleine Heckentheater, auf welchem an warmen Sommerabenden vor Seiner Majestät gespielt wurde [...] *und durch die Lichtungen schimmern die noch wohlerhaltenen Statuetten von Georg I., seinem Vater Ernst August, erstem Kurfürsten von Hannover, seiner Mutter Sophie, der Stuart-Enkelin, durch welche die Krone Englands an das Haus Hannover kam, und seines Großvaters Herzog Georg, des eigentlichen Begründers und Stammvaters dieses hannoverisch-britischen Welfengeschlechts ...*[94]

Das Echo einer längst längst vergangenen Epoche wird hier von dem 1831 im kurhessischen Rodenberg im Landkreis Schaumburg geborenen Journalisten und Schriftsteller Julius Rodenberg beschworen. Im Kapitel über dieses »Wiedersehen mit Herrenhausen« aus seinem 1874 publizierten Werk »In deutschen Landen« reist er zurück in ein Zeitalter, das gerade zu Ende gegangen war. Acht Jahre zuvor, im Jahr 1866, war das Königreich Hannover, nicht einmal dreißig Jahre nach der Auflösung der Personalunion, von Preußen annektiert und zur Provinz Hannover degradiert worden. Der hannoversche König Georg V. verließ Hannover und ging ins Exil nach Österreich. Sein Vater Ernst August, 1771 als achtes Kind Georgs III. geboren, war 1799 zum Herzog von Cumberland und Teviotdale ernannt worden und regierte seit 1837 als König von Hannover. Ernst August, der niemals damit gerechnet hatte, einen Thron zu besteigen, erwies sich schon als junger Prinz in England als konservativ und liebäugelte, anders als seine Brüder, mit den Tories. 1813 kam er für einige Zeit nach Hannover, das ihn nach dem Ende der französischen Besatzung mit Begeisterung empfing – für den in seiner Heimat wenig gelittenen Prinzen, dem man sogar den Mord an einem seiner Diener zugetraut hatte, eine Wohltat. Man munkelte in späteren Jahren sogar, er habe geplant, seine Nichte Viktoria zu beseitigen, um selbst König von England zu werden. Verheiratet mit der außerordentlich beliebten und reizenden Friederike von Mecklenburg-Strelitz lebte er einige Jahre in Berlin, fernab von der englischen Gerüchteküche. Und dort wurde sein einziger Sohn Georg geboren, ein schwächliches, kränkliches Kind, das schon früh auf einem Auge erblindete und durch einen Unfall die Sehkraft seines zweiten Auges verlor. Bis heute ist Ernst August eine umstrittene Figur der deutschen Geschichte, von den einen als weitsichtiger Herrscher gelobt, von den anderen als Feind des Liberalismus geschmäht. Zumindest setzte er auf Preußen, was sich als durchaus klug erwies. Der 1819 in Berlin geborene Georg heiratete 1843 Marie von Sachsen-Altenburg und beerbte 1851 seinen Vater. Als »der blinde König« ging Georg V. in die Geschichte ein. Im Gegensatz zu seinem Vater unterstützte er die österreichische Seite. Diese Unterstützung Österreichs im Deutschen Krieg hatte fatale Folgen, die das Ende des Königreichs Hannover besiegeln sollten. Bis zu seinem Tod im Jahre 1878 in Paris fühlte Georg sich noch immer als rechtmäßiger König von Hannover. Er hatte sogar vor, im Falle eines Krieges zwischen Frankreich und Preußen eine eigene Armee mit Flüchtlingen als »Welfenlegion« in den Kampf zu führen, um sein Königreich zurückzuerobern. Dieser Plan führte dazu, dass die Preußen sein Privatvermögen konfiszierten. Begraben ist Georg V. in Windsor Castle, während sein Vater Ernst August im Welfenmausoleum im Berggarten in Herrenhausen seine letzte Ruhestätte gefunden hat. Ihm gewidmet ist auch das prachtvolle Reiterstandbild vor dem Hauptbahnhof in Hannover, ein beliebter Treffpunkt. Denn hier trifft man sich gerne bei Verabredungen »unterm Schwanz«, zu Füßen des Standbilds.

Rodenbergs Schilderung der Herrenhäuser Gärten beschwört den Geist einer längst verwehten Epoche, in der das Kurfürstentum Hannover durchaus von der Personalunion profitierte. Natürlich segelte es im Windschatten Großbritanniens und litt durch seine ungünstige geopolitische Lage im Zentrum der immer wieder aufflammenden Auseinandersetzungen zwischen den Weltmächten in Europa im 18. und frühen 19. Jahrhundert. Auf den ersten Blick könnte man zwar meinen, dass der Glanz des Weltreichs jenseits des Kanals an Hannover vorbeigegangen sei. Doch die renommierte Universität Göttingen, die Gärten in Hannover, die Bauten eines Mannes wie Laves, das Celler Gestüt und die seit der ersten Hälfte des 19. Jahrhunderts blühenden Wirtschaftsbetriebe in und um Hannover zeigen, dass das Kurfürstentum und spätere Königreich zur Zeit der Personalunion und bis ins 19. Jahrhundert kein Stiefkind der historischen Entwicklungen gewesen ist. Umso betrüblicher, dass all dies 1866 endete und Hannover aufhörte, als selbstständiges Staatswesen zu existieren.

Anders die Entwicklung im Vereinigten Königreich von Großbritannien, Irland und Schottland. Allerdings war der Weg zum größten Weltreich der modernen Zeitrechnung, dessen Einfluss mit der Ernennung Viktorias zur Kaiserin von Indien 1877 einen Höhepunkt erreichte, mit vielen Steinen gepflastert und nicht nur eine Ruhmesgeschichte. Kriege, innenpolitische Spannungen und gewaltige gesellschaftliche Umbrüche waren auch dort Teil des dornigen Aufstiegs zum Imperium. Vor allem auf sozialer Ebene lag manches im Argen, nicht nur im von Hungersnöten gepeinigten Irland, sondern auch in England, wo Arbeits- und Armenhäuser wie Pilze aus dem Boden schossen. Charles Dickens, der große Erzähler des 19. Jahrhunderts, hat sich in seinen Romanen oft dieser Ärmsten der Armen angenommen und wie in seinem Roman »Oliver Twist« auf die Schattenseiten des Empires verwiesen:

Kinder haben fast immer Hunger. Oliver und seine Kameraden hatten die Qualen des langsamen Hungertodes drei Monate lang ausgehalten. Die Jungen beratschlagten und losten dann, wer nach dem Abendessen zum Speisemeister gehen und um mehr bitten solle. Das Los fiel auf Oliver Twist.

Der Abend kam heran, der Speisemeister stellte sich an den Kessel, und nachdem ein langes Tischgebet über das kurze Mahl gesprochen war, wurde der Haferbrei ausgeteilt. Dieser war schnell im Magen der Kinder verschwunden, als Oliver aufstand und mit Napf und Löffel vor den Speisemeister hintrat. Hunger und Elend ließen ihn alle Rücksichten vergessen, doch zitterte er, als er sagte:

»Bitte, Herr, ich möchte noch etwas mehr.«

[…]

»Der Junge wird am Galgen enden«, sagte der Herr mit der weißen Weste. »Ich bin ganz sicher, daß der Bursche dereinst gehängt wird!«[95]

Diese berühmte Szene aus dem Roman »Oliver Twist«, der 1838, ein Jahr nach dem Ende der Personalunion, erschien, wirft ein bezeichnendes Licht auf das wachsende Elend in den Städten und auf dem Land – die andere Seite der Medaille der nach Ruhm und Wohlstand strebenden Nation.

Mit Königin Viktoria, die ihr Land vierundsechzig Jahre lang bis ins Jahr 1901 regierte, begann für Großbritannien eine neue Ära, der Aufbruch in ein neues Zeitalter, dessen Anfänge aber durchaus schon in den Bergwerksgruben des Harz, in den Ateliers der Künstler, in den Gelehrtenkabinetten und Universitäten und in den Schreibstuben der Dichter und Denker des 18. Jahrhunderts zu finden sind. Der englische Historiker und Politiker Edward Gibbon, der 1776 bis 1788 sein dreitausendzweihundert Seiten umfassendes, sechsbändiges Werk über »Die Geschichte des Untergangs und des Verfalls des römischen Reiches« veröffentlichte, hat zwar behauptet: »Die Geschichte ist nicht viel mehr als eine Aufzählung der Verbrechen, Narrheiten und Unglücksfälle der Menschheit.«[96] Aber zugleich ist sie der Stoff, aus dem Erinnerungen bestehen, die zu Phantasien anregen und zu Romanen und Dramen gegen das Vergessen. Denn, wie der Schriftsteller Robert Heinlein sagt: »… eine Generation, die die Geschichte ignoriert, hat keine Vergangenheit – und keine Zukunft«.

Die Personalunion zwischen Großbritannien und Hannover ist nicht nur ein regional verortetes Kapitel der Geschichte, sondern vielmehr ein wichtiger Stein im Mosaik der europäischen Historie und der Weltgeschichte. Ein Grund mehr, die Erinnerung an die wechselvollen Ereignisse der Jahre 1714 bis 1837, wie auch immer man sie rückwirkend einordnet, nicht verblassen zu lassen. Denn, wie Friedrich von Schiller dies in seiner akademischen Antrittsrede an der Universität Jena im Jahre 1789 zum Thema »Was heißt und zu welchem Ende studiert man Universalgeschichte« eindringlich und allgemeingültig postulierte:

> … *Es zieht sich also eine lange Kette von Begebenheiten von dem gegenwärtigen Augenblicke bis zum Anfange des Menschengeschlechts hinaus, die wie Ursache und Wirkung in einander greifen. Ganz und vollzählig überschauen kann sie nur der unendliche Verstand; dem Menschen sind engere Grenzen gesetzt* […] *Wenn wir über eine Begebenheit, die sich heute erst und unter Menschen, mit denen wir leben, und*

in der Stadt, die wir bewohnen, ereignet, die Zeugen abhören und aus ihren widersprechenden Berichten Mühe haben die Wahrheit zu enträtseln: welchen Muth können wir zu Nationen und Zeiten mitbringen, die durch Fremdartigkeit der Sitten weiter als durch ihre Jahrtausende von uns entlegen sind? Die kleine Summe von Begebenheiten, die nach allen bisher geschehenen Abzügen zurückbleibt, ist der Stoff der Geschichte in ihrem weitesten Verstande …[97]

Anhang

Stammbäume

Jakob I. von Großbritannien, Jakob VI. von Schottland, Sohn von Maria Stuart (geb. 1566, König 1603 bis 1625)

Karl I., Sohn von Jakob I. (geb. 1600, König von 1625 bis 1649 – hingerichtet)

Commonwealth unter Oliver Cromwell 1649 bis 1658

Karl II., Sohn von Karl I. (geb. 1630, König von Schottland 1649, König von England, Schottland und Irland 1660 bis 1685)

Jakob II., Sohn von Karl I., Bruder von Karl II. (geb. 1633, König von 1685 bis 1688, gestorben 1701)

Wilhelm von Oranien (III.) und Königin Maria II., Tochter von Jakob II. (gemeinsam Herrscher 1689, Maria gestorben 1694, Wilhelm 1702)

Anne, jüngere Tochter von Jakob II. (geb. 1665, Königin von 1702 bis 1714)

Personalunion

Georg I., Sohn von Herzog Ernst August von Hannover und Sophie von der Pfalz, Enkelin von Jakob I. (geb. 1660, König von 1714 bis 1727)

Georg II., Sohn von Georg I. (geb. 1683, König von 1727 bis 1760)

Georg III., Enkel von Georg II. (geb. 1738, König von 1760 bis 1820)

Georg IV., Sohn von Georg III. (geb. 1762, König von 1820 bis 1830)

Wilhelm IV. , Sohn von Georg III., Bruder von Georg IV. (geb. 1765, König von 1830 bis 1837)

Ende der Personalunion 1837

Vereinigtes Königreich:

Viktoria, Nichte von Georg IV. und Wilhelm IV. (geb. 1819, Königin von 1837 bis 1901)

Königtum Hannover:

Ernst August, Sohn von Georg III., Bruder von Georg IV. (geb. 1771, König von Hannover 1837 bis 1851)

Georg V., Sohn von Ernst August (geb. 1819 in Berlin, König von 1851 bis 1866, gestorben 1878 in Paris)

Zeittafel

1603 Tod Elisabeths I., Thronfolge Jakobs I. von England/ Jakobs VI. von Schottland (Sohn von Maria Stuart)

1613 Hochzeit von Elisabeth, Tochter Jakobs I., mit Friedrich V. von der Pfalz (Winterkönig von Böhmen 1619/1620)

1625 Tod Jakobs I., Thronfolge Karl I.

1629 Krieg mit Spanien und Frankreich

1636 Herzog Georg von Calenberg verlegt seine Residenz nach Hannover

1642 Beginn des Ersten Bürgerkriegs in England

1648 Beginn des Zweiten Bürgerkriegs in England

1648 Westfälischer Frieden: Die Herzogtümer Verden und Bremen fallen an Schweden

1649 Prozess und Hinrichtung Karls I. – England wird »Republik«

1652 bis 1654 Krieg mit den Niederlanden

1655 bis 1660 Krieg mit Spanien

1658 Tod Oliver Cromwells

1659 Cromwells Sohn Richard entmachtet

1660 Karl II. kehrt nach England zurück. Beginn der »Restauration«

1665 Die große Pest in London

1666 Das große Feuer von London

1685 Tod Karls II., Thronbesteigung Jakobs II., die Rebellion von Monmouth, dem illegitimen Sohn Karls II. schlägt fehl

1688 Wilhelm von Oranien, verheiratet mit Jakobs Tochter Mary, fällt in England ein, gerufen vom Parlament.

Jakob II. flieht. Wilhelm III. und Mary II. werden gemeinsam Herrscher (Glorious Revolution)

1690 Wilhelm besiegt in der Schlacht an der Boyne die irischen französischen Truppen Jakobs II.

1692 Herzog Ernst August von Calenberg (Hannover) erhält die neunte Kurwürde

1694 Gründung der Bank of England, Tod von Königin Mary II.

1697 Frieden von Rjiswick

1701 Act of Settlement klärt die englische Thronfolge – nur noch protestantische Monarchen, Ausschluss der Stuarts. Die Folge: Die Kurfürstin Sophie von Hannover wird designierte Nachfolgerin (Urenkelin von Jakob I.)

1701 Beginn des Spanischen Erbfolgekrieges

1702 Tod Wilhelms III., Nachfolgerin Anne, jüngere Schwester von Mary

1704 In der Schlacht von Blindheim (Blenheim) bei Höchstedt besiegen die verbündeten britischen, niederländischen, deutschen und österreichischen Truppen die Franzosen und Bayern

1705 Tod von Herzog Georg Wilhelm von Celle. Vereinigung des Herzogtums Lüneburg mit Hannover (seine Tochter Sophie Dorothea war von 1682 bis 1694 mit Georg Ludwig, Sohn der Kurfürstin Sophie und dem 1698 verstorbenen Kurfürsten Ernst August verheiratet)

1707 Zusammenschluss von England und Schottland

1713 Frieden von Utrecht. Ende des Spanischen Erbfolgekrieges gegen Frankreich (Ludwig XIV.)

1714 Tod der Kurfürstin Sophie im Juni, Tod Königin Annes im August. Thronfolger wird Georg Ludwig, Kurfürst von Hannover, als Georg I.

1715/20 erster Jakobitenaufstand (»Fifteen«). Kurhannover gewinnt die Herzogtümer Bremen und Verden

1720 Wirtschaftscrash »South Sea Bubble« – zahlreiche Investoren der South Sea Company werden ruiniert

1721 Robert Walpole regiert

1727 Tod Georgs I., Nachfolger sein Sohn Georg II.

1735 Erlass für die Gründung des Landgestüts in Celle

1737 Tod von Königin Caroline – Gründung der Universität Göttingen

1739 »War of Jenkins' Ear«: Spanisch-Britischer Seekrieg

1740 Beginn des Österreichischen Erbfolgekrieges

1742 Sturz von Robert Walpole

1743 Sieg in der Schlacht bei Dettingen (27. Juni) der verbündeten Armeen Englands, Kurhannovers und Österreichs gegen Frankreich. Georg II. als letzter König an der Spitze der Truppen. An seiner Seite sein dritter Sohn Wilhelm Augustus, Herzog von Cumberland

1745 Zweiter Jakobitenaufstand unter »Bonnie« Prince Charles, dem Enkel Jakobs II. (The Fortyfive)

1746 Niederschlagung des Aufstandes bei der Schlacht von Culloden. Verfolgung der Clans durch den Herzog von Cumberland (Butcher Cumberland)

1748 Frieden von Aachen und Ende des Österreichischen Erbfolgekrieges

1752 Einführung des Gregorianischen Kalenders in England

1756 Beginn des Siebenjährigen Krieges

1757 Besetzung Hannovers durch die Österreicher und Franzosen

1760 Tod Georg II., Nachfolger sein Enkel Georg III.

1763 Ende des Siebenjähriges Krieges mit dem Frieden von Paris (10. Februar) und Frieden von Hubertusburg (16. Februar)

1769 Patent für die Dampfmaschine von James Watt
1773 Boston Tea Party als Protest gegen überzogene Teesteuern der East India Company
1775 Gründung der Bergakedemie in Clausthal
1776 Amerikanische Unabhängigkeitserklärung und amerikanischer Unabhängigkeitskrieg – endet 1783 im Frieden von Paris (3. September), Loslösung der dreizehn Kolonien von Großbritannien
1778 Gründung der Tierärztlichen Hochschule in Hannover
1780 Gordon Riots als Protest der Prostanten gegen Erleichterungen für die Katholiken im Vereinigten Königreich
1783 William Pitt der Jüngere ist Premierminister
1788 Erste schwere Krankheitszeichen bei Georg III. (The Madness of King George)
1789 Beginn der Französischen Revolution
1793 Beginn des Krieges mit Frankreich
1796 Einführung der Pockenimpfung (erste Versuche schon Anfang des 18. Jahrhunderts)
1798 Irischer Aufstand gegen die britische Herrschaft in Irland
1799 Napoleon zum Ersten Konsul der Republik Frankreich ernannt
1801 Zusammenschluss Großbritanniens mit Irland
1802 Frieden mit Frankreich (Amiens)
1803 Erneuter Krieg mit Frankreich. Im Reichsdeputationshauptschluss erhält Hannover das Hochstift Osnabrück. Besetzung Hannovers durch französische Truppen, 1806 kurzfristig durch Preußen
1804 Napoleon krönt sich zum Kaiser der Franzosen
1805 Seeschlacht bei Trafalgar. Horatio Nelson besiegt die Franzosen und Spanier

1807 Gründung des Königreichs Westfalen unter Jérôme Bonaparte

1811 Georg, Prince of Wales und Sohn Georgs III., übernimmt die Regentschaft für seinen schwer kranken Vater

1812 Russlandfeldzug Napoleons (Schlacht an der Beresina)

1813 Sieg über Napoleon bei der Völkerschlacht von Leipzig (16. bis 19. Oktober)

1814 Verbannung Napoleons nach Elba (Rückkehr nach Frankreich 1. März 1815)

1814 Das befreite Hannover wird Königtum

1815 Sieg der alliierten Truppen unter Wellington und Blücher bei Waterloo (Belgien) gegen Napoleon (18. Juni)

1815 Verbannung Napoleons nach St. Helena (Ankunft auf der Insel im Südatlantik am 18. Oktober 1815. Napoleon stirbt dort am 8. Mai 1821)

1820 Tod König Georgs III., Nachfolger Georg IV.

1821 Georg IV. besucht sein Königtum Hannover, weitere Besuche in Irland und 1822 in Schottland

1825 Erste Gewerkschaften in England zugelassen

1829 Katholikenemanzipation in Großbritannien

1830 Tod Georgs IV., Nachfolger sein jüngerer Bruder Wilhelm, Herzog von Clarence, als Wilhelm IV.

1831 »Swing Riots« in ländlichen Gebieten gegen die Mechanisierung der Landwirtschaft

1832 Neue Wahlgesetze in Großbritannien (Great Reform Bill)

1833 Hannover erhält Staatsgrundgesetz nach englischem Vorbild. Bauernbefreiung

1834 Abschaffung der Sklaverei im Britischen Weltreich. Entstehung von Arbeitshäusern

1837 Tod Wilhelms IV. Nachfolgerin im Vereinigten Königreich Wilhelms Nichte Viktoria (Regierung bis 1901), im Königtum Hannover wird Wilhelms jüngerer Bruder Ernst August, Herzog von Cumberland und Teviotdale, sein Nachfolger

Ende der Personalunion

1837 bis 1851 Ernst August König von Hannover. Aufhebung des Staatsgrundgesetzes (Protest der Göttinger Sieben, darunter die Brüder Grimm) und Erlassung des Landesverfassungsgesetzes (1840)

1851 bis 1866 Georg V. von Hannover

1866 Schlacht bei Langensalza gegen die Preußen. Trotz des hannoverschen Sieges muss das Königtum sich ergeben und wird zur preußischen Provinz

1917 Viktorias Enkel Georg, der als Georg V. das Vereinigte Königreich von 1910 bis 1936 regiert, nimmt den Namen Windsor an und legt den deutschen Familiennamen Sachsen-Coburg-Gotha ab

Bibliografie

Allgemeine Werke

Anonym: Dess gwesten Pfaltzgrafen Glück und Unglück. Spottschrift von 1621. Kupferstichsammlung auf der Burg Böhmisch Sternberg.

Böhm, Ekkehard: Niedersachsen – Pferde, Stärken und Meer. Edition Hannover: Temmen 2013.

Churchill, Sir Winston. The History of the English speaking Peoples. London: Dorset Press 1958.

ders.: Geschichte. Bd. 3. »Zeitalter der Revolution«. Bern: Scherz Verlag 1958.

Eyssen, Jürgen / Storch, Dietmar: Niedersächsisches Lesebuch. Hildesheim: Gerstenberg Verlag 1983.

Fabian, Franz: Die Schlacht von Monmouth. Friedrich Wilhelm von Steuben in Amerika. Ost-Berlin: Militärverlag Berlin. 1983.

Forster, Georg: Reise um die Welt. Berlin: Die Andere Bibliothek 2007.

Gibbon, Edward: Verfall und Untergang des Römischen Reiches. München: dtv 2003.

Hibbert, Christopher: The Story of England. London: Phaidon Press 1994.

Hücking, Renate: Süchtig nach Grün. Gärtnerinnen aus Leidenschaft. München: Piper Verlag 2007.

Hunger, Ulrich: Die Georgia Augusta als hannoversche Landesuniversität. Bd. 2. Göttingen: Vandenhoeck & Ruprecht 2002.

Kant, Immanuel: Was ist Aufklärung. Berlin: Berlinische Monatsschrift 1784.

Kiesel, Helmuth (Hg.): Briefe der Liselotte von der Pfalz. Berlin: Insel Verlag 1981.

Leibniz, Gottfried Wilhelm: Bittschrift an Herzog Johann Friedrich. In: Sämtliche Schriften und Briefe. Frankfurt a. M.: Fischer 1958

Leisinger, Ulrich: Leibniz-Reflexe in der deutschen Musiktheorie des 18. Jahrhunderts. Würzburg: Königshausen und Neumann 1994.

Mlynek, Klaus: Geschichte der Stadt Hannover. Band 1 und 2. Hannover: Schlütersche Verlagsanstalt 1992, 1994.

Morgan, Kenneth O.: The Oxford Illustrated History of Britain. Oxford: Oxford University Press 2009.

Pfau, Ludwig: Herr Biedermeier. In: Der neue Conrady. Das große deutsche Gedichtbuch. Düsseldorf: Artemis und Winkler 2000.

Oberschelp, Reinhard: Politische Geschichte Niedersachsen 1714–1803. Hildesheim: Verlag August Lax 1983.

ders.: Niedersächsische Texte 1756–1820. Hildesheim: Verlag August Lax 1983.

Outram, Dorinda: The Enlightenment. Cambridge: Cambridge University Press 1995.

Richter-Uhlig, Ute: Hof und Politik unter den Bedingungen der Personalunion zwischen Hannover und England. Hannover: Hahnsche Buchhandlung 1992.

Riotte, Torsten: Hannover in der britischen Politik 1792–1815. Münster: LIT 2005.

Rodenberg, Julius: In deutschen Landen. Leipzig: Brockhaus 1874.

Rössler, Emil F.: Die Gründung der Universität Göttingen. Ent[...], Berichte und Briefe der Zeitgenossen. Göttingen: Vandenhoeck und Ruprecht 1855.

Schnath, Georg (Hg.): Der Königsmarck-Briefwechsel. Hildesheim: Verlag August Lax 1952.

Schröder, Hans-Christoph. Englische Geschichte. München: C.H. Beck 2003.

Sinclair-Stevenson, Christopher: Blood Royal: The Illustrious House of Hanover. London: J. Cape 1979.

Teasure, Geoffrey: Who is Who in Early Hanoverian Britain. London: Stackpoole books 2002.

Treitschke, Heinrich von: Politik. Vorlesungen gehalten an der Universität zu Berlin. Band 1. Leipzig: Verlag E. Hirzel 1899.

Ueding, Gerd (Hg.): Adolph Freiherr Knigge: Über den Umgang mit Menschen. Frankfurt: Insel Verlag 2008.

Unabhängigkeitserklärung der USA vom 4. 7. 1776 (Deutsche Übersetzung 1776). Berlin: Faksimile im Deutschen Historischen Museum in Berlin.

Wahl, Volker (Hg.): Friedrich von Schiller - Was heißt und zu welchem Ende studiert man Universalgeschichte? Quedlinburg: Verlag Dr. Bussert und Stadler 1996.

Walpole, Horace: The Best Letters of Horace Walpole. New York: Read Books Design 2010

Zweig, Stefan: Sternstunden der Menschheit. Frankfurt: S. Fischer 2011.

Wirtschaft und Handel

Abulafia, David: Das Mittelmeer. Eine Biographie. Frankfurt: S. Fischer 2013.

Appleby, Joyce: Die unbarmherzige Revolution. Eine Geschichte des Kapitalismus. Hamburg: Murmann Verlag 2011.

Nagel, Jürgen G.: Abenteuer Fernhandel – Die Ostindienkompanien. Darmstadt, Mainz: Philipp von Zabern 2011.

Biografien

a. allgemein

Black, Jeremy: The Hanoverians. The History of a Dynasty. London: Bloomsbury 2009.

Fraser, Antonia: The Lives of the Kings & Queens of England. Berkeley: University of California Press 1999.

Gardiner, Juliet: Who's Who in British History. London: Collins&Brown 2000.

Hichens, Mark: Wives of the Kings of England from Hanover to Windsor. London: Peter Owen Publishing 2006.

Roberts, Stephen / Thompson, Dorothy: Images of Chartism. London: Merlin 1998.

Weiß, Ulrike: Dame, Herzog, Kurfürst, König – Das Haus der hannoverschen Welfen 1636 bis 1866. Hannover: Schriften des Historischen Museums Hannover 2008.

b. Einzelbiografien

Ambrose, Tom: Prinny and his Pals. The Life of George IV. London: Peter Owen Publishing 2009.

Beauclerk, Charles: Nell Gwynn. Schauspielerin und Geliebte des Königs. Berlin: Osburg-Verlag 2008.

Black, Jeremy: King George III. – America's Last King. New Haven: Yale University Press 2006.

Brooke, John: King George III. London: Harper Collins 1974.

Feuerstein-Präßer, Karin: Sophie von Hannover. Regensburg: Verlag Friedrich Pustet 2004.

Fraser, Flora: The Unruly Queen. The Life of Queen Caroline. Berkeley: University of California Press 2012.

Frensdorff, Ferdinand: Ernst August. In: Allgemeine Deutsche Biographie. Bd. 6. Leipzig: ADB 1866.

Friedenthal, Richard: Georg Friedrich Händel in Selbstzeugnissen und Bilddokumenten. Reinbek: Rowohlt Verlag 1959.

Hibbert, Christopher: George III. – A Personal History. London: Penguin 1998.

ders.: George IV. Regent and King 1811–1830. London: Allen Lane 1973.

ders.: George IV. The Rebel that would be King. London: Pelgrave Macmillan 2007.

ders.: Charles I. London: Pelgrave Macmillan 2007.

Hirsch, Eike Christian: Der berühmte Herr Leibniz. München: C. H. Beck 2007.

Kleßmann, Eckart (Hg.): Deutschland unter Napoleon in Augenzeugenberichten. München: dtv 1974. S. 285f.

Molloy, Joseph Fitzgerald: The Sailor King. London: General Books 2009.

Moremen, Grace E.: Adolphus Frederick. The Duke of Cambridge. London: Lewiston 2002.

Orléans, Elisabeth Charlotte von: Briefe der Herzogin von Orléans. Leipzig: Voigtländer Verlag 1913.

Rauschnick, Gottfried: Peter Marschall Vorwärts oder: Leben, Thaten und Charakter des Fürsten Blücher von Wahlstadt. Barmen: Langewiesche 1842.

Robins, Jane: Rebel Queen. How the Trial of Queen Caroline brought England to the Brink of Revolution. London: Pocket Books 2007.

Schmieglitz-Otten, Juliane / Steinau, Norbert (Hg.): Von Copenhagen nach Celle. Das kurze Leben einer Königin. Celle: Stadt Celle 2001.

Somerset, Anne: The Lives and Times of William IV. London: Weidenfeld and Nicolson 1993.

Stanhope, Philip Henry: Life of the right Hon. William Pitt. Band IV. London: J. Murray 1862.

Thies, Heinrich: Die verbannte Prinzessin. Das Leben der Sophie Dorothea. Springe: zu Klampen Verlag 2007.

ders.: Ein König aus Hannover. Georg I. Der erste Welfe auf englischem Thron. Göttingen: MatrixMedia 2011.
Thompson, Andrew: George II. King and Elector. New Haven: Yale University Press 2011.
Voltaire, Francois Marie Arouet de: Die Geschichte Karls XII. König von Schweden. Leipzig: Reclam 1829.
Ziegler, Philip: King William IV. London: Harper Collins 1972.
Zweig, Stefan: Maria Stuart. Frankfurt: S. Fischer 2013.

Dramen, Essays, Lyrik, Belletristik

Bürger, Gottfried August: Wunderbare Reisen zu Wasser und Lande, Feldzüge und lustige Abenteuer des Freiherrn von Münchhausen. Ditzingen: Reclam 1947.
Cooper, James Fenimore: Der letzte Mohikaner. München: Carl Hanser Verlag 2012.
Cornelius, Peter: Literarische Werke. Bd. Gedichte. Frankfurt: Breitkopf & Härtel 1904. S. 354.
Defoe, Daniel: Die Pest zu London. Berlin: Ullstein Verlag 1996.
ders.: Robinson Crusoe. Zürich: Manesse Verlag 2002.
Dickens, Charles: Oliver Twist. Frankfurt: Insel Verlag 2005.
Dumas, Alexandre: Die drei Musketiere. München: dtv 2002.
Enquist, Per Olov: Der Besuch des Leibarztes. München: Carl Hanser Verlag 2001.
Faulkner, George (Hg.): Jonathan Swift – A Short View of the State of Ireland. In: The Works of J. S, D.D, D.S.P.D. in Four Volumes. Vol IV. Dublin 1727/28.
Gabaldon, Diana: Feuer und Stein. Teil 1 der Highland-Saga. München: Blanvalet 1991.
Haller, Albrecht von: Die Alpen und andere Gedichte. Ditzingen: Reclam 1986.
Heine, Heinrich: Die Harzreise. In: Reisebilder, Prosa, Aufsätze. Gesammelte Werke Band 2. Frankfurt: Insel Verlag 1968.

Henry, Marguerite: König des Windes. Hamburg: Dressler Verlag 2009.

Heyer, Georgette: Barbara und die Schlacht von Waterloo. München: dtv 2006.

Hölty, Ludwig Christoph Heinrich: Sämtliche Gedichte. Berlin: Edition Holzinger 2011.

Klopstock, Friedrich Georg: Oden. Ditzingen: Reclam 1999.

Maurier, Daphne du: Des Königs General. München: Droemer Knaur Taschenbuch 1986.

Promies, Wolfgang (Hg.): Georg Christoph Lichtenberg. Schriften und Briefe. Band 2 Sudelbücher. München: Carl Hanser Verlag 1971.

Schiller, Friedrich von: Maria Stuart. Ditzingen: Reclam Lektüreschlüssel 1970.

Scott, Sir Walter: Ivanhoe. Mit einem Nachwort von Paul Ernst. Berlin: Insel Verlag 2006.

Shelley, Mary: Frankenstein oder der moderne Prometheus. München: dtv 2011.

Thackeray, William Makepeace: Die Memoiren des Barry Lyndon. Zürich: Manesse Verlag 2013.

Tremain, Rose: Zeit der Sinnlichkeit. Berlin: Insel Verlag 2013.

Walpole, Horace: Das Schloss Otranto. Ein Schauerroman. München: C. H. Beck 2014.

Nachweise

1 Zweig, Stefan: Maria Stuart. Frankfurt: S. Fischer 2013. S. 2.

2 Schiller, Friedrich von: Maria Stuart. Ditzingen: Reclam Lektüreschlüssel 1970. Erster Aufzug erster Auftritt.

3 Zweig, Stefan: Maria Stuart. S. 445.

4 ebenda, Kapitel 25. S. 469.

5 Treitschke, Heinrich von: Politik. Vorlesungen gehalten an der Universität zu Berlin. Band 1. Leipzig: Verlag E. Hirzel 1899. S. 6.

6 Eyssen Jürgen, Storch Dietmar: Niedersächsisches Lesebuch. Hildesheim: Gerstenberg Verlag 1983. S. 94f.

7 Anonym: Dess gwesten Pfaltzgrafen Glück und Unglück. Spottschrift von 1621. Kupferstichsammlung auf der Burg Böhmisch Sternberg.

8 Orléans, Elisabeth Charlotte von: Briefe der Herzogin von Orléans. Leipzig: Voigtländer Verlag 1913. S. 480.

9 Dumas, Alexandre: Die drei Musketiere. München: dtv 2002. S. 620.

10 Hibbert, Christopher: Charles I. London: Pelgrave Macmillan 2007. S. 279.

11 Fraser, Antonia: The Lives of the Kings & Queens of England. Berkeley: University of California Press 1999. S. 238.

12 ebenda. S. 252.

13 ebenda, S. 253.

14 Churchill, Sir Winston. The History of the English speaking Peoples. London: Dorset Press 1958. S. 17.

15 Fraser, Antonia. S. 257.

16 Churchill, Sir Winston: Geschichte. Bd. 3. »Zeitalter der Revolution«. Bern: Scherz Verlag 1958. S. 107.

17 Leisinger, Ulrich: Leibniz-Reflexe in der deutschen Musiktheorie des 18. Jahrhunderts. Würzburg: Königshausen und Neumann 1994. S. 145.

18 Leibniz, Gottfried Wilhelm: Bittschrift an Herzog Johann Friedrich. In: Sämtliche Schriften und Briefe. Frankfurt a. M.: Fischer 1958. S. 153.
19 Schnath, Georg (Hg.): Der Königsmarck-Briefwechsel. Hildesheim: Verlag August Lax 1952. Hier zitiert nach »Niedersächsisches Lesebuch«, S. 115.
20 Orléans, Elisabeth Charlotte von: Briefe der Herzogin von Orléans. Leipzig: Voigtländer Verlag 1913. S. 362.
21 Thies, Heinrich Ein König aus Hannover. Georg I. Der erste Welfe auf englischem Thron. Göttingen: MatrixMedia 2011. S. 101.
22 Fraser, Antonia. S. 264.
23 ebenda, S. 268.
24 Friedenthal, Richard: Georg Friedrich Händel in Selbstzeugnissen und Bilddokumenten. Reinbek: Rowohlt Verlag 1959. S. 126.
25 Zweig, Stefan: Sternstunden der Menschheit. Frankfurt: S. Fischer 2011. S. 78.
26 Voltaire, Francois Marie Arouet de: Die Geschichte Karls XII. König von Schweden. Leipzig: Reclam 1829. S. 397.
27 Hichens, Mark: Wives of the Kings of England from Hanover to Windsor. London: Peter Owen Publishing 2006. S. 18.
28 Feuerstein-Präßer, Karin: Sophie von Hannover. Regensburg: Verlag Friedrich Pustet 2004. S. 157.
29 Fraser, Antonia. S. 271.
30 Riotte, Torsten: Transfer durch Personalunion: Großbritannien-Hannover 1714–1837. European History Online. URL: http://ieg-ego.eu/en/threads/european-networks/dynastic-networks/torsten-riotte-transfer-durch-personalunion-grossbritannien-hannover-1714-1837.
31 Weiß, Ulrike: Dame, Herzog, Kurfürst, König – Das Haus der hannoverschen Welfen 1636 bis 1866. Hannover: Schriften des Historischen Museums Hannover 2008. S. 11.
32 Walpole, Horace: The Best Letters of Horace Walpole. New York: Read Books Design 2010. S. 235.

33 Hichens, Mark. S. 33.
34 Fraser, Antonia. S. 274.
35 Schmieglitz-Otten, Juliane/Steinau, Norbert (Hg.): Von Copenhagen nach Celle. Das kurze Leben einer Königin. Celle: Stadt Celle 2001. S. 113.
36 Teasure, Geoffrey: Who is Who in Early Hanoverian Britain. London: Stackpoole books 2002. S. 207.
37 Weiß, Ulrike. S. 141.
38 Thackeray, William Makepeace: Die Memoiren des Barry Lyndon. Zürich: Manesse Verlag 2013. S. 150.
39 Weiß, Ulrike. S. 124.
40 ebenda, S. 127.
41 Rössler, Emil F.: Die Gründung der Universität Göttingen. Ent[...], Berichte und Briefe der Zeitgenossen. Göttingen: Vandenhoeck und Ruprecht 1855. Hier zitiert aus »Niedersächsisches Lesebuch«, S. 144.
42 Hunger, Ulrich: Die Georgia Augusta als hannoversche Landesuniversität. Bd. 2. Göttingen: Vandenhoeck & Ruprecht 2002. 139ff.
43 Haller, Albrecht von: Die Alpen und andere Gedichte. Ditzingen: Reclam 1986. S. 3–22.
44 Heine, Heinrich: Die Harzreise. In: Reisebilder, Prosa, Aufsätze. Gesammelte Werke Band 2. Frankfurt: Insel Verlag 1968. S. 89f.
45 Montagu, Mary: Briefe aus dem Orient. Stuttgart: Steingruben 1962. Hier zitiert aus »Niedersächsisches Lesebuch«, S. 130.
46 Defoe, Daniel: Robinson Crusoe. Zürich: Manesse Verlag 2002. S. 400f.
47 Faulkner, George (Hg.): Jonathan Swift – A Short View of the State of Ireland. In: The Works of J. S. D. D, D. S. P. D. in Four Volumes. Vol IV. Dublin 1727/28. S. 250–260.
48 Mlynek, Klaus: Geschichte der Stadt Hannover. Band 2. Hannover: Schlütersche Verlagsanstalt 1994. S. 310.
49 Promies, Wolfgang (Hg.): Georg Christoph Lichtenberg. Schriften und Briefe. Band 2 Sudelbücher. München: Carl Hanser Verlag 1971. S. 294f.

50 ebenda, S. 294ff.

51 Hölty, Ludwig Christoph Heinrich: Sämtliche Gedichte. Berlin: Edition Holzinger 2011. S. 21.

52 Kant, Immanuel: Was ist Aufklärung. Berlin: Berlinische Monatsschrift 1784. S. 481f.

53 Outram, Dorinda: The Enlightenment. Cambridge: Cambridge University Press 1995. S. 3.

54 Ueding, Gerd (Hg.): Adolph Freiherr Knigge: Über den Umgang mit Menschen. Frankfurt: Insel Verlag 2008. S. 355f.

55 ebenda, S. 220ff.

56 Zitiert nach »P.-M. Welt des Wissens«.

57 Fabian, Franz: Die Schlacht von Monmouth. Friedrich Wilhelm von Steuben in Amerika. Ost-Berlin: Militärverlag Berlin. 1983. S. 4.

58 Unabhängigkeitserklärung der USA vom 4. 7. 1776 (Deutsche Übersetzung 1776). Berlin: Faksimile im Deutschen Historischen Museum in Berlin.

59 Collingridge, Vanessa: James Cook. Seefahrer und Entdecker. Arte TV Dokumentarfilm.

60 Forster, Georg: Reise um die Welt. Berlin: Die Andere Bibliothek 2007. S. 127ff.

61 Brooke, John: King George III. London: Harper Collins 1974. S. 262.

62 Hibbert, Christopher: George III. – A Personal History. London: Penguin 1998. S. 103.

63 Appleby, Joyce: Die unbarmherzige Revolution. Eine Geschichte des Kapitalismus. Hamburg: Murmann Verlag 2011. S. 194.

64 Stanhope, Philip Henry: Life of the right Hon. William Pitt. Band IV. London: J. Murray 1862. S. 391.

65 Kleßmann, Eckart (Hg.): Deutschland unter Napoleon in Augenzeugenberichten. München: dtv 1974. S. 285f.

66 Rauschnick, Gottfried: Peter Marschall Vorwärts oder: Leben, Thaten und Charakter des Fürsten Blücher von Wahlstadt. Barmen: Langewiesche 1842. S. 294.

67 Brooke, John. Frontispiz.

68 Sinclair-Stevenson, Christopher: Blood Royal: The Illustrious House of Hanover. London: J. Cape 1979. S. 155.
69 Fraser, Antonia. S. 288.
70 Hichens, Mark. S. 47.
71 Hibbert, Christopher: George IV. The Rebel that would be King. London: Pelgrave Macmillan 2007. S. 138.
72 Hichens, Mark. S. 53.
73 ebenda.
74 Robins, Jane: Rebel Queen. How the Trial of Queen Caroline brought England to the Brink of Revolution. London: Pocket Books 2007. S. 42.
75 Hichens, Mark. S. 66.
76 ebenda. S. 67.
77 Oberschelp, Reinhard: Niedersächsische Texte 1756–1820. Hildesheim: Verlag August Lax 1983. S. 65ff.
78 Hibbert, Christopher: George IV. Regent and King 1811–1830. London: Allen Lane 1973. S. 342.
79 ebenda, S. 345.
80 Shelley, Mary: Frankenstein oder der moderne Prometheus. München: dtv 2011. S. 53.
81 Scott, Sir Walter: Ivanhoe. Mit einem Nachwort von Paul Ernst. Berlin: Insel Verlag 2006. S. 8f.
82 Cornelius, Peter: Literarische Werke. Bd. Gedichte. Frankfurt: Breitkopf & Härtel 1904. S. 354.
83 Pfau, Ludwig: Herr Biedermeier. In: Der neue Conrady. Das große deutsche Gedichtbuch. Düsseldorf: Artemis und Winkler 2000. S. 471.
84 Ziegler, Philip: King William IV. London: Harper Collins 1972. S. 82.
85 ebenda, S. 59.
86 ebenda.
87 Hichens, Mark. S. 74.
88 Fraser, Antonia. S. 296.
89 Somerset, Anne: The Lives and Times of William IV. London: Weidenfeld and Nicolson 1993. S. 110.

90 Roberts, Stephen u. Thompson, Dorothy: Images of Chartism. London: Merlin 1998. S. 32.

91 Frensdorff, Ferdinand: Ernst August. In: Allgemeine Deutsche Biographie. Bd. 6. Leipzig: ADB 1866. S. 276.

92 Fraser, Antonia S. 298.

93 Moremen, Grace E.: Adolphus Frederick. The Duke of Cambridge. London: Lewiston 2002. S. 253.

94 Rodenberg, Julius: In deutschen Landen. Leipzig: Brockhaus 1874. Hier zitiert nach »Niedersächsisches Lesebuch«. S. 376f.

95 Dickens, Charles: Oliver Twist. Frankfurt: Insel Verlag 2005. S. 20ff.

96 Gibbon, Edward: Verfall und Untergang des Römischen Reiches. München: dtv 2003. Zitiert nach »Wikiquote«.

97 Wahl, Volker (Hg.): Friedrich von Schiller - Was heißt und zu welchem Ende studiert man Universalgeschichte? Quedlinburg: Verlag Dr. Bussert und Stadler 1996.

Die Autorin

Margarete von Schwarzkopf, Jahrgang 1948, arbeitet seit ihrem Anglistik- und Geschichtsstudium als Journalistin. Von 1984 bis 2013 war sie Redakteurin beim Norddeutschen Rundfunk Hannover. Dort betreute sie unter anderem eine eigene wöchentliche Büchersendung des NDR. Sie ist Mitglied verschiedener Literaturjurys, moderiert zahlreiche Literaturveranstaltungen und schreibt Bücher. Zuletzt sind von ihr erschienen »Schokolade« (2006) sowie die beiden Kinderbücher »Das Schwert des römischen Verräters« (2010) und »Richard Löwenherz und die Schatten von Köln« (2011).